从"浙"里走向卓越

浙江大学『十佳大学生』的成长故事

邬小撑　主编

楼　艳　　周伟辉　副主编

ZHEJIANG UNIVERSITY PRESS

浙江大学出版社

序　言

　　黉门巍巍两甲子，求是漫漫一生情。119年来，浙江大学在求是创新精神的引领下，砥砺前行，弦歌不辍。从"浙"里，走出了众多享誉海内外的名师大家，走出了60万奋斗在各行各业的精英翘楚。尽管每一个时代对于"优秀"有着不同的解读，每一个浙大人也都有着自己独特的"风景线"，但综观这些怒放的生命，不难发现一些相似的"闪光点"，这些光亮持续滋养着一代代浙大人。努力把这些光亮传播到更远的地方，是此书出版的初衷。

　　自2010年以来，浙江大学已经连续六年举办"十佳大学生"公开评选活动，每一年的评选都汇聚了全校各专业、各年龄、各领域中最拔尖的年轻人，他们有的经历让人惊叹，有的坚持令人动容，有的成就叫人欣喜，鲜活生动地演绎了浙大人"公忠坚毅、能担大任、主持风气、转移国运"的自我要求，展现了浙大人"勤学、修德、明辨、笃实"的核心价值观。这些珍贵的品格，如点滴涓流汇聚、流淌在一代又一代浙大青年身上。

　　当你打开这本书，你会发现一个个洋溢着青春风采的求是学子迎面走来，一篇篇滴水穿石的奋斗篇章生动呈现。每一个前人的青春故事都像是一节台阶，带你领略不一样的人生风景，而这每一级台阶上雕刻着的无一不是知识（Knowledge）、能力（Ability）、素质（Quality）、人格（Personality）。从"浙"里走向卓越，行囊里装的就是这样的信念！

　　知识因厚德而至善。面对知识和科技大爆炸的当今社会，年轻学子当重构科学理性和人文关怀，自觉加强品德修养，更加注重内在精神的丰富和升华，用正确的方向指引知识的运用，努力成为德才兼备、知行合一的人。能力因气质而卓越。乐观开朗的精神面貌、坚毅果断的意志品质、开放包容的胸怀气度、优雅沉稳的个性特质，彰显着一个人的修养和能力，年轻学子当在实践历练中塑造、在能力运用中提升、在品鉴反思中凝炼，努力成为人格健全、能力卓越的人。素质因智慧而闪光。中华传统文化中蕴含着人生大智慧，这是对生命的理解、对生存的洞彻、对生活的感悟，是个人素质的升华，年轻学子在人生路上面对各种选择时，当取大智慧、舍小聪明，懂得有所为有所不为、有所先为有所后为，勇敢接受人生的锤炼，努力成为智慧富足、素质全面的人。

浙江大学的校训——"求是创新"，凝结着这所百年名校的使命担当，更寄托着学校对求是学子的深深期许。相信打开这本书，细细品读，一定会从这些年轻人身上，感受到浙大人一脉相承的精神火种和信仰力量！我衷心祝愿这些可爱的年轻人都能够顺利实现自己的人生理想，拥有光辉灿烂的前途。期待在求是精神的指引下，更多的优秀学子进入求是园，在"浙"里成长成才、全面发展，将来成为支撑祖国繁荣富强和民族伟大复兴的栋梁！

吴朝晖

2016 年 12 月

前　言

　　1897 年，浙江大学从求是书院启航，开始了她百廿年的育人之旅，培育了六十余万的求是学子。这些从求是园走出的求是学子成为他们时代的中坚，成为行业的翘楚、社会的精英、国家的栋梁，甚至成了享誉全球的名师大家。

　　老校长竺可桢有经典两问："到浙大来做什么？将来毕业要做什么样的人？"作为求是园中的一名教育工作者，我也时常叩问自己：我应当激励学生去做什么，我应当引导学生成为什么样的人？

　　立德树人，是浙江大学 120 年间，从未改变的初心，并在实践中不断尝试、不断探索、不断创新。21 世纪以来，高等教育正孕育着巨大变革，信息技术与认知科学正驱动着教育 1.0 向学习 2.0 发展。鉴于此，浙江大学创造性地提出了符合时代要求的育人新理念，即"知识、能力、素质、人格"并重的 KAQ2.0 人才培养理念。KAQ2.0 强调"知识宽厚、能力卓越、素质全面、人格健全"，在全球化、信息化时代更加突出能力培养和素质提升。

　　近年来，学工部门围绕 KAQ2.0 积极开展研究，探索通过解读目标、梳理素能、组建队伍、搭建平台、创设课程、创新方式、创造条件等来构建综合素质教育体系。经过几年的努力，基于 KAQ2.0 的学生综合素质教育体系构建与实施已初见成效，近 3 万名学生直接受益，也为教育部思政司获批的"思想政治教育中青年杰出人才支持计划——以提升人才培养质量为核心的大学生综合素质教育机制研究"提供了有力的支撑。可以这样说，本书是上述研究与实践的成果之一。

　　在探索和实践的过程中，有这样一群学生吸引了我的目光。他们知识厚实，能力出众，素质拔群，人格高尚。他们是浙江大学历届"十佳大学生"，是在校学生的学习榜样。这本书中，我和我的团队追寻了历届浙江大学"十佳大学生"成长的足迹，记录了这些优秀学生迈向卓越路上的部分点滴。这些对优秀学生成长印迹的梳理，是构建"KAQ2.0的学生综合素质教育体系"的基础；与此同时，"KAQ2.0的学生综合素质教育体系"为后来者指引了方向、提供了支撑，让优秀的学生更加优秀。他们的成长，有力证明了"系统化设计、规范化实施、专业化教育"的学生综合素质教育体系在学生成长成才教育实践过程中所发挥的作用。

榜样的力量散发青春的光芒，青春的光芒可以照亮他人。我相信，基于此书，更多的求是学子，将从他们身上汲取榜样的力量，更坚定地用知识和能力丰厚羽翼，用素质和人格积蓄能量。"志存高远、德才并重、情理兼修、勇于开拓"，习总书记对当代青年的教导和希望，正是每一位青年人前进的人生航向。希望每一名求是学子都能真正成为知识宽厚、能力卓越、素质全面、人格健全的时代高才，为实现中华民族伟大复兴的中国梦贡献青春力量！

编　者

知识：因厚德而至善

能力：因气质而卓越

素质：因智慧而闪光

知识：
因厚德而至善

与其活在别人的评价里，不如活在自己的努力里

——访浙江大学第一届"十佳大学生"获得者陈烨

陈烨，一位笑称自己是"兽医"的活泼女孩，一位把"效率"视作生命的执着女孩，一位懂得"内心的完善最为重要"的知性女孩……在经历了大学四年的忙碌和坚持之后，留给我们最多的是对大学生涯应当追求什么、坚守什么的思考。"积极主动"是她对自己大学阶段所获成绩的总结，也是自己一如既往践行的人生理念。

陈烨，女，浙江大学2007级动物医学专业本科生，辅修竺可桢学院公共管理强化班（UPA），浙江大学首届十佳大学生获得者，新加坡国立大学医学院癌症科学研究院在读博士生。在校期间获国家奖学金，浙江大学优秀学生一等奖学金、优秀学生干部、优秀毕业生，浙江省优秀毕业生等多项奖学金和荣誉。师从"国家千人计划"入选者彭金荣教授，并在功能性基因组实验室完成SRTP（本科生科研训练计划）和国家大学生创新性实验计划[1]。

作为 2007 年第一届浙江大学应用生物科学大类提前批的录取者，陈烨的大学四年充满了酸甜苦乐，同时也有幸结识了众多一辈子的良师益友。虽然动物医学专业并不起眼，虽然陈烨的同班同学也会笑称自己是"兽医"，但陈烨和小伙伴们一起默默地耕耘在自己的土地上。陈烨有幸在彭金荣教授的实验室完成了自己的 SRTP、国家大学生创新性实验计划和本科毕业论文。学院浓厚的学术氛围、导师卓越的学术思维、实验室丰富的学术体验，让陈烨坚定了生物领域的深造之路。与此同时，在本科毕业之时，陈烨所在班级中有七位同学继续在国内攻读研究生，有四位同学奔赴异国他乡去继续自己的梦想。这也从侧面反映了同学们对于动物医学专业的认可，对于追求生物领域科研的执着与坚定。"与其活在别人的评价里，不如活在自己的努力里"，尤其是在现在的社会，各行各业都人才辈出，社会文化相较以往亦更包罗万象，陈烨强调广大求是学子更应该潜心学习、学以致用，发挥自己的所长。

专心致志，收获时间

对于学业，陈烨很看重。在高手如林的浙江大学，如果想在专业里面考取第一的成绩确实有一定的难度，陈烨也认为浙江大学有很多很"牛"的学霸难以超越。但是"通过自身的努力是可以实现专业的前 20% 或 30% 的"，陈烨是这么认为的，也是这么在做的。努力的回报是陈烨连续两年排名专业第一。学业是学生的根本，无论你是学生会骨干还是社团精英，抑或是艺术达人，都不能忘记了自己的本分，陈烨认为学业是学生的脊梁，支撑着大学生的"生命"。虽然浙江大学的课程并不简单，尤其是理工科的课程还是有一定的难度的，但是与此同时的收获也是成倍的。"在学习这些科目的过程中，我们的成长也在不知不觉地发生，我们的思维方式正在完善，我们的治学态度正在走向严谨"，但是同时"这些成长也绝对不是一蹴而就的"，陈烨提醒学弟学妹们切莫在学习上过多地追求捷径。她一直认为能来浙江大学这样一所研究条件和科研实力都很不错的大学学习是一种荣幸，所以她一直告诫自己和身边人"不能辜负了自己，不能辜负了浙大的条件，不能辜负了求是人的荣誉"。"当我知道一些学生为了游戏荒废了学业，我真的感到很惋惜，都是 12 年的努力才换得的结果，怎可轻易放弃？"陈烨反复强调着学业的重要性。

对于社团[2]，陈烨有自己的法宝。谈起社团，陈烨想起了社会学课上一位老师提及的关于人际沟通的方法——试错。最适合自己的事物应该是在不断的尝试中获得的。陈烨在参加了三个不同的学生组织以后才发现了"家"一般的 SCDA（浙江大学学生就业与职业发展协会）[3]。这个组织见证了她的成长，她在这里结交了许许多多志同道合的朋友，"我很享受在SCDA 的日子"。很多同学在刚入校之时都非常有热情，但是一旦事与愿违就选择了放弃。其实人生的很多事都是试出来的，没有什么东西是遇到的就是你最想要的，所以请不要轻易下定论。而且在事与愿违的经历中，我们应该去思考它发生的原因，并以此为鉴，为今后的学习和工作提供宝贵的经验。"人生总的来说就是一种经历，所以趁着年轻去多经历一些也未尝不可"，这是陈烨真诚的建议。

当被问及"如何平衡学习和社团"这个老问题时，陈烨透露了她的秘诀：做一件事的时候专心致志，这样就提高了效率，而效率的提高就会使你的生命比别人长。例如学习，尤其是在考试周，剥离自己和其他不相关的事情，专心致志地投入到复习备考上。效率的最大化，将使你的投入得到成倍的回报。同时，陈烨亦建议学弟学妹们可以三五成群一起学习，这样能起到互相督促对方的作用。

坚守本质，收获人格

当被问及学业之余最应该追求什么时，陈烨并不认同各种考证的做法。

"我们拼命地去学一些技能，考四六级，考计算机证书，考口译，学礼仪，考这考那，只是为了提升自己的就业竞争力"，陈烨认为这是急功近利。她认为有些所谓的"素质"是大家通过同样时间的努力都可以获得的，而这样的领先并不能维持多久，因为善于学习的人总有一天会超过你。"内心的完善是最重要的"，这是陈烨认为大学生最应该关注的一个方面。如果把过多的时间和精力花在各种证书上，而忽视了内心的强大和人性的建设，将是大学四年最大的遗憾。

"我一直觉得到大学来，最重要的是要明白什么东西是终身受用的并且要切实地去完善它"，比如说自主学习的能力就是终身受用的，以后无论是再深造还是工作都要不断地去学习和提高，而且一旦离开校园对于一个人的自主学习能力的要求就更高了。"自律，真诚地对待别人，坚守自己的底线等等，对于心智的健全和内心的完善都是很重要的"，只有这样，你才能不忘却你来这里的初衷，你才能在很多容易堕落的路口依然走向自己的理想。坚守自己觉得重要的东西，不忘初衷，才能收获人格的健全。

积极主动，收获成长

当被问及如何才能不枉大学四年时，陈烨给出的答案是"积极主动"。

有些人在毕业之时，回首大学四年的本科生活，会觉得自己和别人的差距很大，会特别羡慕拿到保研资格的同学、拿到全奖出国留学的同学、拿到多个知名企业录用通知书的同学，等等。其实，入校之初的求是学子都是各地学子中的佼佼者，大家的差距都不大，但为什么四年下来，有些人辉煌，有些人只有羡慕的份儿？答案就是陈烨的"积极主动"。

曾经有美国高校的学生来浙江大学学习针灸，陈烨得以与他们一同交流。彼时的陈烨也有犹豫和彷徨，因为她觉得自己的口语很烂。但是，她觉得应该把握住难得的机会，于是她去尝试了。结果令她欣慰，外国友人觉得她英语讲得还不错，而且觉得她能够把一门外语学得这么好是件神奇的事情。同时，陈烨也收获了许多无法在课本中了解到的美国文化和知识。这是陈烨的"积极主动"为她带来的快乐与充实。"我能加入到帮助我成长的 SCDA，也是我逛88[4]的时候发现的信息"，抓住机会去尝试，她的"积极主动"再一次给予其财富。

大学四年，说长很长，说短亦如白驹过隙一晃就过去了，大家都应该珍惜时间和机会，去主动找信息，去主动利用资源，去主动发挥自己的优点，去主动开拓创新。这种意识尤为重要。

（文／张丽红）

学长有话说

No.1：不要浪费一分一秒的时间。

No.2：无论你是在学习，还是在看美剧，都是在丰富自己、扩展自己。

No.3：懂得平衡和取舍。

[1] 国家大学生创新性实验计划是高等学校本科教学"质量工程"的重要组成部分，旨在探索并建立以问题和课题为核心的教学模式，倡导以本科学生为主体的创新性实验改革，调动学生的主动性、积极性和创造性，激发学生的创新思维和创新意识，全面提升学生的创新实验能力。

[2] 社团是具有某些共同兴趣爱好的大学生相聚而成的组织，经常会举行各种活动供同学们参加。浙江大学目前共有100多家学生社团，学校建有学生社团联合会（"社团之家"网址http://stzj.zju.edu.cn），对全校百余家学生社团进行统一管理、引导、支持和监督。每学年初，学校会举办"百团大战"，同学们可以在此加入自己感兴趣的社团。

[3] 浙江大学学生就业与职业发展协会（Student Career Development Association，简称SCDA）成立于2003年10月16日，属全国高校中成立的第二家学生职业发展协会，指导单位为浙江大学就业指导与服务中心。协会致力于建立自治、自省、自强的学生公益组织，帮助浙大学子树立正确的职业价值观和发展观，推动学校、学生、企业的多向交流，提升浙大学子的职业竞争力。

[4] 88即"飘渺水云间"，全称"飘渺水云间BBS"，英文名FreeCity（意为"自由之城"），是浙江大学的一个民间BBS，成立于1998年1月10日，拥有13个讨论分区，总计400余个公开版面，是浙江大学校内最大的BBS站点，同时也是教育网内的大型BBS站点。浙江大学校内另一著名网络论坛是创建于2002年12月的CC98（全称"浙江大学学生CC98论坛协会"，简称"98"）。

围绕中心，全面发展

——访浙江大学第一届"十佳大学生"获得者吴迪

这是一位名副其实的"学术达人"。在选择众多、追求纷繁的大学阶段，吴迪坚定地行走在科研的道路上，将兴趣与理想完美地结合，明辨慎思，笃行如初。他对社会工作的热衷、对素质培养的理解和对合理规划的重视，给予"平衡学业、生活与工作"这个问题最好的回答。已经成为浙江大学副教授、博士生导师的他，还将继续坚守"科学研究"的道路。

吴迪，男，浙江大学 2006 级生物系统工程与食品科学学院生物系统工程专业博士研究生，浙江大学首届"十佳大学生"荣誉获得者，第二届浙江省"十佳大学生"荣誉获得者。在校期间获浙江大学竺可桢奖学金、南都一等奖学金、圣雄奖学金、浙江大学优秀学生一等奖学金、三好研究生、浙江大学首届"学术之星"[1] 等荣誉称号。曾任班长、学院第五党支部支部书记、学院研究生会办公室主任等职，担任班长的班级获得 2006-2007 学年浙江大学研究生先进班级称号。曾于 2008—2009 学年赴美国亚利桑那大学进行学术访问。先后赴加拿大（2010，魁北克）、德国（2009，柏林）、韩国（2007，首尔）参加国际学术会议，并宣读论文。主持或参与多项重大课题。以第一作者身份发表 SCI 期刊论文 16 篇（其中 Top SCI 8 篇）、授权专利 3 项（其中发明专利 1 项）。获得 2010 年浙江大学争创优秀博士学位论文资助。

接到采访任务，走进农业生命环境大楼 A 座，敲门而入，办公室整洁而敞亮。我一下子不知该如何称呼眼前这位十佳学子。昔日的浙江大学"十佳大学生"吴迪，现在已经是浙江大学农业与生物技术学院的一名副教授、博导了。吴迪于 2006 年 6 月本科毕业于浙江大学生物系统工程与食品科学学院生物系统工程专业并免试保送直接攻读博士学位。2011 年 9 月博士毕业后，吴迪赴爱尔兰国立都柏林大学（UCD）攻读博士后。2013 年，学成归国的吴迪再次回到了母校。而这一次，他不再是学生，而是浙江大学的一名教师。

大学关键词——学术

在本科阶段，吴迪就用刻苦和努力收获了优异的成绩，曾获浙江大学学生学业优秀奖学金、宝钢奖学金、圣雄奖学金以及"三好学生"等多项奖学金及荣誉称号，为往后的求学生涯打下了坚实的基础。在研究生阶段，吴迪一如既往地秉承"求是创新"的精神和"追求卓越"的理念，保持着自己对学习的热情和对学术孜孜不倦的追求。南都一等奖学金、圣雄奖学金、三好研究生等奖项及荣誉，是对他拼搏和奋斗的肯定。吴迪的一路拼搏，无形地使优秀成为他的品质。

当被问及大学生活的关键词时，吴迪毫不犹豫地选择了"学术"二字，并风趣幽默地调侃自己道："那个时候，我觉得自己还是挺酷的。"事实上，学术时代的吴迪的的确确"很酷"。重大课题的主持和参与、Top SCI 期刊论文的发表、国外大学的学术访问、国际学术会议的口头报告、专利的授权、政府及企事业单位的合作研究、浙江大学首届"学术之星"，无论是其中的哪一项都是耀眼的学术标签。换作时下流行的语言说，吴迪是名副其实的学术"达人"、学术"牛人"。

然后，光鲜的背后，是吴迪的坚持与向往，成就了他的梦想。

"其实认真搞学术在大学生群体中应该已经不算大多数了。当年我获得浙江大学'十佳大学生'的荣誉时，和当选的其他同学不同的是，大家的社团经历都比较丰富，我算是比较专心致志做研究的。我在这方面花了许多精力，也做出一些成果，那些成果当时还是蛮厉害的，虽然现在来看会觉得有点不值一提。"其实，尽管是现在，吴迪当年的学术成绩依然是领先的。因为，他对学术的执着追求和认真对待，就已经让他领先了一步。

对知识的渴望总是能让人收获满满。吴迪在科学的实践中成长，在科学的实践中收获。"当年我也是浙大唯一的省十佳[2]"，"毕业的时候，我还作为学生代表进行了发言，还与金德水书记合影了呢"。言语中透露了吴迪对于自己努力奋斗的肯定，同时，正如吴迪自己所言："这些都让我觉得自己对学术的付出受到了肯定。"同学、老师和学校的鼓励和肯定，给了吴迪前进的动力。而"求是创新"的浙江大学必定是呵护着每一个认真学习、踏实求学的求是学子抵达成功的彼岸。

大学高频词——社会工作

随着对话的深入，吴迪的大学生活展现在了记者的面前。而在这其中，不断出现的是"班级"、"党支部"、"学生会"[3]等字眼。原来，"学霸"吴迪的社会工作也是如此的丰富多彩，"这是大学生活中很重要的一部分，要让自己在学生工作中得到成长"。

学生时代的吴迪积极主动地在社会工作中锻炼和提高自己，从班长到团支书、从学院学生会副主席到学院研究生会办公室主任，从学院学生素质拓展中心[4]负责人到党支部书记，吴迪在各个岗位上发光发热。浙江大学第四届博士生创新论坛之"人类·健康"分论坛、第十四届DMB（登攀）[5]节"聚首求是园，对话知名校友"回访母校系列活动、爱国主义教育之清明祭扫活动、支部爱国主义时事座谈、"五情教育之我见"等活动中，都有吴迪那忙碌的身影。作为班长，在他的努力和带领下，他所在的生工2006

级研究生班获得了 2006—2007 学年浙江大学研究生先进班级的荣誉称号。

而在充实大学生活的同时，最为关键的，是岗位给予吴迪的机会，是活动给予吴迪的锻炼，是思考给予吴迪的启发。无形之中，吴迪的综合素质能力得到了很大的提高。这些都为他的学术追求增添了动力。

从学科交叉看综合素质培养

吴迪现为浙江大学农学院副教授、博导，浙江大学求是青年学者，主要从事果实采后品质生物学与物流信息监控的研究工作。在介绍自己的研究方向时，吴迪神采奕奕，他认为农产品的物流是目前物流领域的"蓝海"。对于这方面的研究及应用，需要的是农学和管理学等不同学科背景的思维交叉与碰撞。不懂得农产品的特性，仅从物流环节来改进是无法达到最佳理想效果的。

于是记者提出，这是不是意味着在校大学生要在平时注重培养自己的全方位能力？吴迪谨慎地表示学科交叉是有利有弊的。一方面，他认同综合素质能力的培养与提升对于一个人成长与成功的积极作用，"要注意培养自己主动思考的能力，培养自己看问题的高度"。他以乔布斯为例，阐述了综合思维能力的培养，有助于乔布斯作为全局的掌控者，去建立整个苹果公司自上而下、从小至大、由"近"及"远"的发展体系。另一方面，吴迪认为综合素质能力的全面发展应该建立在对自己的专业领域有足够了解的基础上，不能事事通却通而不精。吴迪的成长与全面发展，正是基于其对于科学研究的执着追求与不懈努力。

"对于科学研究，我有着浓厚的兴趣"，"学校的环境也让我很有归属感"，吴迪就这样选择了回归母校任教。吴迪早就对自己的职业生涯有着长远的规划，并基于科研、围绕科研进行全面发展，成就了自己的职业之路。谈及身份的转变，吴迪认为与学生时代相比，最大的变化就是"毕业的那条线没有了"。读书时需要做出的规划，多是如何平衡学业和生活，如何安排课余时间，按照毕业后的发展方向一步一步打基础。然而一旦毕业，便是新的开始。虽然再没有如"毕业"这般清晰的界限，但我们仍需要给自己创设不同的节点，做好人生的规划以及每一个阶段的规划。

围绕中心、全面发展、做好规划、心中有数，这样才能不失持续发展的动力。

（文／褚嘉琪）

学长有话说

No.1：规划发展方案，夯实专业基础。

No.2：注重道德修养，参与社会实践，开展社会工作，提高综合素质。

No.3：坚持所选，成就职业。

[1] 浙江大学本科生"学术之星"评比活动由浙江大学教务处、共青团浙江大学委员会联合举办，是给予在科研学术方面有突出成就的本科生的特殊荣誉。浙江大学研究生"学术之星"评比活动由浙江大学党委研工部主办，旨在表彰在科研学术方面有突出成就的研究生。参评记分内容包括："挑战杯"立项结题项目、大学生科研训练计划（SRTP）立项结题项目，公开发表的学术论文、出版的著作（或译著）、各种专利、产品、软件、课件等学术科研成果。

[2] 即浙江省"十佳大学生"，由中共浙江省委宣传部、中共浙江省委教育工委、共青团浙江省委、浙江广电集团组织开展评选活动，通过组织在校大学生投票、接受社会各界投票和组织专家评选等方式进行。

[3] 浙江大学学生会是浙江大学学生的群众性组织，在校党委的直接领导和校团委的具体指导下，依靠全校学生开展工作。由主席团、办公室、人力资源部、宣传部、新闻网络部、权益服务部、生活部、文艺部、体育部、学术文化部、公关实践部等部门所组成，曾举办"求是杯"辩论赛、新年狂欢夜、浙大美食节、迎新生晚会、校园"十佳歌手"大赛等师生喜爱的活动。学生会在每学年开始时举行纳新活动。

[4] 浙江大学大学生素质拓展认证中心，隶属于共青团浙江大学委员会，在学校"大学生素质拓展计划"领导小组的指导下，负责"大学生素质拓展计划"的实施和认证工作。通过建立大学生素质拓展网，开展素质拓展网络管理和认证工作。并与教务部第二课堂学分管理、学工部综合素质评价等工作进行有机结合，开展学生素质拓展经历的记录和评价等工作。

[5] 始于1993年的DMB（登攀）节是由浙江大学研究生会、博士生会共同主办，全校广大博士研究生（Doctor）、硕士研究生（Master）和本科生（Bachelor）共同参与

的一个大型综合性校园科技文化节，每年举办一届。其活动宗旨在于加强学术交流、营造学术氛围、倡导献身科技、培养人文环境、活跃文体锻炼和丰富校园文化。目前它已成为浙大学子追求真知的一盏明灯，深受求是师生的期盼与关注。

浙医路，一走就是十年

——访浙江大学第一届"十佳大学生"获得者郑园娜

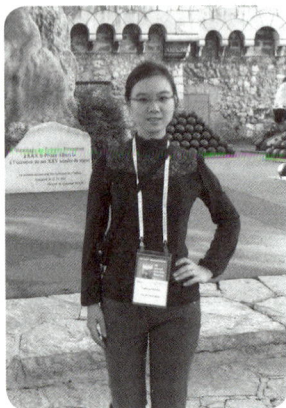

对郑园娜而言，漫漫浙医路也许没有太多值得称道的成就，但能努力坚持把每一件小事做好，把自己的角色扮演好，就能收获成功。从当好一名大学生开始，到成为一位好教师、好医生，她总能透过平凡的小事展现自己的优秀。古语言："尽小者大，慎微者著。"（《资治通鉴》卷十七）郑园娜正是这样一个把卓越细化成生活点滴的人。

郑园娜，女，口腔医学博士，浙江大学2000级本科生、2005级硕士生、2007级博士生，荷兰阿姆斯特丹自由大学牙科学术研究中心交流博士生，浙江大学首届"十佳大学生"荣誉获得者。在校期间曾获浙江大学优秀学生一等奖学金[1]、三好学生、三好研究生、优秀学生干部、优秀研究生干部、优秀毕业生、浙江省优秀毕业生等荣誉称号。曾任口腔医院研究生党支部书记、研究生团总支书记，班长、团支书，口腔系学生会副主席。多次参加国际牙科学术会议并作学术报告，曾获国际口腔种植学会中国分会优秀会议论文奖。现就职于浙江中医药大学口腔医学院，从事口腔医学教学、临床及科研工作。

做好每一件小事

2000 年，平凡女生郑园娜踏入了浙江大学的校门。对于刚入校的新生而言，总是有这样那样的烦恼和困惑。但郑园娜并没有在"以后的路要怎么走"这个问题上迷茫和烦恼。因为，对她来讲，做好眼前的事是最重要的。聊到刚到大学时的想法，她说："我个人的习惯就是，自己是什么样的身份、该做什么，就应该把这个事情做好，把自己的角色做好。"

"我自己当时的想法是很简单的，把书念好就可以了"，简单的郑园娜并没有特意去考虑过要保送研究生或者一定要念博士之类的问题，但"走好每一步"的坚定让她为自己打下了坚实的基础。良好的基础使其往后的求学生涯变得自然而然了。郑园娜的求医路就这样"简单"地开始了。理想并不需要像"活着就是为了改变世界"这样伟大，但每一个人都应该有自己的理想。郑园娜的理想很小，她只想把自己该做的事情做好。但哪怕理想再小，只要你认真了、你付出了，回报你的就是满满的收获、满满的幸福。

努力做好每一件小事

"上帝给了鸟儿食物，但他没有将食物扔到它们的巢里"，成功亦需要自身的努力。一个平凡的女生，十年的大学生涯，不断地自我完善、不断地拼搏奋斗，使自己的学业田地上开出了一朵朵成功之花。

郑园娜在高中阶段就加入了中国共产党，不论在理论学习、临床实践还是日常生活中，她都时时刻刻以党员的高标准来严格要求自己。她勤奋好学、刻苦努力、乐于助人。她的表现受到老师、同学以及患者的一致好评。无论是在学习还是工作上，她都有列不完的荣誉和奖项："浙江大学学业优秀一等奖学金"，是对她学业的肯定；"浙江大学优秀学生干部"，是对她学生工作的肯定；"二星级志愿者"[2]、"杭州市献血荣誉奖"[3]，是对她社会工作的肯

定;"浙江大学三好学生",是对她全面发展的肯定。一项项荣誉、一张张证书的背后,是郑园娜为"每一件小事"所付出的努力。

2009 年,郑园娜有幸通过公派出国联合培养在荷兰阿姆斯特丹自由大学 / 阿姆斯特丹大学——牙科学术中心学习和生活了一年。一年的学习时间很短,郑园娜倍感珍惜,抓住每一个机会认真学习。"荷兰的学习收获很大,异于国内的教学培养体系和工作模式给了我很大的启发",学习之余的细心观察和用心体会,使郑园娜学会了分工明确、一心科研、相互协作、共同发展。

坚持做好每一件小事

博士毕业后,郑园娜来到浙江中医药大学口腔医学院从事口腔医学的教学、科研、临床等工作。担任专任教师以后,郑园娜主讲了"口腔种植学"、"口腔颌面医学影像诊断学"、"口腔颌面外科学实践"、"口腔医学进展"等多门课程,并于 2011 年被评为校级优秀授课教师,2013 年 12 月晋升为副教授。那个平凡的只想着把每一件小事努力做好的郑园娜依旧保持着她的优秀。

授课之余,郑园娜还积极承担了班主任的工作,继续在学生工作的道路上发挥育人的"光"和"热"。而在科研的道路上,郑园娜亦是硕果累累。主持 1 项国家自然科学基金[4]、1 项浙江省自然科学基金[5]、1 项校级重点科研基金,主参科研项目 10 项;累计发表或合著论文 20 余篇,其中 SCI 收录 9 篇、累计影响因子超 30,EI 收录 1 篇;发表国际会议论文 6 篇,其中 SCI 收录 3 篇;授权专业相关专利 5 项:国家发明专利 1 项,实用新型专利 1 项,指导学生实用新型专利 3 项。2011 年 9 月,浙江中医药大学附属口腔门诊部全新成立,郑园娜积极从事口腔综合临床门诊,并于 2012 年 4 月担任口腔门诊部常务副主

任一职。"坚持做好每一件小事"，令郑园娜那把开启成功宝库的钥匙始终保持着光亮。

一个人的精力是有限的，一个人的思想是有限的，一个人的资本也是有限的，但是一个人的认真、努力与坚持是无限的。把你的精力、思想和资本统统集中在一起，你就会收获成倍的成功。2000 年，郑园娜选择了医学专业进行学习；2010 年，郑园娜选择了医学作为职业归属。一路的坚持，使她的"财富"不断累积。选择了道路，就要下定决心闯出一片天地。

十年浙医路，郑园娜收获了学业也收获了事业，无论是学习、教学、科研、临床还是社会工作，她都取得了不错的成绩。同时，郑园娜也收获了"家业"，她拥有一个幸福的家庭：一位非常体贴的爱人，一个非常可爱的儿子。"平时工作很忙，相对来说，我陪伴儿子的时间并不是很多"，家人的全力支持令郑园娜宽慰。"世界上有很多精明能干、才华横溢、学富五车以及极具天赋之人"，每个人成功的方式不尽相同。眼前的郑园娜平和、亲切、温柔，而她的成功之路也是"简单"而"平凡"。"认真做好每一件小事"、"努力做好每一件小事"、"坚持做好每一件小事"，你将收获和郑园娜一样的成功，"生命不是一场赛跑，而是一步一个脚印的旅程，简单、忙碌、充实、快乐、井井有条"。

（文／祖丽胡玛尔）

学长有话说

No.1：把应该做的事做好，把自己的角色扮演好。

No.2：抓住每一个锻炼的机会，抓住每一个成长的机会。

[1] 浙江大学优秀学生奖学金用于奖励德智体美全面发展的学生，分一等奖、二等奖和三等奖。其中一等奖即获当学年一等学业奖学金，思想品德评价等级为优秀，奖励金额为6000元；二等奖即获当学年二等学业奖学金，思想品德评价等级为优秀，奖

励金额为3000元；三等奖即获当学年三等学业奖学金，或学业成绩排名列专业年级前50%并获得文体活动奖学金、社会实践奖学金、社会工作奖学金、研究与创新一等奖学金中任何两项及以上奖励，思想品德评价等级为优秀，奖励金额为2000元。

[2] 星级志愿者评定工作由共青团浙江大学委员会和浙江大学青年志愿者指导中心共同组织，每学年五六月份进行评定。评选共分五个等级，星级确定与志愿服务时数（小时）挂钩，其中一星级要求服务时数为40—70，二星级为70—150，三星级为150—200，四星级为200—250，五星级为250以上。

[3] 献血荣誉奖项及要求：金奖——献血40次以上，献血8000毫升以上；银奖——献血30次以上，献血6000毫升以上；铜奖——献血20次以上，献血4000毫升以上。

[4] 国家自然科学基金坚持支持基础研究，形成和发展了由研究项目、人才项目和环境条件项目三大系列组成的资助格局。在推动我国自然科学基础研究的发展，促进基础学科建设，发现、培养优秀科技人才等方面取得了巨大成绩。从2002年开始，每年的2月15日开始受理当年的国家自然科学基金申请项目，3月31日截止。

[5] 浙江省自然科学基金设立于1988年，是国内最早设立的地方自然科学基金之一。基金根据国家科技发展方针、政策，结合浙江省经济、社会和科技发展的需要，主要资助自然科学、工程科学和管理科学等领域中的基础研究、应用基础研究和战略性前沿技术研究。设立面上项目、重点（重大）项目等研究类项目，青年科学基金项目、浙江省杰出青年科学基金项目等人才类项目以及学术交流项目等专项项目。

理想主义的践行者

——访浙江大学第一届"十佳大学生"获得者李一帅

谈到在"浙"里十年岁月的收获，李一帅言简意赅地道出两个字："成长"。在"浙"里，她由胸怀壮志、朝气蓬勃的本科生，脚踏实地，践行理想，成长为如今德才兼备、能力出众的青年学者。在"浙"里，她积极参与学生工作，热心投入社会实践，养成独立人格，坚持大局观念，最终成长为一名坚定的"理想主义践行者"。

李一帅，中共党员，天津市作家协会会员，浙江大学第一届"十佳大学生"获得者。浙江大学文学学士、汉语国际教育硕士、哲学博士，现为北京大学博士后。发表中文核心期刊、国际期刊、中文期刊论文共计20余篇，主持和参与国家课题、校级课题5项。曾赴俄罗斯、加拿大、瑞典、澳大利亚等国家进行学习交流。曾任浙江大学研究生会副主席、外语学院研究生博士生会主席、外语学院党总支委员和年级学生会主席、外事处处长助理等。曾获浙江大学优秀学生共产党员荣誉称号，浙江大学研究与创新一等奖学金、优秀外语学子奖学金、社会实践优秀奖学金等。2009年荣获教育部主办"全国高校俄语专业大学生和研究生契诃夫研讨会"全国优秀论文奖以及俄罗斯圣彼得堡市大学生东方诗歌国际大赛优秀奖。

怀着忐忑的心情，我拨通了李一帅学姐的电话，接通的刹那，柔和的声音仿佛和煦的春风吹拂而至，驱散了我心中的不安，寥寥数语，便迅速拉近了我们之间的距离，李一帅的人际交往能力可见一斑。而聆听她讲述在"浙"里的十年岁月，则仿佛欣赏一幅精彩纷呈的画卷。

徜徉学术，追求卓越

自 2006 年被保送到浙江大学外语学院俄语专业以来，李一帅充分发挥自己的写作特长，积极投身科研活动，在专业领域取得了丰硕的成果：获得 2007—2008 年浙江大学大学生科研训练计划（SRTP）第十期科研项目外语学院唯一总评成绩特优的奖励；2008—2009 年承担完成浙江大学国家大学生创新性实验计划项目课题研究，结题成绩被评为"优秀"。值得一提的是，该课题是一项跨学科的综合性研究，涉及文化、宗教、哲学、绘画、历史等学科，研究难度大，所取得的科研创新成果，填补了我国研究俄罗斯当代文化艺术范畴的空白，受到专业人士的高度评价。同时，李一帅大一时撰写的论文，作为全校唯一被浙江大学编委会采用的本科生科研成果，收入浙江大学出版社出版的《整合培养　追求卓越——浙江大学本科教学改革与实践》论文集中。在大一、大二期间，她就撰写和发表了六篇专业论文，刷新了浙江大学本科低年级学生科研成果发表记录。2009 年，李一帅在教育部主办的"全国高校俄语专业大学生和研究生契诃夫研讨会"上，提交会议论文《阳光·套子·阴影———简析〈套中人〉插图绘画的审美境界》，获得全国优秀论文奖。凭借多年在科研中的积累和探索，她的博士学位论文得到校内外专家的一致好评，匿名外审达到全优的成绩。

李一帅不喜欢一成不变，她勇于尝试不同的领域，这在学术方面也有体

现。从本科到博士，她换了两次专业。本科是俄语专业，硕士是汉语国际教育专业，而博士则是哲学专业。不同的专业让李一帅丰富了自己的专业知识，拓宽了知识领域，在学术的海洋中自由驰骋。她也意识到，理论对学术体系的形成只是一个方面，实践在科研生涯中也扮演十分重要的角色。于是她主动报名求是强鹰计划，成为求是强鹰第七期学员，以提升自己在实践中的创新能力，最终荣获十大紫鹰学员荣誉称号。她就是这样求知若渴，不断充实自己，追求卓越并努力践行。当被问及"大学生活有什么遗憾"时，她沉思片刻道："如果说遗憾，当初应更多地听听其他学科的课程，应该早早建立跨学科的思维模式，这对每一位学生在未来对职业、对人生的看法都非常有益。"

丰富自我，开拓视野

李一帅的大学生活也非常丰富。在大学这个可以自由发展的广阔平台上，她发挥自己的优势，拥抱这个无限可能的天地。自中学时代起，李一帅便先后赴多个国家进行学习交流，性格开朗的她，为锻炼自己的口语能力及交流能力，会主动跟同龄学生交流并结交朋友。这些交流活动帮助她了解了世界各地的文化并成为具有国际视野的人，为她在大学的成长提供了助力。李一帅曾担任过很多职务，如外语学院年级学生会主席，带领学生组织举办了许多具有学院特色的大型活动，如国际文化节；也曾担任浙江大学研究生会副主席，开展对外交流工作，带领浙大学子走进复旦大学、上海交通大学，展示浙大的学生文化与特色，交流学生工作中的经验与方法。同时，还组织了全国 C9 高校[1] 的研究生论坛工作。"学生会主席"、"研究生会主席"这些名称对我们学子来说是非常高的荣耀，但也意味着更大的责任。李一帅说："学生干部大多会享有一些荣誉，但是更重要的是看学生干部是不是能保持牺牲、奉献、进取的精神，荣誉在这些精神面前是很渺小的，在学生时代就有自觉意识出来工作和服务，在今后的工作岗位中一定不会是一个被动的人。"李一帅认为这些学生工作最重要的是锻炼了她的人际交往能力、工作能力和领导能力，从终身的角度看，能在青年学生时代就形成这些能力让她感觉到无比幸运。

2007年，为迎接教育部专家对浙江大学进行本科教学工作水平评估，李一帅参与撰写了宣讲方案并获好评。同时她还作为特约学生记者陪同教育部专家对全校进行评估考察，获得教育部专家的好评，体现出她极强的工作能力。可以想象，这些学生工作职位的竞争大都非常激烈，面试、竞选也非常严格，能够从中脱颖而出，除了自身能力，李一帅也分享了自己的一些经验：在面试或者竞选中，首先要注重互动，不能过于死板；其次要有积极的精神面貌，展现自信风采，并做到自然；内容宜活泼幽默，并注意语速、语量；同时应注意介绍自己的优势。大学生活中，难免会遇到社团工作和学习相冲突的情况，李一帅认为，在有能力的情况下，两方面可以兼顾，即便如此，时间也比较紧迫，因此应注意提高效率以节约时间；而确实无法兼顾的同学，应以学业为重。

除了学习，李一帅的兴趣、爱好也非常广泛，特长众多。她钢琴九级、声乐六级，擅长作曲、绘画，爱好羽毛球、乒乓球、游泳。尤其值得一提的是，她的文学创作非常出色，2006年荣获第8届全国新概念作文大赛一等奖，发表文学作品40余篇，是天津市作家协会会员。可能因为专业的关系，她对俄语和俄国文化情有独钟。2009年，她除了获得"全国高校俄语专业大学生和研究生契诃夫研讨会"全国优秀论文奖外，还在俄罗斯圣彼得堡市大学生东方诗歌国际大赛中获得优秀奖。她曾接待来华访问的莫斯科大学[2]学生，在交流中用钢琴弹奏中、俄两国名曲，用中、俄两种语言共

同唱响友谊之歌，展示了当代中国大学生的风采。她还获浙江大学第二十届国际文化节俄语朗诵比赛一等奖。李一帅的大学生活比描述的更加丰富、充实，她也生活得更加美丽、精彩。谈到如何提高自己的写作水平，李一帅说自己对文学和写作一直都很感兴趣，年少时即通过背诵唐诗、宋词培养语感，随后逐渐阅读小说、散文等，对大家的建议也是多阅读，然后尝试仿写，还要勤练，可以多写一些小片段随笔等，不必拘泥于形式。不过，她也认为，写作也是需要一点天赋的。而论文不同于文学创作，要力求严谨。

谈及对于"优秀"的定义，她意味深长地指出，优秀的定义绝对不在于表面上各种各样的头衔或者奖章，而是你全面的实际能力、对社会的关怀和责任感，这是一种难以量化衡量的素质，需要时间和经验慢慢历练形成，日久弥新。

投身实践，感悟生命

给自己打上"理想主义"标签的李一帅也是一位脚踏实地的实践者。她追求卓越因而不断努力，主动丰富自我、提升自我。她希望能够带给他人帮助和希望，因此切实践行着这一理想。2010 年 4 月 6 日至 16 日，她前往贵州省湄潭县[3]洗马乡群丰小学和湄潭中学开展支教活动。在湄潭旱区，由于小学因停水而造成饮水困难，她不得不每天从湄潭县城坐车往返三个小时，为全校学生开设艺术课，教唱歌、跳舞、绘画，并拿出自己的稿费，与同去支教的同学一起向学生捐赠 12 张地图和两个篮球。群丰小学校长代表全校师生将印有"心系求是 支教光荣"的锦旗颁发给她，赞扬求是学子面对湄潭严重的旱情，甘于吃苦，来到贫困山区支教，贡献青春，为第二故乡学校倾情奉献的无私精神。她说自己刚到湄潭时也为当地的资源环境感到震撼和心痛，因此希望能够靠自己的努力改变孩子们的命运，哪怕几个也好。她影响了这些孩子，传授他们知识，同时这些孩子也影响了她，让她对社会有了更深刻的认识，也更坚定了她帮助他人的愿望。

谈到"浙"里十年岁月的收获，李一帅言简意赅地道出两个字："成长"。在浙大，她由胸怀壮志、朝气蓬勃的本科生，脚踏实地，践行理想，

成长为如今德才兼备、能力出众的青年学者。而她参与的学生工作以及社会实践活动等，则提升了自己各方面的能力，培养了自己的大局观，使得自己能够看到社会更多的层面，体验更丰富、更深层的生命。浙大"求是创新"的校训对她来说也是宝贵的精神财富，她说刚刚踏入求是园时，对"求是创新"的含义还不能充分理解，如今经历十年磨砺，她真正体会到校训大道至简一般的精髓，也不断激励着她追寻真理，勇于创新。

生命中总有这样一种追逐，饱含热情，永不倦怠。人生中总有这样一种向往，大气磅礴，改变未来。在与李一帅的交谈中，我感受到了她对生活的热爱、对理想的追逐以及对生命的感悟探索。在完成了浙江大学本科、硕士、博士的十年学业后，在奔赴北京大学就职时，她写道："老和山高之迤逦兮，佑荣浩浩求是；启真水长之灵韵兮，不舍悠悠学子。诗画人杰之母校兮，巍巍美映西湖；青苔十年之求学兮，灿灿难唱离歌……"她对母校的情感如涓涓细流一般，而对于培养她成长、成才的这片热土则充满了深深的感激。

（文／葛闯）

学长有话说

珍惜浙大的老师、同窗、美景，做有理想、有追求、对社会有责任感的人。

[1] C9，即指九校联盟，是中国首个顶尖大学间的高校联盟，是国家首批985重点建设的9所一流大学。2009年10月启动，联盟成员包括北京大学、清华大学、浙江大学、复旦大学、上海交通大学、南京大学、中国科学技术大学、哈尔滨工业大学、西安交通大学共9所高校。九校联盟形式类似于美国常春藤联盟、英国罗素大学集团、澳大利亚八校集团等，旨在人才培养、科学研究等领域加强合作与交流，优势互补，被国际上称为中国常春藤盟校。联盟成立后展开了多项实质性活

动，如互派交换生、召开研讨会、开展暑期夏令营等。

［2］莫斯科大学（全名莫斯科国立罗蒙诺索夫大学），是俄罗斯历史最悠久的大学。1755年1月25日伊丽莎白·彼得罗芙娜女王亲自批准建立了莫斯科大学。1940年，为了纪念伟大的科学家、莫斯科大学的主要奠基人米哈伊尔·罗蒙诺索夫，莫斯科大学开始以他的名字命名。学校的历史就是这所大学杰出校友们传播自由、公益、人性和真理精神的见证。莫斯科大学拥有在世界五百强计算机中排名第13的超级计算机，它的运算速度可以达到每秒60到414浮点。莫斯科大学致力于基础学科研究和技术研发，涵盖遗传学、生物医药、制药医学、人文学科、生态学等各个领域。从纳米技术到空间技术，莫斯科大学的教育覆盖范围广泛。莫斯科大学教学历史悠久，有着先进的教育方式和灵活的教学方法。

［3］湄潭县，隶属于贵州省遵义市，位于贵州省北部，县城距遵义市区58千米，总面积1864平方千米。地域呈南北狭长，平均海拔972.7米，森林覆盖率达60.08%，属亚热带季风性湿润气候，年平均气温14.9℃。1937年，时任浙大校长竺可桢率师生西迁，途经浙、赣、湘、粤、桂、黔六省，行程2500多千米。1940年年初，浙大西迁至贵州，校区安排在遵义、湄潭、永兴三地，历时7年，湄潭文庙是浙大校址之一。贵州湄潭在抗日战争时期接纳浙大师生，并成立浙大迁移协助会，当时的百姓将自己的房屋腾出免费提供给浙大师生使用。新中国成立后，浙大办学遗址在湄潭得到保护，成为珍贵的文化遗产。

阳光面对未来，梦想照进现实

——访浙江大学第一届"十佳大学生"获得者冯履冰

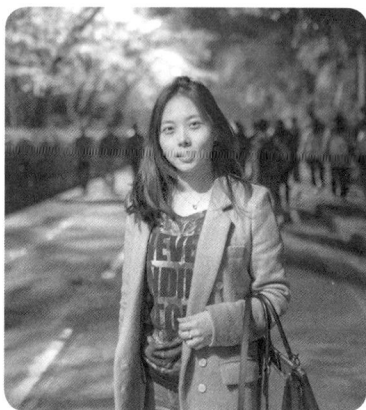

"立足梦想，勇于创新"，这是 2006 年来到浙大时，冯履冰对自己的希冀。在"浙"里的岁月中，她铭记"以天下为己任，以真理为依归"的院训，积极奔赴农村第一线，了解民情，开拓眼界；她践行"求是创新"的校训，敏而好学，推陈出新。

冯履冰，浙江大学 2006 级本科生，来自浙江金华，浙江大学第一届"十佳大学生"获得者，竺可桢奖学金获得者，现在华为人资部担任 HR。本科主修劳动与社会保障专业，研究生阶段攻读劳动经济学专业。作为公共管理学院的学生，她铭记"以天下为己任，以真理为依归"的院训，大二暑期赴湖州市新农村挂职一个月的村主任助理；她践行"求是创新"的校训，本科阶段即积极参与科研项目并发表文章。

在繁忙的考试周，与冯履冰约好进行这次的访谈。同为公共管理学院的学生，期末面临着无数的考试与论文，被压得有点喘不过气来，顿时十分好奇冯履冰是怎样一个人，也希望能借此交流，学习她的长处，希望对自己能够有所借鉴，帮助自己过好大学生活。

知识之树

就像所有刚进入大学的学生一样，冯履冰也怀揣着梦想而来。兼济天下的情怀令她填报了公共管理为第一志愿。因为内心有梦想、有目标，她清楚地认识到学习的重要性。"学习的目的是获取知识，学会做事的方法。"在谈到很多大一新生在学习上懈怠的问题时，冯履冰认为："大学跟高中只是学习的方式不一样，大学的学习氛围比高中宽松，但这并不意味着不用学习。""大学课堂上，老师的授课内容更加灵活，并不局限于课本上的内容，听起来有意思、不枯燥。"激励她学习的正是内在的驱动力，而不是惩罚机制或者外界的正向／负向激励，她相信每一点知识储备，都为将来梦想的腾飞打下坚实的基础。兴趣则帮助她更主动地学习，除了掌握好专业知识之外，她还额外选修其他自己感兴趣的课程，到毕业时，所修的学分远远超过了要求的学分。也正是出于兴趣，冯履冰自主地按照法学辅修学位的培养方案要求修完了相关课程。学业压力不仅没有打垮她，反而激励了她，冯履冰在大学连续三年专业成绩绩点排名第一，连续三年获校优秀学生一等奖学金、学业优秀一等奖学金，而这些都是她知识之树成长、繁盛、丰收的见证。

科研之门

"纸上得来终觉浅，绝知此事要躬行。"冯履冰在课堂上充分学习自己的理论知识，课外主动地寻找机会应用知识。在公共管理学院，有很多课题在开展。她以兴趣为主导，就自己专业的学习与老师、学长学姐沟通交流，她独特新颖的想法、善于思考的特点很快吸引了老师、学长学姐的注意，并得到邀请加入他们的科研项目。冯履冰在自己的能力范围内，发扬不怕苦不怕累的精神，从事了搜集文献、展开调查、数据统计、结论分析等等工作。在本科阶段，她即参与了国家自然科学基金重点项目"城乡劳动力市场整合机理与实现机制研究"，浙江省发展改革委"十二五"规划前期重大问题研究项目"浙江省人力资源强省建设研究"、"十二五时期浙江省经济社会发展的资源要素与环境支撑研究"、"浙江省人均6000美元阶段若干重大战略问题"，以及浙江省哲学社会科学规划课题"企业技能型人力资本投资与国际竞争力研究"，义乌市"企业社会责任认证"项目等等。除此之外，她通过校内SRTP、挑战杯、模拟市长论坛等等实践提高自身的科研水平，也收获了很多奖项，诸如浙江大学第三届模拟市长论坛一等奖、浙江省第十 届挑战杯课外学术科技作品竞赛一等奖等。

参与科研的同时，她应用所学知识、所学方法，也在不断地思考，对一些问题逐渐形成了自己的看法，通过与老师的交流、与同学的探讨，观点不断成熟，当把这些观点斥诸文字之后，得到了杂志、期刊的肯定，并在上面发表。仅在本科阶段，冯履冰就发表了《农民工养老保险改革中"分段计算"模式的借鉴——基于社会公平的视角》、《我国企业履行社会责任的必要性》、《社会保障，在危机中成长——论经济周期与社会保障发展契机》、《打破"划疆而治"——基于农民工"退保"潮的反思》、《新型农村合作医疗运行情况与完善办法研究——基于桐庐县的个案研究》共五篇论文。丰富的科研经历使冯履冰各方面的综合能力得到很大程度的提升，也帮助自己进一步了解了自身，在明确自己的兴趣与才能的同时，准确地找到了自己的定位。因为在科研上的努力，也让冯履冰结识了一大帮志同道合的朋友，收获了难得的友情。

实践之路

学习与实践相结合，正是冯履冰践行"求是创新"的信条。在增长知识之余，她也不忘在大学这个前哨战为将来步入社会做好充分的准备。校青年素质发展中心[1]文化部副部长、公共管理学院本科生分团委书记、浙江大学2008年学长组计划[2]社科类总负责等，这些代表的不仅是荣誉，还是她在背后付出的努力，这些都见证了她挥洒的汗水。组织活动、举办晚会、编辑刊物，一项项繁重的任务，再加上学习占据了大部分时间，学姐经历过挫折、有过失败，但她依然乐观，"大不了重新再来，再试试总会成功的"。校园内的锻炼是不够的，冯履冰亦积极地走出校园、走向社会。从带队赴上海、嘉兴进行"红色之旅：追寻党的一大足迹"社会实践，到赴义乌市调研企业社会责任试点工作状况，从在绍兴市保险行业协会实习到赴湖州挂职锻炼，她尽可能地利用暑假充实自己、提升自己。在校期间，冯履冰还加入了求是强鹰俱乐部。作为第四期成员，她成为万事利集团董事局主席沈爱琴女士的徒弟。沈女士白手起家，是全国人大代表、全国劳动模范、全国"三八"红旗手、第八届感动中国十大道德模范和十大功勋企业家。在整个成长计划中，冯履冰在她的企业里实习，并与她展开定期的交流，沈女士作为一位优秀的浙商企业家、长辈，给出了很多有利于其成长的建议，帮助冯履冰茁壮地成长。

自我之光

俗话说："知己知彼，百战不殆。"对于冯履冰来说，大学生涯的主线是她对自我的不断认识，不断挖掘和发挥自己的兴趣。大一秋冬学期选的"管理学"课程教会她培养计划、组织、领导、控制等管理能力，"大学生生涯规划导论"课程使她重新审慎地看待自己、看待未来，职业测评让她明白自己具有社交能力强、表达能力好、成就动机强以及较为敏感、感性的特点。大一一些课程使她逐渐意识到自己的兴趣所在——人力资源，在结合自身长处以及与老师、家长的充分沟通，并经过自己充分了解后，她最终选择了劳动与社会保障专业。大二参加的比赛、大三进行的科研，是兴趣促使她展开这些活动，是兴趣使她在面对困难时能够坚持下来，也是兴趣使她在整个过程中收获与成长。在本科毕业之后，兴趣引导她读研，在劳动经济学专业继续她的探索，研究生毕业之后，兴趣让她在专业领域找到对口的工作。

成长中离不开烦恼，人生路上免不了挫折。冯履冰是个乐观、积极的人，从她的笑声中就可以感受到。她在保持出色成绩的同时，参与各种各样的活动，在遇到困难时，总是以阳光的心态面对、不轻言放弃。当然，在做这些之前，她都会仔细分析，谨慎地设定目标、制订计划。"不好高骛远、不设定遥不可及的目标，一步一个脚印，定下目标就踏踏实实、尽力做好"，而这，也正是冯履冰作为一名求是人的自我要求。

如今，冯履冰已经在工作岗位上走过了四个年头，曾经的青涩学子已经蜕变为职场人，并慢慢地增添着人生角色。现在的她，同时承担着员工、妻子、母亲、女儿的各种角色，追求事业成功、渴望用知识充实自我的同时，也要兼顾家庭、照顾好孩子、孝顺父母长辈。角色的变化不断提出新的要求，她也将不断学习，不断成长。

（文／娄子健）

学长有话说

立足梦想，实事求是，脚踏实地，勇于创新。

[1] 浙江大学青年素质发展中心成立于1999年10月，是浙江大学学生团干部与优秀青年人才的培养和实践基地，也是共青团工作的得力助手。青年素质发展中心秉承"引领青年、培养青年、服务青年"的宗旨，坚持激励成员自主学习、自我实践，通过专题培训、活动创办等，帮助青年学生提升各方面的素质和能力。除了行使其组织职能，协助校团委开展党团校培训、团建等方面的工作外，还成功举办"梦想季"系列活动、实用技能系列培训、全民APP大赛、成人礼、我的青春我的城、风筝节等大型精品活动，举办的"争鸣堂"系列讲座曾邀请到六小龄童、李开复、叶翔、王祖耀、李咏、彭浩翔、陈凯歌等多位名人名家。

[2] 即浙江大学新生"学长辅导计划"，是浙江大学新生教育工作的重要内容，也是新生始业教育的一项创新举措，自2005年实施以来，取得了很好的成效。学长辅导的工作职责是在有关部门的共同指导下，参与新生的入学指导与服务工作，原则上任期一年，工作内容涉及思想引导、生活适应指导、学习指导、心理辅导等方面。主要目的是老生帮扶新生尽快适应大学的新环境、新生活，同时帮助老生锻炼自我，进一步提升自己的组织协调和沟通交流的能力。

科技创新争一流，力行术是作先锋

——访浙江大学第二届"十佳大学生"获得者沈俊杰

对很多为了学术科研而丢弃社会能力锻炼的"学霸"们而言，沈俊杰的经历足以让他们汗颜了。把学术科研与社会工作相结合，他组织了许多富有学术价值和创新意义的学生活动；把学术科研与服务社会相结合，他选择将科研成果转化为企业的现实生产力。同样是做科学研究，沈俊杰对"科研"的理解或许更生动、更鲜活。

沈俊杰，男，浙江大学 2003 级材料科学与工程专业本科生，2007 年直攻博[1]。在校期间在国际权威期刊上发表 SCI 论文 16 篇，其中第一作者 7 篇，累计影响因子[2]38.1，单篇最高影响因子 9.446，获国家知识产权局授权专利 2 项。曾受邀在 2010MRS 旧金山会议、第 29&30 届密歇根特拉弗斯国际热电会议上做口头报告。曾获浙江大学竺可桢奖学金、优秀研究生一等奖学金、三好研究生、优秀研究生干部等多项奖学金和荣誉。曾任浙江大学博士生会常务副主席、浙江大学首届亚洲博士生创新学术研讨会[3]秘书长、浙江大学研究生赴俄罗斯创新文化交流团[4]学生团长、浙江大学材料系金属所第一党支部支部书记等职务。

科研的起步之路

四年的本科学习，再加上五年的博士研究生生活，沈俊杰可以算得上是一个土生土长的浙大人。

2003 年入校，沈俊杰进入自己填报的第一志愿"材料科学与工程"专业学习。彼时的浙江大学还没有进行大类招生，高考填报的志愿也就基本决定了大学期间攻读的专业。大学一、二年级时，他并没有太多的雄心壮志，学习、生活、工作，过着普普通通的大学生活，社会工作也只是参加过学园的学生会。

进入大三，因为专业的原因，沈俊杰搬到了玉泉校区，这才向科研迈出了第一步。他和同寝室的同学一起组队参加了 SRTP（本科生科研训练计划），早早地就进入了实验室准备大干一场。但是沈俊杰的任务也只是在研究生学长的带领下做一些打杂的事情，如称量物品、刷试管、晾干等，并没有什么技术含量的"科研训练"，让他觉得枯燥乏味。他甚至有时候会觉得学长并没有将他的科研进展放在心上。虽说如此，但他最终还是坚持了下来，把自己该做的事情认认真真地做好。

当沈俊杰再次回忆起这段刷试管的时光时，他说自己并非一无所获。这是每个学生进入科研学习的第一步。这些训练奠定了他科研生涯的基础，让他更为踏实、更为刻苦，"科研不易，如果一开始就没有摆正心态，最后只能惨淡收场"。认真的态度、踏实的作风、刻苦的精神，也使其得以有机会继续留在材料系直接攻读博士学位。

科研中的社会工作

在沈俊杰攻读博士研究生的前两年中，他先后担任浙江大学博士生会的中心主任和常务副主席，参与策划组织包括第15届、第16届DMB（登攀）节和第9届、第10届体育文化节[5]等活动在内的大大小小约50多个活动。"高雅艺术进校园"[6]、"求是人文大讲堂"、"百川归海名家论坛"和

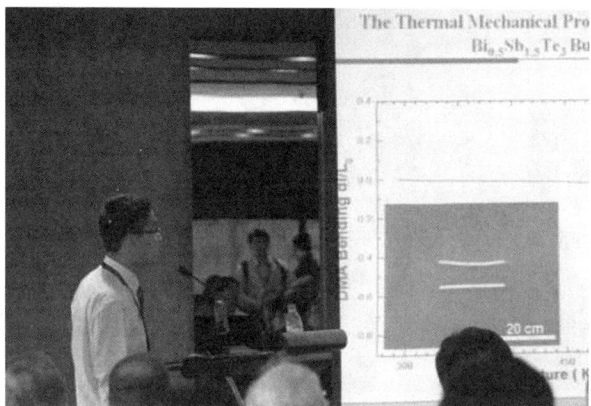

"永谦之星歌唱比赛"等活动都受到了师生的好评。与此同时，在邀请各类名师分享知识、传授经验时，他也得以有机会和这些知名大家近距离接触。而这些对他而言，都是十分难得的宝贵经历。因为在此过程中，他的眼界得以开阔、阅历得以增长。这让沈俊杰体会到了学习科研之外的美好校园生活。"忙碌而充实的生活让我感到快乐"，成功解决遇到的各方面的难题让他体会到了成就感，看到同学们参与活动后的收获与激动让他感到满足。"这种感觉实在是妙不可言"，"我整个人都变得阳光了"。生活还在继续，沈俊杰丝毫没有放弃科研。原以为忙碌的社会工作会影响到学习和科研，但在沈俊杰这里正好相反，充实而快乐的生活让他变得更为自信与乐观，阳光的沈俊杰带着更大的激情投入他的学术科研世界中。

科研的收获之路

不断成长的沈俊杰在他博士研究生的后三年中，收获了满满的科研成果。

在沈俊杰看来，能源环境危机是21世纪人类必须面临的一大挑战，也是当前科研和发展的核心问题，而热电性能源材料一直受到科研界的广泛关注。科技创新，迎接挑战，作为求是学子的他当仁不让，积极参与相关领域的科学研究工作，并取得了优异的成绩。

围绕"复合热电材料微结构调控与性能"、"新型高优值原位纳米复合热电材料及其制备技术"等国家项目，沈俊杰通过自身知识和实际技术的结合，进行了广泛而深入的研究，得到了突破性的制作工艺，从而使得材料

的热点性能得到近50%的提升。该项成果在材料化学顶级期刊《能源与环境科学》[7]上发表，同时获得国家发明专利授权，受到国内外研究机构和企业界的广泛青睐。他受邀在多个会议上做口头报告，获得国内外同行的高度评价。在此期间，他也一直与国外多家知名研究单位保持学术合作，曾作为交流生前往美国访学。

一般来说，人的时间和精力是有限的，不能同时将两件事情做得很好，但沈俊杰却是个例外。他在博士生活的后三年中，同样是社会工作的积极分子。

着眼国内，他作为浙江大学博士生代表，与同学们一同走出校园、走向社会。他带领博士生报告团的同学们，走进学校，为中小学生普及科普知识；走进下沙高校，加强在杭高校之间的沟通交流；走进企业，展示浙大博士生的风采和实力，服务社会。走出国门，他担任2009年浙江大学研究生赴俄罗斯创新文化交流团学生团长，与老师及优秀研究生一起前往俄罗斯进行访问和交流，为浙江大学与其他知名高校间的友好交流架起了桥梁。2009年，他作为秘书长，全面负责举办了浙江大学首届（2009）亚洲博士生创新学术研讨会。师生的共同努力，促成了会议的成功举办，也体现了浙江大学博士生的能力，展现了求是学子的风采，同时也加强了浙江大学与亚洲各大高校之间的联系，为日后的交流和合作创造了良好的基础。"成长是相互的"，沈俊杰很好地将科研和社会工作进行了结合，使自己在多个方面都得到了不断的进步和提高。

科研后的职业选择

科研路上，沈俊杰战功卓越，成绩斐然，但他最终并没有选择继续走科学研究这条路。成长路上，他逐步认识到了科研与社会的距离，"实验室里做的很多项目最终留下的只是纸上的文字和数据，只有部分能够'幸运'地被发现实用价值而投入到社会生产中"。"科研成果的市场应用亦有诸多的变数"，沈俊杰对科研成果的浪费感到非常的伤心和焦虑。于是，他最终选择进入社会、进入企业，用他本科四年、博士五年的知识和阅历，努力让更多的科学成果进入社会，让更多的人得益于科学的进步，让国家得益于科技的腾飞。这是沈俊杰自信能够做到的，也是他最想做的。

目前，沈俊杰已经工作了两年，忙碌而快节奏是他工作生活的关键词。蓦然回首，当年的求学生涯已经开始模糊，当时引以为傲的闪耀成就早已变得风轻云淡。不是说那些成就不再耀眼，也不是说他不再优秀，而是现在的他有了新的更想做的、更重要的事要去完成。

现在的沈俊杰，已经放下荣耀和包袱，全速前进在新一轮的逐梦之路上！加油！

（文／黄佳妮）

学长有话说

做一行爱一行，如果没有真正地把心思放在其中，只是在浪费自己的时间。

[1] 直接攻博研究生在学习期间，主要从事科学研究和学位论文工作，全日制直攻博学生在校学习年限为五年。学校实行每学年四学期制教学和研究生课程学分制，直接攻博研究生应根据科学研究和学位论文的需要，在导师指导下选择适合的课程学习时间，在博士论文答辩前完成课程学分。

[2] 影响因子（Impact Factor,IF)是美国ISI（科学信息研究所）的JCR(期刊引证报告)中的一项数据，即某期刊前两年发表的论文在统计当年的被引用总次数除以该期刊在前两年内发表的论文总数。这是一个国际上通行的期刊评价指标。

[3] 2009年11月23日，浙江大学博士生会发起筹办此次亚洲博士生创新学术研讨会，希望科技工作者们能集思广益，发挥才智，为生态文明和和谐世界贡献自己的力量，并希望青年博士作为未来科研的生力军，成为推动科技进步的主要动力。在此期间，数十位不同领域的专家、教授及来自亚洲各大知名高校的40余位优秀博

士生分两个会场进行相关领域的口头和海报报告交流，内容涵盖机械、能源、化工、电力、电子、材料、建筑、航空航天等诸多领域。

［4］该项目即"浙江大学南都学生国际交流奖励基金"项目，由南都集团在浙江大学设立，资助我校优秀的研究生赴俄罗斯知名大学进行考察学习和学术交流，旨在进一步加强我校和俄罗斯相关大学的合作，能让更多的优秀研究生有机会拓展国际视野，提升综合素质。

［5］研究生体育文化节，来自全校各个学院的研究生代表们精神饱满地在体育馆绘成一幅缤纷的画卷，拉开了长达一个月的体育文化节序幕，为广大研究生、博士生提供强健体魄、展现自我的平台。

［6］"高雅艺术进校园"活动由共青团浙江大学委员会全力打造，旨在进一步丰富和繁荣校园文化，让广大同学更多地接触传统高雅艺术，使我校师生对传统艺术文化有更深入更直接的了解。已举办过的有浙江昆剧团、浙江京剧团、浙江话剧团、浙江越剧团、浙江小百花艺术团等专场演出，中央芭蕾舞团、中央歌剧舞剧院、中国东方演艺集团等专场演出。

［7］《能源与环境科学》（*Energy and Environmental Science*）是一份2008年起由英国皇家化学院发行的学术期刊。该期刊每月出版一次，内容涵盖生物化学、生物物理以及化学工程，据2012年的期刊引证报告，《能源与环境科学》的影响因子为11.653，在152份"化学和多学科"的期刊中排名第12，81份"能源和燃料"中排行第3，133份"化学工程"中位列第3，而在"环境科学"中居榜首。

努力就有回报

——访浙江大学第二届"十佳大学生"获得者陈鑫磊

　　不同于一般人口中的"学霸"，陈鑫磊的朋友更愿意称他为"学神"。陈鑫磊则笑言："浙大的同学智商都差不多，还是要看谁更努力。"正是凭借着这样一种谦虚谨慎、逊志时敏的品质，他囊获了包括国际基因工程机械大赛[1]的世界季军在内的多个国际大奖，以及优秀学生干部、优秀团干部、社会实践先进个人等诸多荣誉。

　　陈鑫磊，浙江上虞人，浙江大学计算机科学与技术专业2012届毕业生。在校期间获竺可桢奖学金、国家奖学金、优秀学生一等奖学金、何志均奖学金、研究与创新一等奖学金、优秀党员、优秀学生干部、优秀团干部等；获 IGEM（International Genetically Engineered Machine Competition，国际基因工程机械大赛）世界季军（亚洲区冠军、金牌），全国大学生数学建模竞赛[2]一等奖，"快威杯"创新创业大赛[3]一等奖等；完成 SRTP 2项，省大学生创新计划2项；发表国际会议论文数篇；曾组建淘宝俱乐部并任负责人之一；曾任学院团学联副主席、学术竞赛部部长、学园团总支实践委员、党支部副书记、宣传纪检委员、团支书等职务；曾参与组织校级重点社会实践团队，获先进个人称号；SIGKDD1120[4]志愿者；曾赴美国参加 UCLA-ZJU 暑期科研交流项目。

对学长的采访，是通过网络跨洋完成的。美国时间凌晨时分，从公司刚回到家的陈鑫磊终于在线上露了面。采访还没开始陈鑫磊就先解释道，回家晚是因为晚上在公司里打球，然后坐地铁回家的时候又不小心坐过了一站只好再坐回来，他自称自己生活中经常这样犯二。整个采访从始至终，陈鑫磊表现出的平和、真诚，让人看到"大神"们也"囧"的一面。也许就像他说的："浙大的同学智商都差不多，还是要看谁更努力。"

从浙江大学"十佳大学生"到卡内基梅隆计算机博士

陈鑫磊是浙江大学计算机科学与技术专业的 2012 届毕业生。作为浙江大学最高荣誉"竺可桢奖学金"和浙江大学"十佳大学生"的双料得主，他在同学眼中是一个杰出的榜样：学业成绩连续保持专业第一，科研创新能力强，学生工作经历丰富，积极参加社会工作并获诸多荣誉。

陈鑫磊说自己大学前三年是完全没有休闲娱乐的。出于青春热血，也可能是由于执拗、认真的性格，只要是正能量的活动，他都积极参加。结果显而易见，他的努力几乎都得到了丰厚的回报，各种奖项和荣誉纷至沓来。他的努力换来了世界顶尖大学王牌专业的橄榄枝，更重要的是给他现在的学术工作打下了扎实的理论基础，也令他收获了一群和自己志同道合的朋友。当他谈及明天要参加 IGEM 聚会时，这些知识竞技场上一起并肩奋战过的战友的情谊令笔者由衷羡慕。

对于自己堪称刷爆表的大学成就，陈鑫磊却仍然觉得还是有些遗憾。他觉得自己在大学里缺乏对其他学科的探索，并未认真思考自己到底想要什么。尤其对于自身的一个长远规划，陈鑫磊认为自己是做得不够的。而从本科到博士，他对这些有了更加清楚的认识，也帮助了他进一步地成长。"本科期间还是在追求一些'头衔'之类的，有时候真的是在满足自己的骄傲，而没有经过认真的思考。"陈鑫磊这样说道。经过博士阶段的学习，他能更加认真地思考自己要做的方向，"只要方向正确，本科生的科研效率不比博士差，关键就是在这方向感上"。这种内省的意识同样体现在他对未来职业发展的规划上。在学术界与公司之间，他最终选择了去公司的学术界。很多人觉得博士毕业就应该进高校，但陈鑫磊基于自身、基于专业、基于未来，做出了自己的选择，"我觉得我们领域更适合在公司里搞研究"。

大学里的顺境和逆境

进入浙大初期，表面平静的陈鑫磊内心残留着"高考失利"的阴影。"第一次班会，我竞选上了团支书，虽然现在看来不是什么大事，但克服当时的阴影是需要勇气的"，陈鑫磊向笔者一点点地道出他当时的内心，"我自己主动上去竞选，是勇气，但真正能选上，也需要一点运气"。他亦谈及了浙大师长对其的关心和支持，"很高兴能得到老师的器重并担任了军训期间连队的副排长"。慢慢地，陈鑫磊的浙大求学路开始豁然开朗。回忆起八年前的事情，陈鑫磊仍然能准确地说出当时的细节，甚至是老师的名字，"我运气比较好，遇到了激励我的人"。有人会在挫败中被动地走向消沉，陈鑫磊选择用努力让运气站在自己这边。

在大类培养的模式下，陈鑫磊入校后渐渐对计算机专业产生了浓厚的兴趣，却在专业选择上与父母产生了分歧。陈鑫磊选择坚持自己的判断，并最终说服了父母。他很感谢父母的宽容和信任，"毕竟我之后用亲身经历说明了我的选择是正确的"。同时，他亦谈及人生有无数次的选择，包括专业的选择，"一位在 MIT 的学弟的专业就与其本科专业是不完全相同的"。陈鑫磊认为，人生的方向不是一次选择决定的，而是在一次次选择中不断修正的。

在本科阶段所有丰富的活动和比赛经历中，陈鑫磊认为对自己而言意义最重大的是在实验室的科研经历。当 CAD&CG 国家重点实验室招募成员时，他便主动报名，虽然项目并非是计算机方向，却让他尝到了科研的乐趣。得益于老师的指导、个人的勤奋和扎实的基础知识储备，他快速地进入了状态，取得了一些实现算法的成果并把论文发表在了国际期刊上。这些都铺就了他发展道路的基石，也坚定了他走向科研之路的信念。

在美国读博士的科研和实习

陈鑫磊本科毕业之后选择进入卡内基梅隆大学攻读计算机专业博士学

位,目前正在谷歌波士顿公司实习,跟随麻省理工学院的教授进行视觉方向的研究。其研究的主要目标是通过向计算机提供大量数据,提高对图片的识别精度,降低对计算机模型和算法的要求。由于谷歌这样的互联网企业拥有强大的资源、前沿的技术和丰富的行业数据,陈鑫磊希望今后能进入企业继续自己的研究。

对于自己正在进行的项目,陈鑫磊认为会在未来给人们的生活带来很大改变,应用在比如超市监控数据的处理、无人驾驶车和图像搜索等领域,也包括当下热门的虚拟现实技术(Virtual Reality)[5]和增强现实技术(Augmented Reality)[6],"借助 VR 技术和 AR 技术,图片会被逼真地呈现在虚拟的场景中,带给人震撼的视听感受"。

陈鑫磊说,自己刚来美国读博的时候特别努力,但渐渐发现想要潜心科学研究,除了激情,还要有健康的体魄和劳逸结合的生活,如同跑一场马拉松,需要合理控制体力的分配。所以,他平时会在公司运动,回家会看看轻喜剧,趁周末也会去各地旅游。在以计算机专业闻名世界的卡内基梅隆大学攻读博士,陈鑫磊觉得学业上压力并不算大,学生中印度学生和中国学生各占 1/3,学校要求修读 8 门课程。其所在的语言处理部门和自己的图像方向的研究不完全一致,于是他选择在实习中寻找适合自己的项目。之所以选择进入谷歌这样的企业实习,陈鑫磊坦言,除了因为其掌握前沿的技术和雄厚的资源,还因为谷歌不拘一格的工作风格。

对此他给我们分享了一则趣事。热爱旅行的他写了一个可以自动搜索机票的脚本,于是经常可以找到便宜的机票在周末飞到世界各地。在刚刚过去的六月,四个周末里他先后去了韩国、哥斯达黎加、巴西和阿根廷。不幸的是在阿根廷的机场被人抢走了包和里面的护照,不得不滞留在阿根廷,他和实习所在的谷歌公司联系上后告诉对方自己没办法在周一按时回到美国了,美国的同事告诉他不用担心,可以到布宜诺斯艾利斯的谷歌分公司去。分公司的同事帮他重新配置电脑,于是他在阿根廷与美国同事远程工作了一周时间。这期间,他还顺便认识了阿根廷的朋友,跟着他们才发现阿根廷居民晚上 10 点才开饭,这让他了解到作为普通旅客很难接触到的异国文化。陈鑫磊说,行走于世界各地的经历让他的眼界开阔了很多。

对于目前美国计算机行业的发展,陈鑫磊介绍说行业现在仍处在快速发展阶段，有很大的人才需求缺口，但同时高额的工资回报也吸引着别的行业人才跳入计算机行业。在科研方面，陈鑫磊认为导师的经验对判断方向有很大的指导作用，但更重要的是他始终坚信"努力还是有回报的"。

（文／孙玉琢）

学长有话说

趁着年轻，多多尝试新的事物，发现自己的兴趣、爱好，发掘自己的潜力，然后好好努力一把。

[1] 国际基因工程机械大赛（International Genetically Engineered Machine Competition，IGEM），涉及生物学、计算机科学、数学等多学科，是以合成生物学为核心的多学科交叉国际级科技竞赛，其理念在于鼓励大学生积极创新，用创新去改变世界，由麻省理工学院创办，2005年发展成为国际性学术竞赛，是合成生物学领域的顶级国际性学术竞赛。合成生物学是近年来新兴的研究领域，受到了学术界和工业界的广泛关注，参赛队伍的相关研究成果发表于《科学》、《自然》、《科学美国人》、《经济学人》等期刊，同时受到BBC等传统媒体的关注和专题报道。

[2] 全国大学生数学建模竞赛，创办于1992年，每年一届。竞赛以"创新意识、团队精神、重在参与、公平竞争"为宗旨，以"扩大受益面，保证公平性，推动教学改革，提高竞赛质量，扩大国际交流，促进科学研究"为指导原则，目前已成为全国高校规模最大的基础性学科竞赛，也是世界上规模最大的数学建模竞赛。该竞赛每年9月举行，竞赛面向全国大专院校的学生，不分专业，但竞赛分本科、专科两组，本科组竞赛所有大学生均可参加，专科组竞赛只有专科生（包括高职、高专生）可以参加。

[3] "快威杯"创新创业大赛，即浙江大学"快威杯"校园生活服务创新创业大赛。该大赛是为了提高大学生社会公益服务意识与网络创业能力，为广大同学搭建创新创业的良好平台，由浙江大学党委学工部、图书与信息中心携手快威科技集团有限公司联合举办的校园生活服务创新创业大赛。大赛借助浙江大学图书与信息中心提供的校园信息化服务平台来实现公益性和经营性两类生活服务性项目的设计和运营。

[4] SIGKDD，即Special Interest Group on Knowledge Discovery and Data Mining。KDD一词首次出现在1989年8月举行的第11届国际联合人工智能学术会议上。1989—1994年间美国人工智能协会共举办了4届KDD国际专题讨论会。1995年，国际KDD组委把专题讨论会更名为国际会议，并在加拿大召开了第1届KDD国际学术会议，以后每年召开一次。1998年，ACM（Association for Computing Machinery）成立了KDD特殊兴趣组SIGKDD，于1999年第五届开始组织KDD学

术会议。ACM SIGKDD国际会议是由ACM的数据挖掘及知识发现专委会主办的数据挖掘研究领域的顶级年会。它为来自学术界、企业界和政府部门的研究人员和数据挖掘从业者进行学术交流和展示研究成果提供了一个理想场所。

［5］虚拟现实技术（Virtual Reality），是一种可以创建和体验虚拟世界的计算机仿真系统，它利用计算机生成一种模拟环境，是一种多源信息融合的交互式的三维动态视景和实体行为的系统仿真，使用户沉浸到该环境中。虚拟现实技术主要包括模拟环境、感知、自然技能和传感设备等方面。

［6］增强现实技术（Augmented Reality），是一种实时地计算摄影机影像的位置及角度并加上相应图像的技术。这种技术的目标是在屏幕上把虚拟世界套在现实世界并进行互动。这种技术最早于1990年提出。随着随身电子产品运算能力的提升，增强现实的用途越来越广。增强现实技术包含了多媒体、三维建模、实时视频显示及控制、多传感器融合、实时跟踪及注册、场景融合等新技术与新手段。

风景这边独好

——访浙江大学第三届"十佳大学生"获得者王舒月

总说"自己很奇怪"的王舒月，可能并没有意识到，自己正是以一种旁人看来"奇怪"且"独特"的方式来诠释"优秀"的。为了兴趣"四处云游"，为了自由放弃外推北大，宁肯"迷茫"也不与人"同质"的她，还真是应了自己曾经的愿望——"三十年的生活都要不一样"。如此五彩斑斓、奇妙无穷的大学生活，你是否也想体验一回呢？

王舒月，女，浙江大学公共管理学院信息资源管理专业2009级本科生、2013级硕士研究生。曾赴美国西华盛顿大学、台湾大学进行学术交流及到美国贝林汉姆市政府展开实习；曾担任浙江大学公共管理学院学生会副主席，现为求是强鹰俱乐部学员。以第一作者身份在公开期刊发表论文两篇，一篇为核心期刊，与导师合作发表SSCI论文[1]一篇。于2011—2012学年获得竺可桢奖学金，研究与创新一等奖学金；曾连续两年获国家奖学金，连续三年获浙江大学优秀学生一等奖学金、优秀学生干部及三好学生，并荣获浙江大学第三届"十佳大学生"荣誉称号；参与完成省创（浙江省大学生科技创新活动计划"新苗人才计划"）及SRTP（本科生科研训练计划）项目，被评为优秀。热爱文体运动，曾连续两年获"三好杯"游泳比赛女子组50米仰泳第二名，取得自由泳第三名及蝶泳第五名的成绩；获"三好杯"篮球赛前四强；三好杯羽毛球赛前八强；并曾参与两届"求是杯"辩论赛[2]。

王舒月自称是一名"奇怪"的姑娘。来自云南边陲的她皮肤黑黑，却更衬得眼波明亮如水。她所讲述的那些经历绝非传奇，她做出的某些选择有时令人困惑不解。然而沿着她自己也说不清、道不明缘由的行走轨迹，这一路走来，恰恰成就了一片专属于"moon-moon"的星光。

选择，是本心的自答

出生于云南德宏傣族景颇族自治州，作为当地的汉人，王舒月从小就结识许多文化背景相异的玩伴。60年前，她的祖辈为了支援边疆地区教育，前往与缅甸接壤的云南"寨子"修建小学，从此扎根于此。与王舒月不同，寨子里的云南人大多满足于当地自给自足的生活，许多人并不希望离开故土、到异乡生活，因此对教育并不看重。这份"不一样的生活理念"，使王舒月至今仍感到困惑难解，大一时再度回云南支教的经历也使她思考良多。可以肯定的是，不同的价值观未必有高下之分。自幼丰富体验之下的成长，使王舒月懂得：人应当有属于自己的选择。

"当时也说不上什么不好，只是不理解大家为什么都选金融……为什么？"大学成绩优异的王舒月在面临专业确认时，并不符合父母及他人的期待，而是对信息资源管理情有独钟。受大学第一位班主任影响，王舒月对信息管理产生了兴趣。她既不想"随大流"，追逐他人趋之若鹜的金融、财务管理等学科，也看好信息资源管理的前景。她认为未来的社会信息化程度正在加深，目前相对小众的信息资源学科潜力无限。近两年来，互联网呈现出的多样化形态就是佐证。谈起对专业的选择，王舒月说自己"夯实了梦想的第一步：为兴趣而学"。未来，她也将继续以情报学为研究方向深造。娓娓道来的独到见解，已不知不觉透露出话语主人的想法：进入这样一个看似冷门的专业，似乎并不值得旁人大惊小怪——这不过是一个基于兴趣和巧合的选择。

本科期间与导师合作投稿两篇论文，其中一篇发表在SSCI期刊上。对于少见的"本科发论文"经历，王舒月笑言这"并不会很难"。事实上，论文最初只是一篇课程作业。经历了与教师的探讨和自己的反复修改，日常作业才逐渐成为论文的雏形。"不是为了发文章而去写文章"，王舒月说自己开始时无非只是对身边的领域产生了一点兴趣，"整个过程是自然而然的，因为喜欢，才有心思去钻研"。在未来开花结果的最初，往往是不带任何功利的纯粹之心。王舒月在撰写其中一篇论文时，花了几周跑到杭州市各图书馆调查实际情况。在她看来，自己更在意钻研的"功夫"，更享受钻研的过程。

对于扑面而来的诸多荣誉，现在的王舒月显得更加淡然。她说自己大四时也曾为获奖感到颇多压力，自己不过是个"屁颠屁颠、傻乐傻乐"的姑娘，有时也会怀疑自己"似乎并没有那么优秀"。但她逐渐意识到，荣获奖项只是来自他人的"表层"肯定，唯有内心的追求永不停歇。王舒月表示，没有人一开始就立志于拿奖，奖项只是追寻过程中的"附加值"。视奖项为偶然所得，自然也不能说是压力。"这都是自然而然的过程"，不是初衷，自然也不是所追求的终点。不过，荣获浙江大学"十佳大学生"称号依然是王舒月的意外惊喜。由于初选包括来自同学们的投票环节，没有刻意拉票即进入初选名单的王舒月感受到了同学们对自己的肯定，因而也格外开心。"原来大家觉得我还不错"，她开心地回忆道。

寻找，是迁徙的意义

来自彩云之巅的云南，王舒月不远万里奔赴杭州求学。目前，提前读完研一课程的她刚从台湾大学交流归来，不久后又要赴美国 UIUC[3] 攻读双硕士学位。问及自己"四处云游"的状态，王舒月坦言自己想去更多地方探索不同的生活方式。怀着"暂时没想好自己的定位"的心情，她无法停下自己的脚步。异地交流使王舒月收获了丰富的经历。在台大，她深深感受到台湾大学生的社会责任感："在台湾发生的任何一件小事都与自己相关。"她看到台湾夜市里，当地人吃完小吃的垃圾都会带回家分类收好；台湾大学生更常常为社会运动而奔走。这些见闻使王舒月思索起自己对于社会是否同样足够关切。2011年暑假，王舒月赴美国华盛顿州贝林汉姆市政府进行暑期实习，她负责测试当地政府部门设立的一个公众边境服务网站，并和同学一起为当地市长候选人拉票、竞选。不同意识形态下的民主政治拓宽了王舒月的视野，并让她在面对自身所处环境时有着更加平和、冷静的见解。对外游历的见闻，常常被她用于自我价值的调整。

在浙大校内，王舒月参加了未来企业家俱乐部[4]。这是一个由于兴趣相聚、不以功利为奋斗目标的俱乐部。王舒月认为成熟的社团不应单纯地指派任务，而要秉持"兴趣在先，任务随后"的理念。她还加入了求是强鹰俱乐部，并因此结识一群各方面的佼佼者。他人的奋斗目标促进了王舒月对自己定位的思考，但她也坚定地认为每个人的优秀都是不一样的，除却必要的努力，最重要的是找到自己与众不同之处。博采众长的同时，她不曾遗忘对自我的寻找。

她感谢自己的学术导师叶鹰所给予的充分自由。导师不仅用学术上的钻研精神深深感染她，同时也热忱帮助她申请面向台大和美国 UIUC 的交流。很少有导师愿意"放着学生到处晃悠"，而叶鹰却"纵容"王舒月赴各地发掘更真切的人生目标。最终王舒月放弃了外推北京大学的机会，因为"在这儿我更自由"。

独特，是至高的赞美

执着于也忧虑于对"定位"的寻找，皆因为王舒月对"独特"二字的锲而不舍："我不想做一个同质的人。"曾在网易实习的王舒月发现人一旦进入企业，便有可能让企业给自己定型。因为"人总是熟能生巧的"，习惯了从事的领域，就会失去尝试更多可能的勇气。而许愿自己"三十年的生活都要不一样"的她，在青春的日子里还希望尝试更多可能。"或许，这种不断的自我寻找不是大家应该借鉴的方式吧？"王舒月有些不好意思地说道。然而顶着光环却仍坚持追寻独特性的她，纵然迷茫，却显得那样果敢、可爱。

要保持独一无二是艰难的，王舒月说自己实习时"名校毕业的人一卡车一卡车地拉来"，优秀的人才总是太相似了。因此，她才在台湾大学、美国 UIUC 等地往返求学、实习，还将紫金港西区五楼自习室[5]作为自己在浙大的第二个据点。即使迷茫，王舒月也决不放任未来。她说如果冲着 100分去努力，即使考砸也能到 90 分；如果因为没有想好目标而纵容自己考 60分，迷茫就成了自己懒惰的借口。在"优秀"和"自我"中寻找自己的平衡点。她不曾因为执着分数而忘记方向，也不曾因为四顾方向而停下脚步。

对于放弃北大外推、赴美国读双学位等令外人称奇的行为，王舒月并不介意。"外人看到的只是表面的东西。"在她看来，这些决定都有着属于自己的深思熟虑，无负本心，即是完满。

王舒月在微博用"暂时没啥值得骄傲的 moon-moon"来形容自己。她认为在大学里叱咤风云的人，走入社会中都是一样的平凡。尽管大多数人都将成为社会运转中的螺丝钉，王舒月却希望自己未来能够因成为"重要的人和环节"而骄傲。她不否认自己的彷徨，也不否认自己在未来成为"螺丝钉"的可能。但年轻的她依然要证明：自己正在迷茫、挣扎、坚持，为自己的梦想和个性而战斗不息。尽管王舒月谦虚地说自己似乎不适合做一个"励志"的样本。但事实上，有多少人在一开始就能够真正对人生了如指掌呢？没有人生来就带着 step1、step2……的目标。或许，总是说"自己很奇怪"的王舒月，反而说出了人们心中普遍的困惑。

的确，没有人能够一开始就行走在最正确的道路上。正如九把刀所说："人生就是不断地战斗啦！"年少轻狂，却不张狂。祝福这个来自云南的姑娘，带着小小的迷茫且歌且行，在"战斗"中捕获自己的本心。

（文／曹哲）

学长有话说

我可以失败一百次，但必须一百零一次燃起希望的火焰！

[1] SSCI即社会科学引文索引，与"SCI"一样同为美国科学信息研究所创建，现收录了世界上不同国家和地区的社会科学期刊和论文，进行一定的统计分析，并划分为不同的因子区间，是当今社会科学领域重要的期刊检索与论文参考渠道，是世界最重要的社会科学期刊索引，涉及的学科范围广泛。

[2] 始创于20世纪90年代，是浙江大学规模最大、水平最高的全校性学生辩论赛，由校团委、党委学工部和校学生会联合举办，每年与国际大专辩论赛及由中央电视台举办的全国大专辩论赛同步举行。

[3] 伊利诺伊大学厄巴纳-香槟分校(University of Illinois at Urbana-Champaign，缩写为UIUC)，建立于1867年，是一所享有世界声望的一流研究型大学，是全美最优秀的工科院校之一，是美国"十大联盟（Big Ten）"之一，被誉为"公立常春藤"。

［4］浙江大学未来企业家俱乐部（Future Entrepreneur Club，简称FEC），成立于2002年5月20日，是由校党委研究生工作部和浙江大学国家大学科技园管委会共同支持创办的精英型学生社团。俱乐部会员主要由各个学科的硕士生、博士生组成，也包括一些优秀的高年级本科生，同时也吸纳优秀的企业家作为高级会员。

［5］浙江大学紫金港校区自习室分布广泛：图书馆一般都是开放的（节假日开放时间会视情况有所调整），同学可凭校园卡刷卡进入；西区自习室一般在四楼、五楼，每个教室门口都会张贴有本教室的上课使用情况，便于同学选择；东区的自习室一般在一楼，相较西区而言要少一些。

大学之"学"，大学之"大"

——访浙江大学第三届"十佳大学生"获得者徐雅兰

大学四年，75本书的读后感，50项实践成果，11座城市，3次国家奖学金……这些数字看似惊人，却不足以丈量徐雅兰的大学生活。因为她对"大学"的认识博"学"且远"大"。她带着"有所爱，有所获，有所求"的满足感从"浙"里起航，向更广袤的世界求索、探知。心有多大，世界就有多大，如她般宽广的胸怀，才是青年人筑梦、追梦、圆梦的温床。

徐雅兰，浙江大学传媒与国际文化学院2009级新闻学专业本科生，辅修竺可桢学院公共管理强化班（UPA）[1]。曾担任浙江大学传媒与国际文化学院学生会主席。曾连续三年获得国家奖学金，浙江大学优秀学生一等奖学金、学业优秀一等奖学金、优秀学生干部、三好学生等荣誉称号。参加第十四期SRTP并获校级优秀，公开发表《付费墙模式的应用实践》、《媒介善治：公共危机治理的新模式》等学术论文。曾在《成都商报》和四川广播电视台等多地实习，均发表多篇作品，受到实习单位的表扬。

初次见到"徐雅兰"三个字，便在脑海中构想着会是怎样的一个女生：有着如此雅致的名字，又出身于新闻学专业，如果选用一种色彩来描绘她，恐怕会是玉石般的翠绿，沉稳的古风中带着些许灵动。一通电话交流过后，她留给我的印象更像是一团燃烧着热情的火焰，充满了积极向上的正能量，就像她自己在微博里写下的那样——"如果阳光照不到我，那就大步迈进阳光里去吧。人总要找点理由让自己快乐起来。"

博观约取，厚积薄发

三次国家奖学金、三次优秀学生一等奖学金、第十四期 SRTP 校级优秀、公开发表两篇学术论文、20 张证书、50 项实践成果，这些荣誉之下的徐雅兰难免会被冠以"学霸"的称号，而她自己却说："了解我的人都知道，我其实并不是学霸。"

主修新闻学、辅修[2]公共管理的徐雅兰在进入大三后，一周七日几乎都处于满课状态，但她不常宅图书馆，也不宅自习室，有时反倒会花时间去做自己想做的事情。徐雅兰认为重要的不在于花多长时间去研究学术，她更注重的是学习效率。从不在期末考前搞突击的她对于修读的每门课都有清晰的计划，提早给自己划出 DDL（deadline），日积月累一步步将学习目标完成，等期末来临便顺其自然地走完整个过程。她说："我不是学霸，只是这种效率学习方式适用于在浙大的学习吧。"

对于大学学习她有着自己独到的看法："我从不觉得读书是为了谋生路。如果是为了谋生路，一所技术学校一样可以给予你必要的生存手段。

我总觉得大学应该有象牙塔的样子，可以给你时间和精力去探索你在进入社会之后就很难接触的东西，所以我也不会以职业为导向去规划我的大学学习生活。"徐雅兰最为欣赏的一句话是"博观约取，厚积薄发"，她相信"只有读足够多的东西，

有足够多的积累，才能在一定程度上展示自己。无论取得了什么样的成就，最重要的是低调踏实地做事"。

四年75本书[3]以及静心读书后记录感悟成为她践行"博观约取"的第一步。读罢《燃灯者》，她书写："在人生的不同阶段，我们总是会遇见那么一两个影响或改变我们人生轨迹的朋友。他们点燃一丝光，却足以照亮内心某个昏暗的角落。愿时间风霜洗礼，留下我身边的燃灯者，共品生活的喜怒哀乐。"读罢《乡关何处》，她感慨："故乡，对于所有远游的人而言都是一片净土。故乡一词所能唤起的温馨，细致而微，让我们牵肠挂肚的家人，与我们肝胆相照的朋友，门前的一棵树，庭前的一株花，所有的故事皆因与故乡牵连而蒙上了温暖又苍茫的颜色。走得越远，心却越觉得愈发亲近。"读罢《幸福了吗》，她思考："媒体这个行业被赋予了太多其本身不应有的作用和意义，媒体人也担负了太多不属于这份职责的期待与渴望。或许真的只有当事情成为过往，我们才能看到真相才能领悟它的意义。感谢命运选中你成为见证某个时刻的人，这不是荣耀，是恩宠。"这时的她如同火焰，稳定而执着地燃烧着心底深处的思考。

当被问及如何对阅读及学习保持长久的热情时，她回答："兴趣是最好的催化剂，如果你真的对一件事情感兴趣，就能在最短的时间里尽最大的努力把它做到最好。无论什么事情，首先要在其中感到快乐，这种快乐能够催促你不断地去提升自我。"

"博观约取，厚积薄发；忙而不乱，乐在其中"，是徐雅兰对大学之"学"最好的诠释。

在路上，看世界

徐雅兰眼中的大学不仅仅局限在校园内，她期待在大学里经历不同的事情、走过不同的地方、看不同的世界。"身体和灵魂一定要有一个在路上嘛，"她笑着说出自己的理由，"无论是读书也好、旅游也罢，都是认知这个世界的一种方法。大学是自由的，没有条条框框的约束，把你当作一个成年人去尊重，不强行灌输给你什么样的知识或是价值观，一切都要靠你自己去探索"。

就是怀着这样的信念，徐雅兰在大学四年间走过了 11 座城市，从北京到苏州，从扬州到厦门，她一路走一路体验着东南西北不同的人文风貌。在欣赏风景之余，徐雅兰对旅行的最大感受是"一方水土养育一方人"，每个地区都有其独特的气质，这种气质会潜移默化地表现在当地人的身上。"出去走走你会发现，自己生活的区域真的只是这个世界里很小的一部分，你要有足够豁达的心态去包容接纳不同生活方式的人。"如今徐雅兰已北上清华读研，比起学校的名声，她更在意的是北京这座城市，不同于她从小生活的成都，也不同于充满细腻感的杭州，北京所拥有的粗犷的北方文化和形形色色的人物成为吸引她的魅力所在。

对于旅行带来的思维上的改变与冲击，徐雅兰并不排斥。她认为一个人如果固守已有观念里的那个世界，就很难有所改变。人要以开放的心态去对待周围的人和事，虽然过程中必然经历价值观的不断摇摆与修正，但这种摇摆与修正最终会形成属于自己的价值体系，这种摇摆与修正，恰恰不断拓宽了你的思维范围。正因为见过的地方多了，交往的人多了，他们带来的想法多了，人才能从中汲取所需塑造自我。

让徐雅兰汲取所需的征途不仅存在于旅行之中，身为 UPA 一员的她也能看到不同专业的人在其中融合着自己的思想。即便是公共政治课上讨论关于社会、国家的问题，也能体会到各类学科诸如生物学、心理学等的学科特点和知识的彼此交织。"大家都是很有学养的人，在一起交流是一件富有挑战性的事情。"徐雅兰这样说道。

实习路上，在《成都商报》《财经杂志》、四川电视台、浙江省委宣传部，她也在不断体味着媒体这个行业的特殊性。媒体是社会的镜子，是世界的窗口，通过实习经历，徐雅兰看到了媒体人大量的时间投入，看到了鞭策他们前行的新闻理想，感受到了媒体行业对于社会信息传递的重要性，也在实践中审视着媒体行业存在的问题。她庆幸自己选择了新闻学这个自己热衷的专业，对新媒体的发展也投入了颇多关注，她的微博里时常出现标有"新媒体概论"标签的短评，记录着她对于新媒体、对于这个世界的思考。

在路上，看世界，上下求索，是徐雅兰对大学之"大"最好的诠释。

"我很喜欢自己当时从浙大走出来的样子——有所爱，有所获，有所求，"回顾大学四年的生活，徐雅兰给出了颇有韵味的评价，"请不要过早地成长，珍惜在浙大的时光，去做自己想做的事情，甚至是傻事、错事，在这个过程中学会像成年人一样为自己做出的选择负责。这才是大学的意义"。

（文／李小雨）

学长有话说

No.1：选择你喜欢的专业，而不是"他们"眼中好找工作的专业。因为，工作极可能和专业无关，没必要为四年后的不确定委屈现在的自己。

No.2：选择那种即使老师不点名你也会准时到教室，即使老师不布置作业你也忍不住想看推荐书目的课程。因为，只有在这样的课堂里学到的东西才会使你终身受用。

No.3：和你的老师多交流，无论是课堂上的学术探讨，还是课后的插科打诨，或是平日间的问候，浙大有太多能够一直给予你养分的引路人，珍惜他们。

No.4：身体和灵魂，总有一个要在路上。读些"没用"的书，去一些"冷门"的城市，用自己的眼睛和双脚去丈量这个世界。

No.5：谈一场单纯而真挚的校园恋情，或者找到一帮推心置腹的好友，因为，青春的回忆一定与他／她或者他们紧密相连。

[1] 浙江大学竺可桢学院公共管理强化班（Undergraduate of Public Administration，简称UPA）始办于2004年6月，是浙江大学竺可桢学院、公共管理学院强强联手，通力合作的新结晶，致力于培养既有现代公共管理理论和政策分析能力，又有领域内专业知识和专业技能的复合型卓越管理人才。UPA充分融合了浙江大学MPA教育良好的教学资源，每年面向全校选拔性吸收各专业优秀学生接受公共管理课程培训。UPA由MPA教师亲自授课并实行导师制。课堂内采用案例分析、团队学习、实地调研、多维讨论等互动式教学方法。同时通过共享MPA论坛，共同参与领域内高水平学者前沿讲座。

[2] 辅修专业、双专业／双学位是指学有余力的本科生在修读并完成主修专业之外，按照一定的培养方案和教学计划修完相关课程（双学位的还应参加毕业设计等环节），获得相应证书的学习方式。实行学分制管理，学校根据学生修读课程的相应学分收取学费，修读并取得辅修专业、双专业／双学位证书的学生，同等条件

下，优先推荐免试研究生。

［3］浙江大学图书馆是我国历史最悠久的大学图书馆之一，其前身是始建于1897年的求是书院藏书楼。由玉泉校区图书馆、紫金港校区基础分馆、紫金港校区农医分馆、西溪校区图书馆、华家池校区图书馆等五大馆舍组成，全馆实体馆藏总量已达562.5万册，包括线装古籍18万余册。

小目光，大世界

——访浙江大学第四届"十佳大学生"获得者李颖

　　谁曾想，读研期间以第一作者的身份在全球最权威的《科学》（ Science ）杂志上发表论文的她，也曾面临发不了文章无法毕业的风险。学术研究的道路上，并非一帆风顺，也充满了单调与乏味，实验失败、论文退回这类打击亦是常有之事。李颖，这位执着于科研梦想的女孩，却时常"乐在其中"。悦心科研，收获心悦，成就与荣耀的背后，除了甘苦，总有那一抹微笑与恬淡。

　　李颖，女，浙江大学生命科学研究院博士（硕博连读）四年级学生，生物化学与分子生物学专业。曾担任浙江大学生命科学研究院 2010 级党支部书记，现担任浙江大学生命科学研究院研究生会副主席。获得 2014 "启真杯"浙江大学学生十大学术新成果奖[1]，多次获得浙江大学优秀研究生、三好研究生、优秀研究生干部、光华奖学金等奖学金和荣誉称号，2013 年荣获浙江大学竺可桢奖学金[2]、浙江大学第四届"十佳大学生"荣誉称号。以第一作者身份在《科学》杂志上发表科研论文。

假如给你三年时间，你会用它来干些什么？

懒惰的人自有其消磨时光的方式，平庸的人自会在时间的洪流中推搡，会有聪明的人遍地开着花来让时光圆满，也会有执着的人专注一心让心愿成真。

而作为浙江大学第四届"十佳大学生"之一的李颖则用三年时间，达到了无数科研工作者梦寐以求的高度：她经受了世界上最挑剔的目光的检验，以第一作者的身份将自己在结构蛋白领域的科研成果发表在了《科学》杂志上。

三年能发表出一份影响力如此之高的学术文章，李颖的博士生涯看似顺风顺水，有人为她的成就躁动，为她的幸运惊叹，然而，背后的甘苦，却往往不能和荣耀一起被摆在聚光灯下。

整齐的柜子摆放着的瓶瓶罐罐一拥而上，让人感觉像是走进了炼金师的世界；培养基在通了电的培养箱中来回震荡，像是一个摇篮在摇动着一个新的生命。在外人看来，生物实验室里面的一切都是那么妙不可言，可是如果每天都接触这些，才知道这些华丽的装置终归不过是机器，其本质上是枯燥乏味的。

李颖出现在这纷繁杂乱的仪器中，从容淡定如同秋天的湖水，温婉而甜美。

成就，来之不易

"来到浙大后的生活其实一直是挺单调的。所有心情的好坏基本上都与实验相关。"李颖笑着坦言。实验室的生活很紧凑，早上 8 点至 9 点到实验室，晚上 11 点半从实验室回来，刚开始的那段时间一天下来都要对着酒精灯，很难想象一个面容如此姣好的女孩，深夜油光满面地回寝室的样子。

从山东农业大学生物工程专业本科毕业后，李颖来到了浙江大学医学院的研究所攻读硕士学位，两年后转成了博士生，硕博期间，她始终专注于同样一个课题。也许在旁人眼里，她的选择似乎很坚定，而事实上，她也曾经一度动摇过。转博之前，李颖的实验进展并不顺利，文章也被无情地打回，使她一度产生了放弃读博的念头，但最终还是因为实验出现转机而坚持了下来。她十分清楚这个选择对她而言意味着什么：要面临着发不了文章无法毕业的风险，要能忍受科研路上难以想象的艰辛。但是，种种困难终被坚定的李颖所克服。

半年时间晶体培养不出来，实验接二连三地失败，用两年时间准备的文章被拒……这些常人难以想象的打击，今天的李颖却能叙述得那么平静，让笔者感到惊讶不已。

她说，最终支撑她继续下去的还是那份探索的兴趣，"我就是特别想知道现象背后究竟是个怎样的机制"，在看到成功的曙光之后，她觉得自己应该让实验继续进行下去，"这次没有退路了，只能往前走"。有的人看不到成功的希望，却仍拼了命地拼搏；有的人看清了成功的方向，用奋斗去接近成功；有的人对成功胜券在握，用努力去实现自我。但是，无论是何种境地，无论是何种心情，无论是走到了哪一步，只有坚持不懈地奋斗和拼搏才能收获最终的喜悦。李颖用坚定换来了人生的一个峰巅。

作为全球最权威的两大学术期刊之一，《科学》杂志[3]的门槛之高可谓是出了名的。即使是在理论上站得住脚的研究成果，也需要强大的实验细节来作为支撑，李颖的文章就这样被全世界最严苛的评委们打回多次。为了解答评委们刁钻的问题，李颖花了大半年的时间做补充实验，"把能补的实验数据都补上了"，可见，最终的认可确实来之不易。也正因为有这么多的付出，才能有来之不易的成就。

钻研，乐在其中

"你有没有觉得自己和其他同龄人不太一样？"

"这个不绝对，估计每个人在别人看来多多少少都会是不一样的吧。"

话虽这么说，当在微信朋友圈上看到昔日好友如今的生活是多么丰富多彩，当她开始收到一封又一封的婚礼请帖时，李颖也会偶尔感慨一番。

可是一旦走进实验室，进入了自己的实验模式，这种感慨的情绪便会一扫而空。李颖感叹蛋白质结构之精妙，为生命的奥秘在指尖一点点浮出水面而欢欣不已，显微镜下的那个世界载着她多半的喜怒哀乐。"真的就是乐在其中吧"，李颖的脸上荡漾着满足的神情，"只要自己进入了状态，就会想把眼前的做到最好，其他的事就不会再多想了"。

是的，科研的道路上，有时候是单调而枯燥的。当你连续数日在重复着做一样的事情，当你翻来覆去地在同样的生活节奏上，当你一次又一次地面临实验的失败和重做，有人退缩了，有人逃避了，有人放弃了。但李颖没有，她乐在其中，她微笑面对失败，微笑面对重新再来，微笑面对单调，微笑面对枯燥。因为她在失败中寻得经验，在重新再来中寻得机会，在单调中寻得思考，在枯燥中寻得奥秘。科研是一座山，翻过去就到家了。也许翻过一座山，还有一座山，但山中有鸟语、有花香，有家里没有的奇珍异宝。

她认为自己是一个想法简单的人，"我的目光很窄，窄到只会往前走"。在她的字典里，没有"万一"这个词，既然眼下科研是唯一的出路，她便破釜沉舟，一意前行。有的人想法很多，深造、就业、创业，样样都尝试。但若只落得丰富了大学生活，却不如简单的没有"万一"的李颖来的干脆和豪气。她打定主意一往无前，誓要把坎坷的前路踏平。

当被问到让她最受鼓舞的一句话，她想了很久后回答：吃得苦中苦，方为人上人。这朴素的话语像是揭破了一个惊天秘密：无论是多么壮丽的远方，要想达到它，豪言壮语已无济于事，坚持到底才是唯一的途径。这就是李颖，仍然是那个坚定的李颖。

如果成功的背后是苦难，那么苦难的背后一定是一个甘之如饴的人。并不是不曾留恋身边的欢声笑语，只因心有圣地，便每时每刻都觉沐浴阳光。李颖的故事告诉我们，目光可以很窄，窄到不为欢声笑语停留；但世界可以很大，大到穷尽生命的奥秘。

也让我们祝福她，一路顺风。

（文／姚青青）

学长有话说

No.1：踏踏实实做人，认认真真做事。

No.2：平和而执着，谦虚而无畏。

[1] "启真杯"学生十大学术新成果评选，是2014年浙江大学为增强学生学术创新意识，提高学生学术科研水平，提升学生学术自信，面向全校本科生、硕士研究生和博士研究生特别新设的一项学术活动。申报成果包括论文著作类成果、应用设计类成果和创意研究类成果（涉密类成果不予申报）。

[2] 竺可桢奖学金是浙江大学最高层次的奖学金，是为纪念竺可桢老校长，激励学生发扬"求是创新"作风，培养品学兼优，具有实事求是、严谨踏实、奋发进取、开拓创新精神的优秀人才，在广大校友的热情支持和赞助下，于1986年开始设立的。竺可桢奖学金每学年评选一次，每次评选本科生12名，获奖学生由学校颁发竺可桢奖学金荣誉证书、竺可桢奖章一枚和奖学金20000元。获奖学生名单在校内张榜公布，列入校志，并在校刊中宣传获得者事迹。

[3]《科学》是发表最好的原始研究论文以及综述和分析当前研究和科学政策的同行评议的期刊，该杂志于1880年由爱迪生投资1万美元创办，于1894年成为美国最大的科学团体"美国科学促进会"（American Association for the Advancement of Science，简称AAAS）的官方刊物。由于该杂志发表的文章有极高的科研价值，想要在杂志中发表文章需要许多权威专家审核，可谓十分艰难。

太极者，无极而生

——访浙江大学第四届"十佳大学生"获得者孟祥飞

用"无招胜有招"来概括孟祥飞的学业成就还真不算夸张。并非是他故弄玄虚，只因除了"认真"，还真找不到更合适的词来形容他的大学生活。拿科研竞赛奖拿到"手软"的他，坦诚地表示"智商不够"，"不认真不行"。这不是谦虚，更不是浮夸。一个勇攀知识高峰的人，本就怀着对知识的敬畏之心。

孟祥飞，男，浙江大学2010级数学与应用数学专业本科生，辅修金融学，浙江大学第四届"十佳大学生"荣誉获得者。曾任浙江大学求是学院丹青学园第19党支部组织委员，并获浙江大学"求是创新先锋优秀共产党员"称号；参加美国北卡州立大学暑期科研交流，完成国创（国家级大学生创新创业训练计划项目）[1]、SRTP（本科生科研训练计划）[2]项目各一项；获美国大学生数学建模竞赛一等奖，全国大学生数学建模竞赛二等奖，浙江大学第十届数学建模竞赛一等奖；获浙江省大学生物理创新竞赛一等奖，浙江省大学生微积分竞赛二等奖；连续三年专业成绩第一，每年均获得国家奖学金[3]、浙江大学优秀学生一等奖学金、学业优秀一等奖学金，获研究与创新一、二等奖学金、社会工作优秀奖学金、三好学生、优秀学生干部等荣誉称号；2013年获竺可桢奖学金。

白框眼镜，清秀的脸庞，阳光而腼腆的笑容，一下子打破了人们对理科学霸形象的预设。

学习没有武林秘籍

多项科研竞赛获奖、竺可桢奖学金、十佳大学生……当所有在校本科生能得到的最高荣誉加诸一身时，孟祥飞已然是各大校园媒体采访的热门人选。但是，他并不认为这些可以成为他的代名词。他始终认为，能够进入这些奖项候选名单的人都有足够丰富的经历和足够优秀的简历，最终人选的确立更多是看运气。"十佳大学生答辩的时候，我觉得我讲的是最矬最普通的一个了，最后听到我的名字都震惊了。"他笑着说道。

你可以将这看成是自谦之词，但孟祥飞的态度绝对不是"学霸说自己挂了是因为没考满分"的浮夸，他可以坦然地承认自己的优点，同时清晰地看到自己的不足。"我是一个很认真的人。不认真不行嘛，智商不够，专业课真的挺难。"他一直保持着嘴角的微笑，"那种研究生还选择继续读数学的人才真是智商高，我不行，太吃力了"。在他的眼中，学习数学的模式和高中其实很像，上完课需要完成课后练习，也需要自己看看书。

在外人眼中，数学系的代名词除了"聪明绝顶"就是"苦逼"，免不了常常在自习教室通宵达旦地刷题。当被问及"你会经常熬夜吗"这个问题时，孟祥飞笑着连连摇头："我作息很健康的。大一的时候九点半、十点图书馆不就要关了嘛，回寝室就洗洗睡咯。大二的时候就会去听西区的《梁祝》，大三的时候也基本会在十一点前睡觉。"但是，这并不意味着他只花很少的工夫就轻松取得了学业最高奖学金。面对大学生活中各种各样的诱惑，除了大一加入过三农协会，他选择将所有的时间贡献给学习。孟祥飞认为人

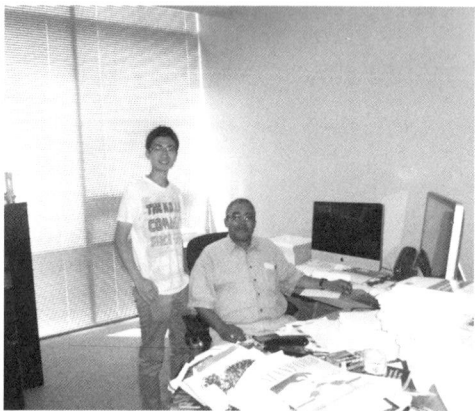

应该对自己的学业负责，日常应该完成的事情就应该按时做好。"我有强迫症，当天的作业不当天做好就会很难受。"就这样，"强迫症"战胜了"拖延症"，让他始终保持优异的成绩。"只要平时真的花了精力和时间，人人都可以做得很好。我真的不是智商特别高的人，同学当中比我聪明的有很多。"

孟祥飞有自己的一套大学生活哲学，因此一直在自己选择的道路上坦荡行走。他认为，即使有什么想做的事情没能做，也不需要后悔，因为选择都是自己做出的，而每一次选择也意味着放弃。人的精力有限，不可能什么想要的东西都同时得到。因此我们需要一个明确的目标："人有时候是要强迫自己的。如果你想变得 social，就强迫自己多参加活动；如果想好了要出国读研，就强迫自己好好沉下心来学术……"

孟祥飞准备在毕业后前往美国在工业工程方向深造。出国读研是他高中毕业就有的想法，此后四年一直朝着这个方向努力。"我的出国简历上每一条都有仔仔细细地想过，都能让自己有话说。"这是之前一次实习面试经历给他的经验：面试官就当时他的简历上的一个科研项目进行提问，但他并不是该项目的主要负责人，所以对于一些细节问题不甚了解，从而导致了这次面试的失败。如今谈笑风生地说起这次失意，他将之视作一次宝贵的学习经验。

生活暗藏《九阴真经》

谈起大一暑假在印度聋哑学校的支教经历，孟祥飞并没有像在做"评奖答辩"的"三段论"（学习成绩、科研成果、社会工作）一样讲自己的感受。在印度时，除了在当地学的一点手语，他和聋哑学生最常用的交流方式是用手机。"当地人真的都很好，但是条件真的挺艰苦的。"当回想起用最传统的方式露天洗澡时，热情的当地人还主动想要帮他搓澡，他忍不住笑出了声。有时候，做事情并不需要考虑太多的结果和意义，跟着心走，想到了就去做；放弃了一个机会，下一个路口会有新的选择，这是大学对我们的赐予和包容。

"支教让我走进了他们的世界，但与此同时，他们也走进了我的人生，让我对生活更加热爱。"孟祥飞在文章《我的大学》中这样写道。去过印度，给民工子弟小学孩子上过一个多学期课，他现在对支教有着更深的认识："希望有一天我可以真正做些什么，真正改变他们的学习环境，而不仅仅是过去给他们上几节课，做几个游戏。"

课余，孟祥飞喜欢看美剧，偶尔会和室友组队打会游戏。"但是因为我水平很烂，所以跟别的寝室打比赛的时候他们就会盯着我打，我的屏幕老放黑白电影。"孟祥飞拿自己开玩笑。他最大的爱好就是打篮球，每个周末都会和朋友们在球场上挥洒一下午汗水，尽情放松。但是大二那年，他的右膝盖在一次运动中受伤，颇为严重，开始了三个月与拐杖、轮椅为伍的生活。课业的压力、今后可能不能打篮球的噩耗，让孟祥飞身心俱疲，甚至产生了休学的念头。"是妈妈把我骂醒的，一个男孩子怎么能没有担当，遇到一点挫折就退缩和逃避。"如今的他坐在石凳上，云淡风轻地谈论过往的四年，宠辱不惊，有一部分功劳当归那次伤病。

生活中有酸甜苦辣，也正是这酸甜苦辣丰满了你我的人生，正是这酸甜苦辣催促你我的成长。不抛弃、不放弃，好好地对待生活中的每一个细节，好好地把握生活中的每一个机会，生活必将反馈给

你满满的"经验"。

认真严谨，真实平淡，顺其自然，这就是孟祥飞学习、生活的态度。有时候，生活不必要有惊涛骇浪。一心一意，以无招而胜有招，处无极而至太极。

（文／龚涵雨）

学长有话说

No.1：尽力只能完事，用心才能成事！

No.2："人生就像一场旅行，不必在乎目的地，在乎的是沿途的风景以及看风景的心情。"大学四年的"旅行"非常精彩，时而畅游学术的海洋，时而享受青春的放纵，时而感受孤独的忧郁，时而体验集体的欢笑……我想，人生的境界便该如此，有一种"宠辱不惊，看庭前花开花落；去留无意，望天上云卷云舒"的胸怀……

[1] 教育部计划开展的包括创新训练项目、创业训练项目和创业实践项目在内的训练计划，旨在促进高等学校转变教育思想观念，改革人才培养模式，强化创新创业能力训练，增强高校学生的创新能力和在创新基础上的创业能力，培养适应创新型国家建设需要的高水平创新人才。创新训练项目，是本科生个人或团队在导师指导下，自主完成创新性研究项目设计、研究条件准备和项目实施、研究报告撰写、成果（学术）交流等工作。创业训练项目，是本科生团队在导师指导下，团队中每个学生在项目实施过程中扮演一个或多个具体的角色，进行编制商业计划书、开展可行性研究、模拟企业运行、参加企业实践、撰写创业报告等工作。创业实践项目，是学生团队在学校导师和企业导师共同指导下，采用前期创新训练项目（或创新性实验）的成果，提出一项具有市场前景的创新性产品或者服务，以此为基础开展创业实践活动。

[2] 本科生科研训练计划（Student Research Training Program，简称SRTP），是浙江大学为在校本科生设计的一项科研项目资助计划。SRTP采取项目化的运作模式，设有创新基金，通过本科生自主申报的方式确定立项项目并给予经费支持，鼓励学生在导师指导下独立完成项目研究。

[3] 国家奖学金是由中华人民共和国教育部颁发给普通本科高校、高等职业学校与普通高等学校全日制研究生的一项奖学金，奖励标准为每人每年8000元。国家奖学金每学年评审一次，纳入我校本科生奖学金体系。每年9月底，学校按照教育部下达的名额，根据各学院当学年奖学金参评人数，按比例分配名额至各学院。

灼灼己心，不溢不馁

——访浙江大学第四届"十佳大学生"获得者王轶伦

兴趣，是支撑王轶伦专业选择和钻研学术的第一动力，也是王轶伦认清自己的证明。求是者，首先要对自己实事求是，科学定位自身。当下的青年大学生，有迷失于绩点的追逐、奖项的攀比、出国经历的显摆，往往并未弄清楚自己的本心。心之所向，身之所往，找到自己的兴趣点，再找一群志同道合的伙伴，一起努力奋斗，一起坚定前行吧！

王轶伦，男，浙江大学 2010 级竺可桢学院学生，计算机科学与技术专业。曾担任竺可桢学院团委副书记（挂职）、中国计算机学会浙江大学学生分会副主席；完成省创（浙江省大学生科技创新活动计划"新苗人才计划"）、SRTP（本科生科研训练计划）项目各一项，在浙江大学 DCD 实验室[1]、CCNT 实验室[2] 以及 UC Davis[3]、微软亚洲研究院等均从事过研究工作；竺可桢学院创新与创业管理强化班成员、蒲公英创业学院成员、求是强鹰俱乐部[4] 九期学员；曾获得竺可桢奖学金，浙江大学第四届"十佳大学生"，浙江大学优秀毕业生，浙江省优秀毕业生，微软小学者（全国30 人），中国计算机学会全国百名优秀大学生，竺可桢学院卓越奖（最高奖），国家奖学金等。

　　"随和、乐观、认真",这是王轶伦对自己的评价,"这也让我能始终保持自己的冲劲,向着自己的目标不断前进"。

　　从小学就开始接触编程,王轶伦觉得通过一行行的代码,实现各种复杂的算法,制作各类新奇的软件,是很有趣的事情。随着光标游走在一行行代码间,他对计算机科学产生了浓厚的兴趣和热情。这份热情一直陪伴着他,从小学、中学直至大学,从最开始接触编程、逐渐产生兴趣到参加各种计算机竞赛,直到王轶伦选择了计算机科学与技术专业。

　　学术道路并不总是像看起来那般平坦。坚持学术的人除了有自己独特的光彩照人的一面,也有自己的苦楚,这是平常的。而支持王轶伦一路不断前行,直到取得今天的成就的,首先是对学术的兴趣,这也是最为重要的。有了兴趣才能保证有前进的动力。于他而言,对科研的兴趣来自于对未知世界的求知欲。其次,王轶伦之所以能比常人走得更久,也是因为有一颗安心研究的心。"这能让我找到机会,静静地思考、研究。"科研中遇到阻碍是太平常不过的事,其他事情太多导致投入时间不足、实验结果不尽如人意、研究一筹莫展没有头绪,这些事情在研究中经常出现,而最重要的是保持乐观的心态,对自己有信心,这也给了自己继续下去的机会。

　　王轶伦曾赴美国参加加利福尼亚大学戴维斯分校的暑期科研训练项目,这份特别的经历为他在科研道路上的前行助力不少。首先,在长时间的积

累、探索后，可以做出很有趣的成果，不止对于个人来说有趣，这些成果亦可以造福社会，夸张点说，甚至可能改变世界。这让王轶伦觉得科研并不是一件枯燥无味的事，在某种程度上，这也影响了他的心态。其次，在这次科研训练项目里，王轶伦也认识了许多志同道合的朋友，这让他在追逐梦想的道路上不再孤单。

在学术道路上一直陪伴着王轶伦的，除了他自身的兴趣和良好的心态，还有老师和朋友们的支持。大学四年里，总有些知心好友一路陪伴着，正是这些陪伴让王轶伦保持着对未来的信心，不断努力。三五知己，灼灼己心，芸芸良师，真是学术道路上最好的陪伴。

谈及家庭对自己的影响，王轶伦表示，他现在很感谢父母之前对他独立思考、独立生活能力的培养。这首先使得他能比常人更快地融入大学生活，在做事时也能更加独立。此外，父母还给了他足够自由的发展空间，他们十分尊重并且支持王轶伦的决定，无论是当时选择专业，还是现今坚持科研道路。王轶伦随和、乐观、认真的性格也与他家庭的影响分不开，自由而不失独立自主的能力，这让他成为一个更好的人。

除了学术之外，每个人的大学四年生活里都会有一些同样带着鲜艳色彩的东西。担任竺可桢学院团委副书记（挂职）的经历让王轶伦收获颇丰。"如何管理一个一百多名学生的学生组织，如何跟其他老师、同学相处等等都是很有挑战性的问题，这个经历让我学到了很多，也成长了很多。"曾在学业压力极大的情况下组织竺可桢学院第一届科学论文报告会的经历让他印象最为深刻。报告会十分重要，同时也是第一次举办，策划、讨论、准备物资等等事项耗费了他大量的精力。可想而知，当活动最后圆满结束，他会有多么兴奋。当然，他从中得到的成长和财富亦是无可限量的。

此外，王轶伦还和几名志趣相投的同学一起，创建了中国计算机学会浙江大学学生分会，他本人在其中担任副主席一职。创设是困难的，从无到有自然比从有到多要更具挑战性，然而能为自己心之所系的计算机"事业"绞尽脑汁，这是他乐意做的事；能将计算机行业众多的资源带到浙大，这自然也是他乐意做的事；能为众多与他们一样有着相同的兴趣、相同的态度、相同的梦想的求是学子提供另一个无限发挥的平台，这是他乐意做的事；能用自己所长去推动计算机学科或是计算机行业的发展，哪怕是一丁点儿，这是他向往做的事。

是的，对于未来，王轶伦希望能在互联网这样一个当下极为热门的行业里做出一些成绩，希望能够用自己所学，对这个行业，对这个社会做出一些贡献。

去做一个什么样的人？光芒熠熠风华万丈？籍籍无名苦心孤诣？其实答案并不重要。寻得自己所爱，去追便是。我们常言求是，可何为求是？怎么才能求是？不负己心，不负时代，已是足够。我们也许不必走得多高多远，一直在走就好。

（文／王鹏超）

学长有话说

希望学弟学妹们能珍惜大一、大二的时间，多多体会、多多感悟，在大三、大四时努力奋斗，为了梦想不断前进！

[1] 浙江大学数字媒体计算与设计实验室（Digital Media Computing & Design Lab，简称DCD），隶属浙江大学计算机学院，实验室主要从事人工智能、跨媒体海量信息分析与检索、计算机动画、数字图书馆、智能CAD和数字化设计等领域的研究。

[2] CCNT实验室，英文名Advanced Computing and System Laboratory，是依托浙江大学计算机学院计算机系统结构研究所，致力于新一代计算技术与系统的研究与开发。实验室首席负责人为浙江大学常务副校长吴朝晖教授。

[3] 加利福尼亚大学戴维斯分校（University of California, Davis，缩写为UC Davis或UCD）。

[4] 围绕浙江省"创业富民、创新强省"的战略部署和浙江大学党委关于加大创新创业教育力度的指示精神，依托在社会上产生深远影响的"求是强鹰实践成长计划"，共青团浙江大学委员会和浙江大学管理学院在浙江省工商局、共青团浙江省委、浙江省青联等单位的支持下于2009年12月发起组建成立求是强鹰俱乐部。俱乐部以培养新一代浙商和未来领导者为己任，深入学习浙商精神，引导大学生增强创业创新意识，培养大学生骨干在创业实践中更好地成长成才，努力成为未来社会精英的新"摇篮"。俱乐部通过搭建一个平台，组建一支导师队伍，形成一套帮带机制，挖掘一批具有创新意识创业精神的优秀大学生。俱乐部采用导师带徒的模式，邀请浙江省内外知名企业家担任浙江大学大学生创业实践导师，与浙江大学优秀大学生结对。

慢行步履，急流赴前

——访浙江大学第四届"十佳大学生"获得者邹楚杭

"校报记者"的头衔，加上不凡的科研经历，邹楚杭堪称一名带有文学气质的工科女生。"工"与"文"的完美结合看似偶然，其实必然。"机会总是留给有准备的人。"这句话用在邹楚杭这样一位严谨、踏实的女孩身上是再恰当不过了。比起为既定的目标而努力，也许"时刻准备着"的状态更值得称颂。

邹楚杭，女，浙江大学计算机科学与技术学院2010级计算机科学与技术专业本科生，辅修竺可桢学院工程教育高级班。第四届浙江大学心平奖教金评委会本科生代表，曾任浙大校报学生记者团副团长，浙大新闻社副社长。大一学年进入CAD&CG国家重点实验室学习，已发表EI论文[1]一篇（第一作者）。参加UCLA-CSST暑期科研项目，师从计算机视觉领域杰出人物Alan L. Yuille教授。曾获国家奖学金，浙江大学优秀学生一等奖学金、学业优秀一等奖学金、三好学生、优秀学生干部、研究与创新一等奖学金[2]，宝钢优秀学生特等奖学金，美国大学生数学建模竞赛一等奖等荣誉。为浙江大学第四届"十佳大学生"。

初见邹楚杭时，笔者似乎不能把眼前这个看似平凡的女生和她一点儿都不平凡的经历相互联系起来：笔者总觉得那些有着非同寻常的经历的人，是会在不经意间露出些许锋芒的。然而在采访时笔者才了解到，严谨、谦逊、脚踏实地，也是一种不露锋刃的光芒。

偶然与必然

作为计算机学院成绩名列前茅的学生，邹楚杭选择计算机学院的过程确实颇有故事色彩。初进大学时，她和大类内其他多数人一样，没有很明确的专业选择意愿，只是对信息学感兴趣。

邹楚杭在大一时加入了浙江大学校报记者团。得益于此，她时常有机会采访一些校领导、老师和同学，并且她的部分人物采访会刊登在《浙江大学报》上。一次偶然的机会，在和老师交流时，邹楚杭看到了桌上的《浙江大学报》，报纸的首页正巧是她对当时本科生院常务副院长陈劲的一篇专访。带着小小的成就感和喜悦，她对老师说，那篇文章是自己负责采访并撰写的。老师惊异于一个大一学生可以采访到本科生院的常务副院长，也惊异于一个工科生能写出这样一篇不错的专访，加之邹楚杭平时与老师积极的交流和在课堂上透露出的些许关于科研的想法，老师推荐她去计算机学院的CAD&CG 国家重点实验室[3]，看看科研真实的样子，更多地了解科研。

大一进入国家重点实验室，这样的机会实在是难得。初进实验室时，因为基础知识储备不足，邹楚杭选择多听、多思考。开组会时听听大家在做什么，问问研究生们该看些什么书，多和其他人交流……就这样，她逐渐对图形学和辅助识别产生了兴趣。另一方面，实验室的经历也在促使她学习图形学相关的知识，使她在选课时也有所侧重。

邹楚杭说，很少有人能一开始就特别喜欢某一件事，人们大多都是通过一点点的了解，一点点的发现，最终寻得自己所爱。的确，这个世界上可能有数不清的偶然或是巧合，但当你走过再回头看时，你会发现其实走过的每一步都暗藏方向。就是在一个个偶然里，邹楚杭找到了属于自己的必然。

确定了专业，进入大二的邹楚杭开始接触专业课。专业课的学习和大类课、通识课很不一样。理论知识、编程技巧、团队合作能力都成了考察对象，加上繁重的课业压力，她开始觉得不像大一时那样能够得心应手地掌控学业了。于是，邹楚杭一方面像大一时一样和同学老师聊天，询问他们对课程的看法，另一方面，她也坚持不断总结，不断积累经验。终于，这份执着和坚持换来了她的不断进步。

我们时常会去思考，那些优秀的人，是如何成为他们现在的样子。我们仰望他们，却忽略了他们也只是积石成塔般地前行。

碰撞与新生

现在，邹楚杭作为一名大四毕业生，即将毕业前往全美计算机排名前五的伊利诺伊大学厄巴纳－香槟分校继续学习计算机视觉及图形识别。而在大三暑假时，她就已经接触了这方面的科研工作。作为被选为 UCLA-CSST 暑期科研项目的一百位亚洲学生之一，邹楚杭在为期十周的科研训练里学到了不少。

邹楚杭在科研期间的导师曾是著名物理学家霍金的学生。导师的特殊身份让她获得了特殊的感悟。导师随霍金学习时，每次上交论文，都需要等五个小时以上，等霍金用两只手指写完批改意见。霍金的输入从来不用修改，无论是词还是句都是事先在脑中考虑好的，而且都十分恰当。这一点对她的导师产生了极大的影响，让他变得耐心，变得严谨而细致。从而，在导师批改邹楚杭的 PPT 或是论文时，像传承一般，也批改得极为严谨，严谨到考虑每句话的用词是否合适。科研最重要的就是严谨，而严谨不仅仅适用于科研。"他被霍金影响，又影响了我。这是会让我受用终身的东西。"邹楚杭如是说。

交流，也是邹楚杭在科研期间感触颇深的一点。长久以来，和其他国家的人比起来，中国人是不太注重交流的。然而交流对科研极为重要，只有通过沟通，才能擦出思维的火花，才会给科研更多的可能性。项目伊始，导师一有空就来和大家聊天，十分注重交流。起初邹楚杭觉得聊天太过频繁，觉得很累。后来，随着交流给自己带来的启发慢慢增多，她逐渐开始发现交流是一件很有趣的事情。再后来，邹楚杭一遇到问题就去和老师交流，在交谈之中，她也收获了很多新的观点和感悟。

时至今日，邹楚杭的前路已经变得明晰，她一心要走科研的道路，愿做领袖一般的人物；而要坚持走学术的道路，就要做一名大学老师，这样一来，读博士便是必经之路，而出国读博无疑是她更好的选择。在国外，可以脱离国内以中国学生为主的环境，认识各种各样的外国学生，了解其他多种多样的想法。思维的碰撞，是为了更好地新生。一条明晰的路，是尝试和探索的结果。

异曲与同工

作为一名工科生，邹楚杭在高中时却对文字有着独特的喜爱，甚至曾一度准备读文科。中学时邹楚杭就曾模仿过电视中杨澜、陈鲁豫等人做访谈的样子，而大一时她加入了校报记者团[4]。在校报记者团里，她经常做一些人物采访。采访对象需要自己联系，采访内容需要自己准备。刚开始采访时，邹楚杭每次都做很多准备，甚至把需要提的问题抄在纸上，但即便如此，在访谈时，说话还会断断续续，人物采访的文章也写得不尽如人意。

而随着采访次数的增多，邹楚杭也采访过了形形色色的人，变得放得开、敢问、敢于表达自己的见解。让她印象最深刻的一次便属对中国移动董事长王建宙的采访了。为了让这次采访足够成功，邹楚杭翻看了非常多的资料。因为对于王建宙这样的人物来说，如果提问很普通，和其他记者的采访别无二致，对方的采访热情会降低。她费尽心力地设计了很多问题，发给了王建宙。也许是精心设计的问题让王建宙有了兴趣，秘书很快回应了邹楚杭，同意在王建宙讲座结束后进行采访。然而在采访前一天，秘书告诉她，因为行程原因，也许没有机会采访了。

听到这句话，邹楚杭愣在了那里。前一天，她胃炎复发，但为了准备采访她仍然坚持看资料。现在，她不知道该怎么做了，听讲座时，她也非常沮丧。讲座结束后，看着王建宙向台下走去，她突然冲上去，"您好，我是浙江大学校报记者团的记者，之前和您联系过的，请问您现在可以接受一下采访吗？"经过争取，邹楚杭获得了短短十分钟的采访时间。由于之前准备充分，她顺利完成了此次采访。

谈及在校报记者团最大的收获，她又提到了沟通。一个人的表达能力对这个人的影响巨大，而学术在这一方面也是相同的。有深邃的思想，却无法让别人轻易地理解，确实是一种损失。

如果用三个词来概括邹楚杭给人留下的印象，那大概就是"求心，求实，求己"。她说她更喜欢一个人静下来做一些事情，更希望踏踏实实地一点点进步。如今她最大的愿望是从事科研，带着这样的愿望，她一直在走着。冷静从容，让人叹服。求是精神，不过如此吧。

（文 / 王鹏超）

学长有话说

在实践中发现兴趣，在踏实中把握梦想。没有一蹴而就的硕果，只有坚持所爱，稳步前行而得的回报。或许会经历坎坷与泪水，但也别忘记奔赴理想彼岸时，点滴成功带来的喜悦与感动。

[1]《工程索引》（The Engineering Index，简称EI）创刊于1884年，是美国工程信息公司（Engineering information Inc.）出版的著名工程技术类综合性检索工具。EI每月出版一期，每期附有主题索引与作者索引；每年还另外出版年卷本和年度索引，年度索引还增加了作者单位索引。收录文献几乎涉及工程技术各个领域。

［2］本科生研究与创新奖学金，授予在学术研究、学科竞赛和科技创新等方面取得优秀成绩的学生，分一等奖和二等奖，每人每学年限获一次，一等奖奖励金额1000元，二等奖奖励金额500元。

［3］浙江大学计算机辅助设计与图形学国家重点实验室，其前身是成立于1979年的跨校内计算机系、数学系和机械系三系的CAD/CAM中心。

［4］《浙江大学报》是浙江大学党委、行政机关报，每周一期。1998年四校合并后，《浙江大学报》在原四校校报合并的基础上以崭新的面貌亮相了。新的《浙江大学报》是当时国家新闻出版署和教育部批准的全国高校中唯一的一张具有国内统一刊号的对开大报。《浙江大学报》学生记者团作为校级学生素质拓展中心，主要任务有：根据校报编辑部的布置，对学校重要活动、优秀人物进行采访报道；深入了解学生关心的一些热点问题，有组织地完成一些系列报道、深度报道的采写。所有稿件一经采用均支付稿酬。

坚持，酿百味人生

——访浙江大学第五届"十佳大学生"获得者赵浩

2011 年浙江大学控制学院的研究生开学典礼上，赵浩作为博士生新生代表上台发言，他利用这个机会说出了自己的心声："未来五年与各位一起用汗水去谱写无愧于青春的工科梦想。"这是四年前，在本科生入学新生典礼时，他对自己的真挚承诺，也是四年来，他严谨求实，不断探索的巨大动力所在。

赵浩，浙江大学控制系本科毕业，控制学院 2011 级直博生。入学以来累计发表学术论文 7 篇，申请发明专利 1 项；曾赴南非参加学科顶级国际会议 IFAC2014[1] 并做口头报告；主持国家 863[2] 子课题 1 项，参与国家 973[3]/863 子课题 3 项。曾任控制系研究生会主席、浙江大学博士生会副主席、浙江大学研究生干部讲习所八期学员、求是强鹰九期学员，浙江大学玉泉校区广播台副台长，控制系兼职辅导员、党总支委员。曾获浙江大学研究生"求是服务之星"称号[4]、优秀研究生干部、优秀团干、优秀研究生、三好研究生、社会实践先进个人、研究生社会工作奖、研究创新二等奖学金，浙江省高等数学竞赛[5]二等奖、浙江大学中文演讲竞赛三等奖，唐立新奖学金[6]、中控奖学金[7]等。

联系上赵浩时，他正在美国进行交流。邮件来来往往，将他的故事向笔者慢慢道来。如今看来，那些充满了欢笑和汗水的往事，如同各种饮品的苦辣酸甜，在记忆的味蕾上绽放各自的滋味。

汽水的味道：课余生活

赵浩的大学生活忙碌而充实，除了始终不放松的学业，他在课外实践中同样有着活跃的表现。在众多比赛活动和社团组织之中，校博士生会和广播台令他尤为印象深刻。"前者让我学会了团队协作，后者让我体验到兴趣萌发的乐趣和校园生活的温馨"，他在邮件中总结得简单，而事实上，他的经历却丰富得如同夏天色彩斑斓的汽水，杯沿上还沾着晶莹的水珠，那是不断努力而成为勋章的汗水。

在校博士生会做会务总负责人时，组织参加第四届亚洲博士生创新学术论坛[8]的经历是那句总结最好的注解之一。他们只有 15 个人和半个月的筹划时间，前期宣传策划，流程步骤安排，邀请人员嘉宾，场地道具借用……所有的项目都要不断地考察、调试，再确定下最终的方案，其中的辛劳和牺牲自然不会少。当然，付出总会得到回报，当活动圆满成功，来宾满意离去，赵浩的心中也充满了喜悦的成就感。而一同努力的伙伴，则因为这些共同磨练而成为可靠的朋友。还有组织第十九届 DMB（登攀节）系列活动的经历，这是每年一次服务于全校本科生、硕士生与博士生的浙江大学大型校园品牌活动。赵浩和他的团队秉承着"加强学术交流、营造学术氛围、倡导献身科技、培养人文环境、活跃文体锻炼、丰富校园文化"的原则，将其打造成了一场包含近 40 场活动，服务学校四万多名师生的校园系列盛会，其中的多项活动被省级网络媒体推广报道，为众人所熟知。

有人评论道，如果说赵浩"在学校与院系组织的努力工作是当代学子责任与担当的体现"，那么在广播台的工作则是他的激情和兴趣之所在。从浙大校庆活动上的一个小记者，到玉泉校区特色栏目的策划者，他用笔尖和声音向校园传递着信息和思想。除此之外，在担任玉泉校区广播台副台长期间，他还巧妙利用同学们的兴趣，通过组织大型专题写作和新媒体平台推广，实现了线上线下的互动，丰富了同学们的生活，也使得学校文化氛围更加浓厚。

他的活跃为自己带来了傲人的成就，然而大量活动的背后需要顽强的毅力和坚持。从一件小事或许可以看出这个青年的品质，大一的时候，参加体育一千米测试的他只能勉强及格，而众所周知，长跑对于大多数体质不好的学生来说是一场噩梦。但赵浩并没有恐惧逃避或满足于及格线，反而在随后的几年里不断跑步锻炼，如今的他，已经可以轻松对付一千米以上的长跑，在体质健康测试中也获得了满分。

咖啡的味道：科学研究

赵浩选择控制系的动机十分简单：刚上大学时，尚未明确自己兴趣方向的他听说了自动化的专业内容比较广，"号称'万金油'"，就已经萌生了进入控制系的想法。而真正让他确立了进入控制系决心的则是专业会上的答疑，"老师、同学聊得比较投机，所以就扎进了控制系"。或许当初的他并没有意识到，那个"不太明确的领域"，将成为他一展身手的广阔海洋。

浙大的学子们都很清楚学业在大学生活中的重要性，赵浩也不例外，他自己将科研学术比作一杯咖啡，"一开始抱着满满的兴趣和信心踏入博士生涯时，却因基础薄弱而三叩其门不得入科研大门，此时我初尝科研的苦味。随着文献的阅读，随着实验的模拟，随着探究思维的提升，自己得以于垒土之上初建屋台，慢慢感受到成就感的甜味"，这杯咖啡的调制是他博士的根基，而他性格中坚持不懈的部分又一次地成为他的工具，品味，感受，然后不断调整熬制，使之更加浓郁、香醇。

四年前的院系开学典礼，赵浩作为新生代表上台发言，他利用这个机会说出了自己的目标与希望："未来五年与各位一起用汗水去谱写无愧于青春的工科博士梦"。而四年来他也的确贯彻着这句话，严谨求实，不断探索，并且绝不吝啬自己的时间与精力：为了一个悬而未解的小问题花上好几个夜晚进行仿真实验，查阅无数篇文献资料，反复思考计算确认……凭借这一份钻研与投入，他陆续发表了 7 篇学术论文，6 篇获 SCI/EI 检索，申请 1 项发明专利，并且赴南非参加学科顶级国际会议——IFAC2014 世界大会并做口头报告。

傲人的履历成为咖啡的辅料，在蒸腾的热气中散发出迷人的浓香。

当然，赵浩并没有止步于纯学术方面的发展，而是将学以致用作为自己的科研态度。这也成为激发他不停歇地奔向现场调研的动力。作为课题组学生组长，他主要负责 863 子课题《面向石油化工的节能环保与安全管控 MES 开发及应用》科研工作，同时参与 863 子课题《物联网支撑平台关键技术的研发》与 973 子课题《基于过程信息融合的企业级优化计划调度优化理论研究》等 3 项课题研究工作。一开始进入化工厂时仅能摸着石头过河，用他自己的话来说便是"盲人摸象"，从一个局部慢慢了解开始，等到实施开发时早已轻车熟路，随着不断地实践操作，他也不仅仅是一个埋头电脑桌旁，钻研理论的博士生，更是一个熟悉实际生产的操作工。这些努力，也让他的咖啡在浓香之外，尤为提神。

老酒的味道：学术交流

出国交流在赵浩的研究生涯中并不陌生，不同于许多人对海外孤身生活的抱怨，赵浩乐在其中。他借用"世界那么大，我想去看看"的流行语来解释自己喜欢出去的理由，抱着这样的想法，赵浩代表浙江大学研究生分别赴新加坡南洋理工与管理大学、香港大学与香港科技大学等高校参加创新创业教育活动，赴日本东京与大阪重点企业实习考察交流，赴台湾成功大学学术文化交流，赴俄罗斯莫斯科大学、圣彼得堡理工学术文化访问。不同于许多游客抱着的轻松的心态，也不像很多学子仅将视野放在有限的学术问题之中。赵浩回忆这些旅行时讲道，他"不仅捕捉到了各地的文化差异，还学习到了新加坡大学创新创业文化和日本松下企业的务实精神，掌握了国际市场对人才和专业的需求信息"。这些都成为他的资源与力量，也是他饮品的原料。

从交织着樱花古韵的日本到北国俄罗斯；从花园般精致的新加坡到文化多元的美国。他用自己的脚步践行着"读万卷书，行万里路"的古语，用内心去感受世界各地的风土人情，并将那些细微感触在一次次的旅行中内化、沉淀成一坛老酒，复杂而香醇。

赵浩所参加的项目也是多种多样的：国际学术会议、跨地区文化交流、企业参观实习、科研访问学习……不同的场合，不同的应对，体现出不同的素质，收获了不同的成长。"看过世界本来的模样，才能更清晰地认识到自己，才知道以往见识的狭隘，才知道大千世界的包容"，他在这样的心态下一次次前行，而每一次远行都能带来交流中的成长。当然，在学习知识、培养能力的同时，赵浩也用他扎实的积累和全面的素质向不同高校和企业展现出了当代中国大学生的卓越风采。或许在不知不觉中，这段生活酿成的记忆之酒也已经变成了赵浩自身的特质，让他拥有了同样醉人的浓香。

坚持，是大多数人都熟悉的素质；不懈，是很容易挂在嘴边的形容词，与大多数人不同，赵浩能够真正做到这些，这是他写下履历的笔，也是他将人生制成各种饮品的工具。而"从图书馆的浩瀚书海到体育馆里的全套设施再到实验室里的先进设备，从课堂上的一流教授到校园活动中的优秀伙伴"则是令赵浩充满感激的"原材料"。尽管拥有了包括"十佳大学生"在内的各种荣誉，赵浩仍然没有停步。如今的他，尚在刻苦求学，不断攀登学术的高峰。

毕竟，生活仍在继续，等待着赵浩用奋斗制作成各式各样的饮品，在每一分回忆中都有着其特殊的美好滋味。

（文／钟荧）

学长有话说

努力方有收获，汗水换来成长，脚步走出天地。

［1］国际自动控制联合会（International Federation of Automatic Control，IFAC），成立于1957 年，是一个以国家组织为其成员的国际性学术组织。我国是创始国之一，著名科学家钱学森曾担任 IFAC 第一届理事会成员。IFAC每三年举行一届世界大会，致力于反映世界范围内控制理论与应用发展的新成果和新趋势，是世界自动控制领域规模最大、影响深远的国际盛会，近几届会议代表注册人数都超过2000人，促进了控制领域的学者和工程师们更好地进行学术交流。IFAC第19届世界大会于2014年8月24—29日在南非开普敦隆重举行。

［2］"863计划"源于1986年3月，王大珩、王淦昌、杨嘉墀、陈芳允四位老科学家给党中央写信，提出要跟踪世界先进水平、发展我国高技术的建议，后得到邓小平同志的高度重视，经过广泛、全面和极为严格的科学和技术论证后，中共中央、

国务院批准了《高技术研究发展计划（863计划）纲要》。"863计划"从世界高技术发展的趋势和中国的需要与实际可能出发，坚持"有限目标，突出重点"的方针，集中少部分精干力量，在所选的高技术领域，瞄准世界前沿，缩小与发达国家的差距，带动相关领域科学技术进步，造就一批新一代高水平技术人才，为未来形成高技术产业准备条件。

［3］"973计划"由科技部负责，会同国家自然科学基金委员会及各有关主管部门共同组织实施。1997年6月4日，原国家科技领导小组第三次会议决定要制定和实施《国家重点基础研究发展规划》，随后由科技部组织实施的国家重点基础研究发展计划，其定位是以国家目标为宏观导向确定工作总体部署，形成合理布局，体现为技术创新提供动力和源泉，为经济、社会的可持续发展提供支撑的要求。"973计划"旨在解决国家战略需求中的重大科学问题以及对人类认识世界将会起到重要作用的科学前沿问题，面向前沿高科技战略领域超前部署基础研究。

［4］浙江大学研究生"求是服务之星"表彰在社会工作、社会实践或志愿服务方面有杰出成就的研究生。参评"求是服务之星"，要求学习勤奋，严谨踏实，勇于进取，模范遵守学术规范；要求在浙江大学读研期间，在党团活动、班级工作、社团工作、社会实践、挂职锻炼、志愿服务活动中无私奉献、成绩显著，有广泛的影响力。

［5］为了激发全省大学生学习数学的积极性，提高学生运用数学知识解决问题的能力，培养学生的创新思维，推动大学数学教学体系、教学内容和方法德改革，浙江省高校高等数学教学研究会每年组织进行浙江省大学生高等数学竞赛。

［6］为支持我校教育事业发展，培养更多优秀敬业的高素质人才，新尚集团董事长唐立新先生特在浙江大学设立"浙江大学唐立新奖学金"，以激励在校学生勤奋学习、刻苦钻研。奖励对象为全日制在校本科生（大一新生除外），奖学金奖励标准为每人每年10000元。奖学金获得者自获奖之日起，凡经复审合格可连续获得奖励直至完成学业（最高至博士毕业），包括攻读其他高校（含境外高校）硕士、博士和从事博士后研究。

［7］"中控奖学金"是中控集团在控制学院设立的面向控制学院学生的专项奖学金，旨在激励控制学子刻苦学习，掌握控制专业知识和控制工程技能，成为行业领军人才，为国家的发展贡献聪明才智，有所作为。

［8］2012年9月15日上午，第四届亚洲博士生创新学术论坛在浙江大学玉泉校区邵逸夫科学馆报告厅开幕，来自中国、韩国、日本的40多所知名高校的教授与博士生参加了该论坛。本次研讨会持续了两天，来自各个不同领域的教授和研究生进行了深入交流，内容涵盖材料、机械、能源、化工、电力、电子、建筑、航空航天等诸多学科。

至简人生，一路前行

——访浙江大学第五届"十佳大学生"获得者曹鸿泰

曹鸿泰，一个习惯了用尝试探索自己潜能的"竺可桢奖学金"和"十佳大学生"双料王。在"浙"里的四年，他发表过核心期刊论文，参加过音乐剧义演，去美国哈佛大学做毕业设计，也上山下乡做社会实践。他很平凡，平凡到他只是在做很多人只要努力都可以做的工作；但他又绝对不平凡，因为他对工作有着普通年轻人没有的热情和坚持。且听，曹鸿泰的"至简人生"。

曹鸿泰，浙江大学 2011 级竺可桢学院混合班学生。曾获竺可桢奖学金、优秀学生一等奖学金、三好学生、优秀学生干部及多项外设奖学金、优秀学长组、校级优秀社会实践团队等。曾任学院党支部书记、团支部书记。曾参加《妈妈咪呀》义演。发表中文核心期刊论文一篇、国际会议论文一篇。曾获美国交叉学科竞赛[1]二等奖、浙江省电子商务竞赛三等奖、浙江省物理创新竞赛三等奖、浙江大学电子商务二等奖、浙江大学结构设计三等奖等。2014 年参加 UCLA 暑期科研项目，2015 年在哈佛大学[2]完成毕业设计。

初见曹鸿泰，全不是十佳大学生投票网站上黑黑瘦瘦的样子。他皮肤白皙，笑容阳光，俊朗的形象简直和印象中形成了强烈反差。曹鸿泰摊摊手抱怨道："不上相呗。"他放下肩上的书包，哈哈一笑。

删繁就简，随遇而安

曹鸿泰是比较典型的工科生，说话干脆利落，语速快。但谈话中也经常说着说着一拍脑袋："呀，我怎么在和你聊这个，从什么地方扯到这个话题的？"但他也不在意，挠挠头说："没逻辑，真是没逻辑。"他懂得把精力花在什么地方，自己想不明白的就干脆不去想，不会让一些乱七八糟的想法来困扰自己。比如说很多人在专业选择中会由于举棋不定而纠结痛苦。但当曹鸿泰被问及当初的选择时，他说："我没有自己很明确的偏好，但是我很明确地知道自己不喜欢什么。在排除掉自己不喜欢的以后，就只剩下计算机和电气两个方向。我父母都是从事电气相关领域的工作，再加上电气专业是在绩点竞争方面比较激烈的，所以在看了各学院介绍以后，就选择了电气。"也许选择过程不是多么有逻辑，但曹鸿泰也并不觉得所有的事物都必须要有逻辑，他不擅长做太小的选择，那太难，也太耗时。

对于很多大学生现在普遍非常纠结的"自己究竟喜欢什么"的问题，曹鸿泰也有自己的看法。他认为选择做自己喜欢的事情非常好，对一件事情抱有强烈热爱的人是非常值得尊敬的。但那是非常幸运的，并不是所有人都可以有幸运找到自己强烈热爱的东西。如果没有找到，我们就应该在自己现在身处的领域中全力以赴，做自己现在所处的环境的强者。相对于有时谁也说不清楚的比较抽象的"喜欢不喜欢"的问题，曹鸿泰更注重自己当前所做事情的完成质量。在他看来，空想或许也不能帮助自己确定喜欢什么，只有不断的尝试和在自己对现有工作的不断努力中，才有找到所谓"自己喜欢的事情"的可能。"爱一行干一行"并不适用于绝大多数人，那太难得或者说是太幸运，"干一行爱一行"或许才是适用于大多数人的人生态度。

忙而不乱，乐在其中

曹鸿泰的大学生活十分丰富，单单看他的履历就可以想象他平常的高强度生活。在学习方面，他完全可以担当起"学霸"这个称号，几乎所有能拿的奖学金都被曹鸿泰收入囊中。如果新生对这些奖学金还没有什么明确的概念，那曹鸿泰三年时间总共修的230多个学分一定能给你强烈的刺激。可是就算这样，曹鸿泰还是能"神奇"地挤出时间去做繁杂的学生工作。除了这些，他还是《妈妈咪呀》这部至今仍广受学生好评的音乐剧的幕后参与者，并借助义演募捐款项随音乐剧社赴四川雅安灾区支援，为当地一所小学增添了一间图书阅览室。"我花在课堂上的时间很多，但是社团和学生工作我也不会放下。两方面都想要顾到的后果就是，睡觉的时间会变得非常少。""非常少"这三个字太过模糊。举个例子来讲，大一一年，曹鸿泰基本上都是在凌晨四点左右才睡觉，早上八点照样爬起来去上课。"这没办法，你想做的事情太多，根本不想睡觉。"

笔者问他："你难道真的一点都不喜欢睡觉吗？"曹鸿泰没直接回答问题，歪着脑袋想了一会："睡觉，嗯，很舒服。"他审慎地用了"舒服"这样一个词，但现实情况往往是，"舒服"和"快乐"根本就是两码事。他渴望在自己适应的环境中成为一个强者，也享受在学习和工作领域的各种荣誉带给自己的成就感。繁重的工作或许会导致身体上的疲劳，却带给他心灵的充实感和幸福感。

工作很多，但曹鸿泰对待每一项工作都非常认真。曹鸿泰要学习的课程很多，但他从来不区别对待主修课和通识课，甚至还会在通识课上认真地做笔记。学生工作也同样如此，旁人疲于应付的工作总结对他来说是反思自己、总结经验的良好机会。"我会认真对待这些总结、报告，所以我的工作总结和我的论文是一样的长度。"也就是说，他的工作总结长度一般在50页以上，将近六万字。"做一件事情如果不认真去做，而只是想马马虎虎就做完，我认为那还不如不做。"曹鸿泰这样说。正如他在参与"十佳大学生"评选过程中的"一句话展示"所说："不积跬步，无以至千里；不积小流，无以成江海。"这句话由他嘴里说出来，自有不一样的分量。

哈佛之旅

曹鸿泰在接受笔者采访之前刚从哈佛大学完成毕业设计归来。在这所全球顶尖学府的学习经历对他来说无疑是一次特别的过程。不像一般人想象的那样，曹鸿泰在哈佛并不是以上课的形式学习，而是同一群美国博士后在一起工作。这是一群以将来致力于学术研究工作为目的的学术精英，曹鸿泰和他们一起工作的压力可想而知。曹鸿泰说："我现在只是本科生嘛，所以在学术方面和他们根本没有可比性。在这次的过程中，我扮演的是'学生'的角色，他们扮演的其实是'老师'的角色。"提到这个，曹鸿泰耸耸肩膀，自嘲道："在那儿的感觉，就是什么都不会，对，什么都不会。"但是无论如何，这段高强度的学习经历的的确确让他的学术研究能力有了很大的提高，在文献阅读能力方面的提高尤为明显：曹鸿泰以前一天能够集中精力看文献的时间最多四个小时，可现在已经能够达到八个小时；阅读文献的数量从一天一到两篇达到了现在的四到六篇。可以说在工作量和工作效率方面都有了质的提高。

不过国外的生活并不是十分吸引曹鸿泰，"大部分人可能觉得国外比较先进，但就我所接触的来说，事实并不是这样。在饮食、交通等生活方面，国内一些城市比国外要好很多"。曹鸿泰对国内的发展前景非常有信心。虽然现在抱着一种趁着年轻多多闯荡的心态已经选择出国留学，但我想他在学成后一定会毫不犹豫地回来的。

他很平凡，平凡在他只是在做很多人只要努力都可以做的工作；但他又绝对不平凡，因为他对工作有着普通年轻人没有的坚持和负责；他的思想很复杂，复杂在他是自己学业领域的佼佼者；他的思想又很简单，只要环境需要他就愿意去做，而并不会纠缠一些远不可及的事物。他唯一确定的目标就是以后的生活一定要快乐，一定要优秀。至简人生，他一路前行。

（文／张润）

学长有话说

　　并不是所有的事情都需要逻辑仔细推敲，随心而动。在自己现在身处的领域中全力以赴，做自己现在所处的环境的强者。

[1] 美国交叉学科竞赛是美国大学生数学建模竞赛的两种类型之一。美国大学生数学建模竞赛（MCM/ICM）由美国数学及其应用联合会主办，是唯一的国际性数学建模竞赛，也是世界范围内最具影响力的数学建模竞赛。赛题内容涉及经济、管理、环境、资源、生态、医学、安全、未来科技等众多领域。竞赛要求三人（本科生）为一组，在四天时间内，就指定的问题完成从建立模型、求解、验证到论文撰写的全部工作，体现参赛选手研究问题、解决方案的能力及团队合作精神。为现今各类数学建模竞赛之鼻祖。MCM/ICM 是 Mathematical Contest In Modeling 和 Interdisciplinary Contest In Modeling 的缩写，即"数学建模竞赛"和"交叉学科建模竞赛"。

[2] 哈佛大学，坐落于美国马萨诸塞州剑桥市，是一所享誉世界的私立研究型大学，是著名的常春藤盟校成员。这里走出了8位美利坚合众国总统，上百位诺贝尔奖获得者曾在此工作、学习，其在文学、医学、法学、商学等多个领域拥有崇高的学术地位及广泛的影响力，被公认为是当今世界最顶尖的高等教育机构之一。

幸运，是勤者的礼物

——访浙江大学第五届"十佳大学生"获得者陈鹏飞

作为本科阶段就以第一作者或共同第一作者发表3篇SCI论文[1]的"学术达人"，陈鹏飞将自己的成就归结为"幸运"二字。而认识他的人都觉得，这份"幸运"并不是避重就轻，也不是守株待兔，是他对所学专业的不倦热情，以及将勤奋与努力内化为严格的自我要求和约束的美好馈赠。

陈鹏飞，浙江省组织工程和再生医学技术重点实验室成员，以第一作者或共同第一作者发表3篇SCI论文，累积影响因子20.1，包括国际知名期刊 *Biomaterials*（IF8.3，两篇第一作者）和 *StemCellsTranslMed*（IF3.5，共同第一作者）。浙江大学优秀团员，曾获第三届全国大学生基础医学创新论坛二等奖，北京大学大学生基础医学创新论坛"优秀图表奖"，第11届国际软骨修复学会年会（ICRS）最高奖——赛诺菲杰出学术奖，浙江大学研究与创新一等奖学金，浙江大学启真杯2014年学生十大学术新成果，浙江大学南都创新奖学金等。

彼时，陈鹏飞是五年制临床医学的大五本科生。他总是说："我可能运气比较好吧。"这个对成功轻描淡写的男生，风尘仆仆地从项目答辩场地赶来。见面之后，他一脸歉意地说："临时和老师交谈得太久，来迟了。"

他似乎比其他人都幸运

陈鹏飞从大二下学期开始成为浙江省组织工程和再生医学技术重点实验室的一员，他的学术生涯由此开始起步，而从他的描述中笔者得知这一切都源自偶然。当时，医学院组织了一届"本科生选导师"的活动，而他最初中意的实验室临时通知他不招本科生了，"于是我随便换了一个实验室，随便跟着一个师兄学习实践"。

"谁知道这个师兄实在是太好了！"陈鹏飞告诉笔者，师兄为他打开了学术科研和论文发表的大门。写第一篇论文的时候，师兄直接给了他一个课题；写第二篇论文之前，他觉得难以应付不想再去实验室，但是师兄拿了一个已经完成三分之一的课题给他，说："这个课题已经做得差不多了，你来把它完成吧。"师兄的帮助让他在科研过程中少走了很多弯路。正确的训练方式加上师兄的倾囊相授，让他熟悉了实验的整个流程。

谈及硕果累累的比赛经历，他非常感激感激实验室的导师。陈鹏飞"误选"的导师是欧阳宏伟老师。"那些比赛都是欧阳老师叫我去参加的，我自己也没有想去报这些。"欧阳老师非常关心本科生的成长，只要他对你有印象，等到有适合的活动就会向你分享相关的信息。良师益友，在重要的关口为他点亮了更多的可能性，人生所遇也不可谓不幸运。

除去导师的指路，这些令人艳羡的荣誉在他看来都是顺其自然。在实验室锻炼一段时间之后，SRTP、国创等项目对于陈鹏飞来说是"顺手就做掉的事情"。

他毫不隐晦地说，当时有很多和他一起努力的人，他们的项目可能中途夭折，或者文章投稿后也可能石沉大海。他认为，本科生进实验室，时间投入是必要的，师兄、师姐们的带领也尤为重要。

陈鹏飞似乎比其他人幸运，然而，陈鹏飞沉着的谈吐以及对待荣誉的轻描淡写，让笔者觉得他一定不仅仅是一个幸运儿，他的气质袒露出了稳重、踏实的品质，机会的垂青是一颗种子，恰好落在了丰润的土壤里，才长出了参天巨木。

勤奋，才是正确的解读

进一步的交谈让笔者渐渐发现陈鹏飞的惊人之处。

撰写第一篇论文的时候，他查找了很多资料。从比较简单的methods开始，参考别人的文章和一些论文的模板，前后历时一个多月。而后，他请实验室的一位讲师帮他修改，几乎methods每一句话都被改过了。最后请实验室导师指正并且找外聘教授帮他润色语言，第一篇文章的完成总共花费三个月的时间。"课余时间都在做实验写文章，当时花了很多时间。"

从交谈中笔者感受到陈鹏飞不是一个健谈的人，在口头表达方面，实验室给了他最好的锻炼机会。每一次在组会上作报告，对于他来说都是一个非常痛苦的过程。他需要一遍一遍地撰写、修改讲稿，再不停地回顾讲稿，无数次自我练习以及同师兄一起模拟练习。进实验室之前，空余时间里他会打游戏、看小说，但是进了实验室之后，尤其是在准备组会报告期间，他会茶不思饭不想，一天到晚都在考虑这件事情。

笔者渐渐领略到，陈鹏飞所谓的"幸运"源于他将勤奋与努力默认为他基本的自我要求和约束，无可标榜，也就无可吹嘘炫耀。他的成功看似如此简单，如此偶然，却又有着必然性。

师兄的帮助，并不全然来自师兄的热心。实验室的师兄、师姐通常与本科生的合作较少，因为本科生经验不足，遇到一个愿意与之分享课题的团队较为困难，"如果你去的时间不多，而且总是断断续续的，他们可能就更加不想带你了"。他如是说。误打误撞见一个上进、热心的师兄固然是陈鹏飞的运气，但是自身对实验室实践的重视并且为此付出的努力，是使得师兄对他倾囊相授的真正原因。陈鹏飞回忆："我表现出强烈的热情和兴趣，那师兄就给我更多的东西啊。每次都是他先做我在旁边看，然后把东西记录下来。第二次我做他在旁边看然后把我不对的地方指出来。第三次我自己做，然后多做几次就有感觉了。"

导师的指路，也同样不仅仅由于导师对本科生的关心。陈鹏飞渐渐开始熟悉实验室，花了三个月。其中一项技能，是做组织的切片。"我三个月积累的切片大概有这么厚。"他用手指笔画了一个高度，由单片组织切片的厚度可以了解，这是怎样一个日积月累和精益求精的过程。当时，实验室三个月对本科生进行一次考核，第一次考核的时候，他把切出来的所有成果叠成一堆拍了一张照片上交给导师。欧阳宏伟老师因为这张照片对他印象非常深刻，才会时常与他分享比赛的信息。

路遇贵人相助，首先要成为贵人愿意帮助的人。陈鹏飞用自己的勤奋和用心打动了他身边的人，才让他获得了一个又一个机会，开启他的成功之路。机遇虽然可遇而不可求，但是他一直都在为获得机遇而努力积累，终于在这一切美好来临的时候，以整装待发的精神面貌相迎。

热情，是这一切的源泉

优秀是一种习惯，勤奋也可以说是一种习惯。但是永动的机器必定是一个伪命题，不知疲倦的背后必然存在一个日夜喷薄的源泉。从陈鹏飞的语言和神态中，笔者渐渐发现了一些端倪。

初进实验室的时候，导师欧阳老师问他，进实验室来是做什么。他说，来学习实验技术。如果回到了当年，再次面对这个提问，他会毫不犹豫地回答说，来培养科研思维与创新精神，来学习科研技能、解决临床问题。

"当初就是好奇，所以才进了实验室。"他直言不讳。但是，渐渐取得了成果之后，陈鹏飞看着这一切突然觉得很值得。对于他而言，那是一段充实而美好的回忆。从大二到大四，只要没有课，他就八点半到实验室，晚上十点才走，做实验看文献。甚至有几次为了晚上或者第二天清晨拿实验结果，陈鹏飞就在实验室里排几张椅子睡觉。

虽然当初的他"随意"选择了这个实验室，但是他的热情却与日俱增。热情来自兴趣，而兴趣可以通过成就感来生发。

他对实验室的热情，或许更是对医学研究的憧憬和向往，激发了他的动力和潜力，获得进步转而反馈于他的热情。在这样的过程中，他势如破竹，迈向成功的脚步更加稳健、轻松。正是这初心，源发这一切辉煌。

幸运，是赐给勤者的礼物。两年里的起早贪黑，换来的是求之不得的机遇，还有宠辱不惊的气度。

（文／谢昳）

学长有话说

勤奋和用心会为你铺路。

[1] SCI论文，即为被SCI索引收录的期刊所刊登的论文。SCI（Scientific Citation Index）是美国科学信息研究所编辑出版的引文索引类刊物，创刊于1964年。分印刷版、光盘版和联机版等载体。印刷版、光盘版从全球数万种期刊中选出3300种科技期刊，涉及基础科学的100余个领域。每年报道60余万篇最新文献，涉及引文900万条。进入SCI这一刊物的论文即为SCI论文。

谦谦君子，卑以自牧

大学三年期间，26 门课程满绩、5 门专业课满分、成绩连续三年列专业第一的卓步猛，是数学系当之无愧的闪耀明星。而站在人群中的他，微微地笑着，腼腆而内敛，瘦高的身影在阳光下闪着细碎的光点。他说，我并不是数学系最聪明的，只是，我常常比别人多问几个问题——是什么，为什么，会怎样，怎么办。

卓步猛，连续三年专业成绩第一，获得国家奖学金、优秀学生一等奖学金、学业优秀一等奖学金、三好学生，获得国家人才基地一等奖学金[1] 两次，获研究创新二等奖学金、校级优秀共产党员、优秀学长组等。主持完成 SRTP，曾获数学建模美赛[2]二等奖、校赛一等奖，省级物理创新竞赛一等奖，省级微积分竞赛三等奖。曾任校学生会委员代表，党支部组织委员，统计学人学术团团长。

2015 年 6 月,杨柳满树青,紫金港正以它蓬勃而出的浓浓绿意昭告毕业季的来临。粼粼湖畔,早有那身着学士服的年轻学子们举起相机,凝固这最后的美好时光。卓步猛就站在人群中,腼腆地笑着,他瘦高的身影平凡谦逊,却在阳光下闪着细碎的光点,一如那团青色萌发的郁郁生气。

秉烛探索,勤姿奋进

大学三年期间,26 门课程满绩、5 门专业课满分、成绩连续三年列专业第一的卓步猛成功跻身数学系当之无愧的明星人物,"学神"的称号亦逐渐流传开来……连体育课都满绩的他却坦言,自己并不愿担起这份殊荣满满的称号,因为在他的内心住着的只是一只"自卑而坚定"的乌龟。乌龟?也许他人不能理解这个和他的光鲜外表不甚相符的比喻,但是卓步猛明白自己的天赋从来不能作为骄傲的资本。年幼时曾在课业上遭遇他人的嘲笑,这激励着卓步猛保持不矜不伐的姿态,在求学之路上一步一个脚印,逐渐走出自己的一片天地。

走到大学这个分岔路,卓步猛也曾彷徨迷失、随波逐流。一开始他青睐计算机专业的发展前景,在面试时却惨遭滑铁卢,原来那简单的专业兴趣问题竟让卓步猛无法回答出一二!这次失败让卓步猛醍醐灌顶,他扪心自问:"什么才是陪伴自己度过大学生涯乃至人生的东西?"经历各门大类课程的体验后,卓步猛坚定了自己对数学的那份热爱,从此他秉持兴趣的明灯在自己选择的道路上继续奋进。

但是仅靠兴趣,显然不足以让卓步猛将三年蝉联专业第一,并三次将国家奖学金与三好学生等荣誉收入囊中。他笑着坦言道:"'是什么?为什么?会怎样?怎么办?'是我一直坚守的处事准则,更是我在学业问题上的指南方针。"所谓细节决定成败,卓步猛从来不认为自己是数学系最聪明的学生,但是他追求完美、力求做到最好的性格让他在考试时能发挥出最稳定的水平。

平和心态，充实自我

在学业道路上勤勤恳恳的卓步猛绝不是只沉浸于书本，事实上，他的饱满热情与辛勤汗水挥洒在各个角落。科研方面，他连续五次参加数学建模竞赛并主持完成 SRTP 项目，率队参加省统调大赛；工作上，卓步猛担任校学生会学生代表、统计学本科生党支部支委，还积极参与了学长组的工作。他感叹道："当自己付出的努力得到回报时，我才真正感受到自己的价值。"《周易》有言："水满则溢，月满则亏；自满则败，自矜则愚。"累累硕果的收获，并没有让卓步猛改变自己对待自己、他人、学业乃至生活的态度。卓步猛始终坚持那份谦和，并将其融入自己的方方面面。

看似外表"高冷"、不善言谈的卓步猛也有着性格迥异的一面。熟知他的人都知道，卓步猛能唱能跳、多才多艺，在"学神"的称号外更有"男神"一说。大一时他加入了浙大吉他协会、轮滑社和跆拳道协会，平时常常练吉他。爱唱歌的他还曾经参加数学系的十佳歌手大赛，甚至在浙大十佳大学生评选会上，卓步猛在最后向全场人一展歌喉，用周杰伦的歌曲《蜗牛》结束演讲："我要一步一步往上爬，在最高点乘着叶片往前飞……"歌词中行动慢吞吞但胜在韧劲十足、坚持到底的蜗牛，正是他对自己的真诚评价和期许。也许你会惊讶地发现，社交软件上的他一改外表正经作风，常常和其他学生一样抱怨生活的烦恼、担忧明日的考试，抒发自己的喜怒哀乐。这份率真和可爱，让闪光灯下的"学神"卓步猛更像一位真实、平凡的学生，他被我们所熟知，也被我们所喜爱。

风雨兼程，行者无疆

总有学弟、学妹带着对大学生活的期许，向卓步猛急切地询问"我到底该怎么做"这个问题，卓步猛也无数次问过自己。经历过更多的风风雨雨和跌跌撞撞，卓步猛羽翼渐丰，步伐坚定，他感到肩上有一份责任驱使他去帮助更多的人。于是，卓步猛在学院全体党员大会上作为学生代表分享经验，参加学业辅导中心提供功课方面的指导帮助，参加专业宣讲会为大家排疑解惑，任校学生会委员代表尽心为同学们服务……在倾自己所能帮助他们的同时，卓步猛也对过去和未来有了新的审视。

回想在浙大的多年历练，卓步猛收获了几分感悟，也多了一丝丝离别的怅惘。曾经走过的道路上，有坎坷泥泞、碎石荆棘，也有花团锦簇、掌声雷动。这交织的泪水、汗水、苦涩与甜蜜融入记忆的每一帧，不断提醒着他不忘当初的追求和探索，不忘当初的坚持与不懈，更重要的是，不忘初心——那颗卑以自牧、矢志不渝的初心。

曾经被称为"学神"的卓步猛即将踏上新的旅程，去芝加哥大学继续深造。也许今后，他会收获更多的称号、荣誉、赞赏。但是无论如何，当年的那位谦谦君子永远留在紫金港充满希望与梦的六月里——他带着腼腆的笑容，迈开大步向前走去。前方，有无限的未来在等待着。

（文／杜含倩）

学长有话说

坚韧不拔，且行且珍惜。

[1] 国家人才基地奖学金，是面向国家基础学科人才培养基地的学生设立的奖学金。国家基础学科人才培养基地是为了加强和保护基础科学人才的培养，从1991年起，原国家教委有计划、有步骤地分4批建立了84个"国家理科基础科学研究和教学人才培养基地"(简称"理科基地")；1994年批准建立了51个"国家文科基础科学人才培养和科学研究基地"(简称"文科基地"；文、理科基地统称"国家基础科学人才培养基地"，简称"人才基地")。同时，为加强基础课程的教学，1996年批准了45个"国家工科基础课程教学基地"(简称"工科基地"，各科类基础课程教学基地统称"课程基地")。国家基础学科人才培养基地是教育部为了保护和加强基础学科、培养基础学科科研和教学人才，而在全国高校中遴选并重点建设的专业点。

[2] 美国大学生数学建模竞赛（MCM/ICM）由美国数学及其应用联合会主办，是唯一的国际性数学建模竞赛，也是世界范围内最具影响力的数学建模竞赛。赛题内容涉及经济、管理、环境、资源、生态、医学、安全、未来科技等众多领域。竞赛要求三人（本科生）为一组，在四天时间内，就指定的问题完成从建立模型、求解、验证到论文撰写的全部工作，体现参赛选手研究问题、解决方案的能力及团队合作精神。为现今各类数学建模竞赛之鼻祖。MCM/ICM 是 Mathematical Contest In Modeling 和 Interdisciplinary Contest In Modeling 的缩写，即"数学建模竞赛"和"交叉学科建模竞赛"。

科研牛人的普通人生

——访浙江大学第五届"十佳大学生"获得者余超

即使是以第一作者在顶级期刊 *Science* 上发表重要文章，余超依然将自己与所谓的"学神"划分界限，调侃自己本科时唯——门满绩的功课是"工程制图"，然而这与他的专业并没有什么关系。在他眼里，兴趣是最大的动力。"有了兴趣，每次实验失败，才会有耐心一遍一遍地重复，久而久之，慢慢地，可能就成为大家眼中的勤奋。"云淡风轻，却又字字珠玑。

余超，浙江大学生命科学学院本科毕业，生命科学研究院博士学位，主要从事生殖生物学研究。他以第一作者身份分别在 *Science*，*Molecular Endocrinology* 和 *Molecular Human Reproduction* 上发表 3 篇研究论文，还以共同作者身份合作发表论文 7 篇。发表于 *Science* 上的研究为探寻卵巢早衰等女性不孕不育疾病的病因提供全新的认识，具有重要的理论意义和社会价值，也因此入选"启真杯"浙江大学首届学生十大学术新成果[1]，并入围 2013 年度浙江大学十大学术进展[2]。曾获博士生国家奖学金、唐立新奖学金、三好研究生、优秀研究生等，曾任学院研究生会宣传部部长。

医学院咖啡厅门口，阳光显得有些慵懒，他慢慢地从木梯上走下来，事后我才知道微胖的他就是余超。彼时博士四年级的余超便是浙江大学第五届"十佳大学生"获得者之一。

我不是学霸

余超本科毕业于浙江大学生命科学学院，同年进入生命科学研究院直接攻读博士学位，主要从事生殖生物学研究。他成绩突出，先后获得博士生国家奖学金、唐立新奖学金、三好研究生和优秀研究生等荣誉。但是更令人仰慕的是其在学术科研上的成就，他曾受邀开展"第一作者论坛"，分享学习和科研的经验。截至目前，余超以第一作者身份分别在 *Science*，*Molecular Endocrinology* 和 *Molecular Human Reproduction* 上发表 3 篇研究论文，以共同作者身份合作发表论文 7 篇。

看着这些履历，一定会觉得是位大神级别的人物。但意外的是，在交谈中，不知是骨子里的幽默还是谦虚，余超一直把自己与所谓的"学神"划分界限，调侃自己本科时唯一一门满绩就是"工程制图"，然而这与他的专业并没有什么关系。

在他眼里，驱动他往前的最大动力就是兴趣。每天泡在实验室里，做实验就是他生活的全部，"没有兴趣，就没有成就；其实没有成就，也很难坚持兴趣"，他笑着说，"有了兴趣，每次实验失败，才会有耐心一遍一遍地重复，久而久之，慢慢地，成为大家眼中的勤奋。"看似云淡风轻的话语背后，是十几年为学术研究付出的辛劳。

我的研究生生活

在良好的学术科研基础上，余超注重并善于学术交流。他参加了 2012 年 10 月在黄山举行的中国动物学会细胞与显微技术学分会第十六次年会暨庆祝陈大元先生从事科研工作 55 周年研讨会和 2013 年 10 月份在张家界举行的中国生殖生物学大会。在这两次会议上，他均投递了会议摘要并做大会报告，就博士阶段的成果尤其是发表在 *Science* 上的研究做了汇报，并获得与会专家和学者的肯定和鼓励，为其下一步的研究和未来的研究方向提供了新的思路。同时，余超也在实验室的平台上与中国科学院动物研究所、北京大学生命科学学院和华东师范大学生命科学学院等交流密切。

你以为科研牛人的生活就只有科研吗？绝不是的。余超还在科研工作的闲暇担任了学院研究生会宣传部部长，参与策划并组织了多次大型的集体活动，在部门中发挥了重要的组织作用，受到了大家的信赖和好评。"第一作者论坛"、"Poster Day"等活动中，都有余超的身影。多年来的学习训练使他在各方面都得到长足的训练，培养和提升了科学思维。但科研之余的充实生活支撑余超成为一位充满激情的科学工作者。

我很能聊

采访前我和余超礼貌地寒暄了几句，他突然话锋一转："今天我们聊点别的吧，关于学术之前我同别人聊过太多了，显得客套，网上都有。"也是从这一刻起，我似乎开始感受余超优秀背后所蕴含的点滴。

余超像是个技术控，虽说不是计算机专业出身，但是一提起电脑系统，就乐呵呵地与记者分享起 Window10 系统的试用体验，话匣子一打开就合不上；一提起中国的信息市场，他一边义愤填膺地批评更新的落后与网络方面的限制，一边又为各种破解版软件感到庆幸。但这样一个技术控，仅局限于电脑，"我不怎么玩手机的，因为我用手机打字太慢"。

他还是个喜欢武侠小说的大宅男。每天浸泡在实验室里使他的生活"异常规律"：每天九点起床，刷牙洗脸，风尘仆仆地赶到实验室。时候一到，点一份外卖当早午饭。午后休息一段时间，逛逛淘宝，跟导师聊聊天。晚上，有时埋头于一个项目时能一直工作到十点、十一点，回到寝室，一不留神十二点多了。躺上床，按习惯看会儿新闻，再看会儿武侠小说，一两点入睡是常有的事。然后又是新的一天……像有点迷糊，但活得也真实的大男孩。

回忆起与紫金港校区的点点滴滴，余超脸上流露出自豪的神情。"紫金港才建好的时候，还只有医学院，农生环那些大'怪物'还没有建，校门口还只有一家紫金港大酒店，周边也只有一个印象城"，"到现在啊，堕落街的店换了一家又一家，我就一家一家再吃过去……"聊得起劲的时候，他说话嘴角自带微笑，眯成一条缝的眼睛折射出幽默、睿智的光芒。

我的未来

"如果当时没有选择搞医学研究，你有没有想过你现在会干什么？"

"可能是个临床的医生吧，他们都夸我拿刀的手特别稳。"

"那你有后悔没学临床吗？"

"后悔，倒是没有过；要是有，也来不及了。"

多年求是园的成长后，他从浙江大学毕业；他亦将与女友组建一个幸福的家庭。谈到这里，他幸福地笑了。未来在他的脑海里是一幅美好的构图：继续他的生殖生物学研究，退休后过着平静、悠闲的日子，出乎意料地简单。

就在这谈笑风生间，记者慢慢发现，他不是一个高高在上的学神，而是一位可爱、幽默的学长，就如同我们每一位普通的大学生一样，会偶尔任性地赖床翘课，会沉迷于小说的世界，会拿小白鼠、小黑鼠开开玩笑，会提到爱情稍显脸红；然而，他对他的研究无比热爱，他对他的未来无比清晰，自信、知足、乐观、谦虚，这些品质都是他掩盖不了的光芒。

如果撇去科研的光环，余超的日常生活似乎和你我一样。在他的身上，给了也许如今普普通通的大学生们一个温馨"提醒"：有普通的生活爱好，普通的生活作息，并不会妨碍我们走向优秀。

（文／刘圣伟）

> **学长有话说**
>
> 没有兴趣就没有成就。

[1] 浙江大学学生十大学术新成果评选，是为充分调动浙江大学学生学术科研积极性，鼓励学生开展跨学科交流与研究，营造浓厚的校园学术氛围，增强学生学术创新意识，提高学生学术科研水平，提升学生学术自信，由校学生会、研究生会、博士生会、校学术委员会、党委宣传部、党委学工部、党委研工部、校团委联合举办的，面向全体在校的本科生、硕士生和博士生而举办的学生十大学术新

成果的评选活动。该项评选每年举办一次。

[2] 为加强对浙江大学重大学术研究进展的宣传，展示学校研究实力和学术水平，激发广大教师学术热情和创新能力，促进全校师生员工对学术研究工作的了解、关心和支持，活跃校园学术气氛，推动学术建设与学科发展，浙江大学学术委员会组织开展了"浙江大学年度十大学术进展"评选活动。参评"浙江大学年度十大学术进展"的成果是在自然科学、工程技术、人文社会科学或与之相关的交叉学科领域中，对科学技术、经济和社会发展有重大意义和作用的基础理论研究、应用研究成果。"浙江大学年度十大学术进展"应具有创新性和良好的社会影响。

能力：
因气质而卓越

一路坚守，成就初心

——访浙江大学第一届"十佳大学生"获得者陈旭

  不是所有怀揣创业梦想的大学生都能像陈旭这样得偿所愿，但至少可以学习他的方法和态度。在信息科技十分发达的当下，"两耳不闻窗外事，一心只读圣贤书"的模式显然是行不通的。当你不知道自己的兴趣和专长是什么的时候，不如像陈旭那样，到处走走看看想想；当你不知道自己缺乏何种财富的时候，不如也学他那样，多和良师益友们聊聊。

  陈旭，男，浙江大学 2007 级数学系运筹学与控制论博士，浙江大学首届"十佳大学生"荣誉获得者，目前担任格致教育 CEO。在校期间多次竞赛获奖，获多项奖学金和荣誉，曾任浙江大学求是强鹰俱乐部执行主席、浙江大学创智先锋社[1] 社长。2009 年在杭州市第一届"赛伯乐杯"大学生创业大赛中获得一等奖，同时获得了赛伯乐投资公司的一千万投资，因此成为浙江省第一个拿到千万元风险投资额的在校大学生。

小宝宝一手牵着爸爸，一手牵着妈妈，幸福的一家三口向我走来，令人好生羡慕。爸爸叫陈旭，浙江大学首届"十佳大学生"荣誉获得者，格致教育 CEO。虽已毕业离校多年，创业也颇有成就，但陈旭学长为人谦和，谈吐间散发着真诚与沉稳。时隔多年，回顾大学里的点滴故事，他强调最多的是母校给予其的关怀与帮助。

"不会找不到我的，浙大的短号都还在用呢"，虽然因为公司的建设和发展，陈旭现常居上海主持公司事务，虽然业已离开浙大，但不变的是对求是园的深情。因为，"我在'浙'里成长，我从'浙'里出发"。"没有浙大，就没有我事业的起步"、"十佳大学生是母校对我的认可，我很感激"……短号系长情，在他成长的道路上确实有很多不得不说的故事。

曾经，他也迷茫

陈旭是第一批入驻紫金港校区的学生之一，经历了十多年前的"蛮荒时代"。"刚来的时候，启真湖里都没有水，如果是从东区到西区上课的话，有些小伙伴就直接从启真湖底走过去了"，略带调侃的话语表明了学长们求学时的生活环境。同时，因为没有"前辈"的存在，造成的断档也让陈旭迷茫和彷徨。"那个时候，我找不到学长，课余时大多是我们这帮'小屁孩'"，参照物的缺失以及指导者和帮助者的缺失，使陈旭只得做自己的顶梁柱。

大学一年级，陈旭也因为稚嫩而多次被社团面试拒绝。但他未曾放弃，他用两年的时间去了解校园、去参加活动、去与人交流。他用两年的时间摸清了大学的生活，也找到了自己的方向。陈旭的第一个方向是"走出去"。他意识到不能局限于校园这个"小大学"，而应该多去社会这个"大大学"中历练。大学二年级的暑假，他从杭州出发，途经苏州、南京、青岛和北京，最后抵达山西大同。一路的名山大川、一路的人世间情、一路的社会百态、一路的百姓民生，从他的眼里到心里，从他的笔尖到脑袋里。为了攒够游历的钱，他一共做了 13 份兼职和实习，"最忙的时候同时做 6 份"。陈旭的第二方向是考研，为此他参加了数学建模竞赛等大大小小的比赛，为自己的学术道路打下基石。

"大学一、二年级的时候，应该多去找学长学姐"，这是陈旭给的第一

个建议。也正是因为清楚学长对学弟帮助
的不可或缺，陈旭在自己成为学长后特别
注重对学弟的指点。大学四年级，他创建
了一个社团——创智先锋社。社团的各个
品牌活动都彰显了陈旭对于"引路人"这
一角色的很好定位："回访母校"——大学
生回归自己的高中，为高中生答疑解惑、
传授经验，介绍美好的大学生活；"校园开
放日"[2]，高中生到大学体验生活、感受
氛围；"学长学姐经验交流会"，学长学姐
们倾囊传授宝贵经验。社团的精彩表现也
突出了创智先锋社的宗旨——传承。这也
是陈旭最为注重的。作为创始人，陈旭至
今仍与社团保持联系，"能给母校留下一点东西，我很欣慰"。经验是不可
取代的，小到一个社团，大到一个学校、一个国家，都要把传承做好。对
于刚入校门的学弟学妹来说，则要利用好学长学姐这个资源，多问、多交
流、多思考。

"大学一、二年级的时候，应该广泛接触和学习"，这是陈旭给的第二
个建议。陈旭认为浙大学生有很多的可选择性，"一进入浙大，就意味着进
入一个很开放的发展空间，各种路径都可以走得通"。在面临多种选择时，
他强调"一定要有自己阶段性的目标，千万不能随波逐流"，学会取舍才能
找到最适合自己的成长之路。依陈旭看来，大一大二时，最重要的就是找
目标、找方向，在这个阶段应该去广泛地学习与接触，获取尽可能多的信
息，以便自己做出判断，决定自己要走的方向。

创业，是他的坚守

"虽然我学习不是特别认真，但是成绩大概还是在前 20% 的。"学生时
代的陈旭学业优秀。从本科一路到博士，他亦有学术发展的广阔空间。但，
他的选择是创业，并一直坚守。

回到大二暑假的游历。社会的广泛接触使陈旭明晰了自己最大的兴趣点是在商业。从此，陈旭的创业之路开启了。最先尝试的是校内代理，从化妆品到自行车再到玩具等等。敢想敢干的他总能在困难中找到突破，创新填平了凹凸不平的道路。

2007年，"格致教育"项目启动。这是陈旭和好友徐凌佳基于内地家教市场几乎空白的现状而一拍即合的白手起家。从想法到"格致教育"，陈旭经历了父母的反对与邻居的看笑话、市场调研时的失落、新学员招收时的窘境。但陈旭用执着的追求、智者的高度、创新的理念、不拘小节的性格坚守了他创业的决定，用一个又一个1%的进步筑成坚守的动力。终于，1个星期，600多位家长，30多个学员，这是陈旭对创业的坚守换来的成果。

由第一批学员组成的补习班是陈旭"格致教育"的开端。这位台州理科状元并没有直接开始课程的教学，而以"励志"作为第一堂课讲述了自己成为状元的经历。"小家伙听得津津有味"，这给忐忑的陈旭吃个了定心丸，"后来补习的效果也很明显"，"到第二年冬天，许多家长还要找我"。终于，他坚守的成果更大了。

2007年9月，陈旭和徐凌佳以三万元起步，创办了"格致教育"培训机构。2009年，杭州市第一届"赛伯乐杯"大学生创业大赛在"以创业带动就业"的战略指导下拉开帷幕。陈旭过关斩将，并在决赛现场以自信的表现打动了曾扬言不再轻易投资大学生创业的赛伯乐董事长朱敏，同时他也成为2009年浙江省第一个获得千万风投的在校生。

陈旭的创业历程无疑令人兴奋，但同时他也强调了自己创业的三个关键因素：敢闯敢拼的基因；"臭味相投"的合作伙伴；正确的方向。"如果没有这些诸多条件的具备，我可能就不会这么早就去创业了"，与此，他也真诚地提醒所有准备创业的学弟学妹：创业有风险，入行需谨慎。

人，是他的财富

大学里什么最重要？陈旭的答案很直接也很简单：人。

"不管是我的合作伙伴也好，还是在我创业初期帮助过我的一些人也好，都是浙大的同学。"相较专业，"人"亦是非常重要的。如同陈旭，专业是数学，而最终的选择是创业，"人"在他的创业之路上发挥了重要的作用。"关键就是在浙大你认识了哪些人，认识了哪些真心实意的人，认识了哪些对你以后有帮助的人"，陈旭擅长并乐于与人打交道，他从朋友身上汲取力量，在与人交流中汲取智慧、在广交友中汲取资源。他还有一个自己的"认人计划"，"我买到手机之后，就想着怎么让我的联系人从0个到100个到300个到500个"，"包括我之前来上海也是一样，我在上海的第一年就想着要在上海认识500个人"。人，是陈旭创业路上的翅膀。

"很难说求是强鹰具体教会我什么，但是求是强鹰里有一批非常优秀的人，这些人也许会影响你一辈子。"求是强鹰俱乐部[3]以聘请知名浙商担任大学生实践导师对接优秀大学生成长发展的形式，开创了"导师带徒"的大学生实践新模式，通过实践育人引领青年大学生的正能量。在求是强鹰的一年，也是陈旭创业进步最大的一年。"师傅"朱志平教会陈旭如何创业，更教会他如何做人。陈旭曾说："希望'格致'能像'新东方'一样，影响一个孩子的人生轨迹。"这不仅仅是经商赚钱那么简单，更多的是一种迈向人生成功的智慧之道。

"当然也包括能给你情感上支撑的人"，好朋友的支持和鼓励是最好的安慰，恋人的陪伴与关心是最大的幸福。陈旭希望学弟学妹们能在"浙"里多多结交良师益友，共享绚烂青春，共筑美好未来！

（文／肖洒）

学长有话说

No.1：浙大不会辜负你，只有你辜负了浙大。

No.2：大一大二找方向，大三大四请坚持。

No.3：最重要的是人，广结善缘，受益终生。

[1] 浙江大学学生创智先锋社(Genius Pioneer Association)是专门致力于学生人生价值引导提升的公益性社团。目前创智先锋社承办了浙江大学最大的活动——回访母校，除此之外还有青智论坛、校园Openday、求是·印迹以及表白策划大赛等一系列极具特色的活动。

[2] 赛伯乐杯杭州市大学生创业大赛，是面向全国内地全日制普通高校大学生举办的

创业大赛，同时欢迎港、澳、台地区高校大学生及海外高校的中国留学生参赛。大赛分为报名、赛事、后续跟踪服务等阶段，其中赛事阶段又分为初赛和决赛两个环节。参赛项目选题应立足全国经济社会发展的大背景。参赛团队的项目计划书要以准备在杭落地转化或已在杭落地转化为基础，完整地阐释项目的技术、市场前景、经营策略、资金需求，并展示团队的成员和未来规划。

[3]"校园开放日"是一批热心的浙大学生借鉴斯坦福大学等国内外顶尖大学开办Campus Day的经验发起的，时间是每周六。当天会有志愿者提供讲解服务，位于紫金港校区的图书馆、校史馆、科技创新成果展厅及华家池校区的实验农场等场馆面向市民全面开放。

于这一刻，驻足

——访浙江大学第一届"十佳大学生"获得者毛亚琪

"孤亭宿处时看剑，莫使尘埃蔽斗文。"这是毛亚琪的人生格言，颇有文人剑客的风骨。她七岁开始习武，多次获得世界级、国家级武术大赛的奖项。而除了对武学不改初衷，她还绘画、写诗、热心公益、参加学生工作、周游四方，大学生活丰富多彩。坚毅成为她最珍贵的品格，不经意间流露出的文艺范儿更是让人高看一眼。

毛亚琪（毛娅绮），女，体育教育硕士专业学位研究生，浙江大学教育学院民族传统体育专业 2006 级本科生，浙江大学首届"十佳大学生"荣誉获得者。在校期间担任班长，主修课程学分平均绩点[1] 排名班级第一；主持省创（浙江省大学生科技创新活动计划"新苗人才计划"）1 项，发表论文 3 篇；校级 SRTP（本科生科研训练计划）成功结题获得优秀奖。热心校内外公益，多次组织同学在校内外推广传统健身方法和理念。曾获得浙江省优秀毕业生[2]，浙江大学优秀学生一等奖学金、国家奖学金等。被浙江省重竞技运动管理中心评为优秀共产党员、优秀团干部。第十五届亚运会、世界武术锦标赛、全国大学生武术锦标赛、全国武术套路冠军赛、第十一届全运会冠军，三次获体育道德风尚奖，获中华人民共和国体育运动荣誉奖章、国家体育总局"国际级运动健将"和浙江省"青年五四奖章"[3] 等荣誉。曾参与完成浙江省政府 2010 年重点调研课题《加大对重点运动项目的培育扶持，提升浙江竞技体育实力》的调研工作。2008 北京奥运会火炬手，曾与李连杰、释永信等同时被提名为 2006 中国十大武术人物。现任马来西亚国家武术队教练。

天地阴阳莫测而融于瞬息，武术柔刚变幻而凝于一拳，以从容的态度面对外界的压力，以纯粹的内心化解世俗的欲望，这是三十二岁的毛亚琪一直以来的人生观。

初见毛亚琪是在一个细雨绵绵的阴暗傍晚，她撑一把小伞翩然而至，伞下一双清澈的眼睛里荡漾着明亮的笑意，像一抹清新的雨后彩虹。很难想象，这个个子小巧的姑娘有过那么丰富的人生经历——多次获世界级、国家级武术项目金牌，曾当选北京奥运火炬手，曾获国家奖学金等多项奖学金……而在 2010 年，经过几番激烈角逐，她成为浙江大学第一届浙江大学"十佳大学生"之一。

作为世界冠军，毛亚琪的成就是光鲜的，而作为一个大学里的体育生，她的生活又是单调紧张的。"每天 6:30 起床，7:00 吃早餐，8:00 开始准备训练，8:30 开始热身，9:30 正式训练，10:00 训练肌肉力量，10:30 进行牵拉训练，11:00 冰敷，11:30 结束上午的训练回去洗澡，吃完午饭后，午觉大概睡一个小时，下午再继续上午的训练流程。晚上 18:30—21:30 治疗伤病。一般都是白天训练，晚上学习。"这是 2009 年时毛亚琪每一天的生活，那时的她正一边紧锣密鼓地备战全运会，一边于浙江大学教育学院修读学士学位，为了实现自己的目标，她不得不付出比普通大学生多一倍的努力。比赛与学业的双重压力，伤病与年纪渐长的自身因素，也曾让她几番想退役，但她最终坚持了下来。因为武术之于她，是长久以来的目标，是不可言败的尊严，也是对个人意志的挑战。"比方说跑四百米，可能我跑到三百米的地方已经累得不行了，这时候有些人可能会选择慢一点，但我会想，前面三百米都跑完了，最后一百米死不了的。"毛亚琪是个好强的人，但她的好强通常体现在自己与自己的

较量，至于结果如何，反而对她没什么影响。"比如跑四百米，虽然你拼命跑了，但有的人就是跑得比你快，这很正常，我不和自己以外的人较劲。"

骨子里好胜因子强盛的毛亚琪在谈到获得"十佳大学生"称号时，却如是说："没有最佳的，好的只是那一刻。"因为每次比赛一比完，拿到冠军那一刻她却总是特别失落，在这之前她所有的追求可能就是为了那一刻，但不管那一刻的结果如何，这件她为之拼搏许久的事情就算是结束了，在为自己寻求下一个目标的那段空档期中，她常常很空虚。对于毛亚琪而言，每个目标都是分段式的，她不会要求自己十年后、二十年后达到一个什么样的目标，因为在生活中不可控因素太多，不可预料的东西也太多，所以她只会踏踏实实走好现在脚下的每一步。"我现在的目标是等会要去健身房，我给自己定下的目标是每天去健身房，那么只要不出重大意外，我就必须要去完成这个目标。"小时候的她性格或许还有些"暴戾"——毛亚琪用这个有点极端的词形容很久以前的自己，但在习武的过程中，她必须静下心来，不断去体会四肢与肌肉之间的感觉，来更好地控制自己的动作。久而久之，在学习与生活中，她也渐渐变得沉稳，渐渐意识到，不过于追求完美，才能让她在武术这条道路上走得更久。

"孤亭宿处时看剑，莫使尘埃蔽斗文"是毛亚琪的人生格言。有人的地方，就有江湖，她在十岁那年就离开了父母，孤身来到外面的江湖上闯荡。每一个人都不可避免地会被光怪陆离的社会所迷惑，所以她用这句诗时刻提醒自己，要不断保持内心最本质的纯净，无论是在风光的时候，还是在无助的时候，始终坚定自己的小宇宙——那份最初的理想、人格与情感，提醒自己不要让现实的欲望蒙蔽了双眼，迷失了最初的美好，简单来说即是不忘初心。对于毛亚琪来说，初心是什么呢？是武术吗？她从七岁开始练武，当时纯粹是因为身体不好，一晃二十多年过去了，每天一睁开双眼就自然地想到武术，这种情况下她已经说不清楚对于武术——这件在她生命里至关重要的事情，自己究竟抱着怎样的感情。多年前籍籍无名时，她未曾想到自己会夺得多枚金牌，而今功成名就时她也未曾想过如果重来一回自己是否会有不一样的选择——许多人都问过她，如果有机会再活一次，你还会义无反顾地走上这条不太一样的道路吗？她不置可否，玩笑似的说等真的有了这个机会再说。

越高处，风光自然越好，风也理应越大。一路走来，毛亚琪经历过荣耀也独饮过苦痛，但她的目光其实一直凝注在自己脚下的每一步。现在，她的愿望就是简单生活，把自己的每一天都拾掇好。进入她的博客，你会发现从 2005 年一直到现在，她一直在坚持记述自己的生活与感触。绘画、写诗、周游四方，嬉笑、反思、描绘人生，274 篇精心写下的日志，无不倒映出她对于生活的感恩与热爱。

假设每个人都有选择的机会，每一种选择都可能通往不同的人生，每一种假设都可能改变既定的命运，若像她一样时刻怀抱着"做自己，驻足当下"的心态，以这种心态去学习，去生活，去干自己喜欢的事情，想必每一种尝试都有可能达到理想之地。

（文／颜萌奇）

学长有话说

No.1：不要过多地去想五年甚至十年后的事情，人生变数很大，做好当下最重要。

No.2：也不要去想如果当初我怎么样做会更好，时间不会倒流，人要看着前面。

No.3：坚持运动，规律饮食。

［1］为了反映学生学习的努力程度，浙江大学采用学年总学分数作为评价指标；为了反映学生学习的质量水平，采用平均学分绩点（Grade Point Average，即GPA）作为评价指标。课程绩点折算办法如下：课程学分绩点＝课程绩点×课程学分；主修专业课程平均学分绩点＝Σ主修专业课程学分绩点／Σ主修专业课程学分。GPA可以作为学生学习能力与质量的综合评价指标之一，能方便地与美国的GPA制挂钩。

［2］浙江省优秀毕业生由浙江省教育厅每年春季组织评选，具体名额由省教育厅根据各个学校所属学生数划拨。我校在校级优秀毕业生评选的基础上，由各个院系推荐产生省级优秀毕业生建议人选。

［3］浙江青年五四奖章是团省委、省青联授予浙江青年的最高荣誉。其申报人选应是青年中的优秀典型，在本职岗位上做出过突出业绩或在其他方面有重大贡献，有较强的社会影响力，对青年具有典型的示范引导作用。

浙大于我：诗和远方

——访浙江大学第一届"十佳大学生"获得者胡悦

"对于浙大，我忘不了毕业时望向行政楼的那一眼，意识到我真的要离开它时，万千滋味涌上心头，久久难以释怀"，现任全球 500 强 Schneider 电气公司[1]美国区项目经理的胡悦在大洋彼岸感叹道。"时隔多年，浙大依旧是我心中的第一，从未改变"，在求是园度过四载光阴的她，将自己青年时代所有重要的成长，归结为母校的包容与培养，感恩于师长的培养与启迪。

胡悦，重庆人，浙江大学首届"十佳大学生"获得者，浙江大学 2008 级本科生，罗德岛大学[2]传媒硕士，现任全球 500 强 Schneider 电气公司美国区项目经理。浙江大学紫领计划[3]首期成员，曾为浙江大学紫领人才俱乐部[4]主席、浙江大学求是强鹰北美分会成员、北京奥运火炬手、浙江大学婉云京剧社[5]团支部副书记；曾任浙江大学电视台"暴走浙大"[6]栏目主持人和责任编辑，参与英国广播电视公司（BBC）两档综艺节目 Chain Reaction、Seymour's Corner 的录制，两次入选 Crimson Summer Exchange Program（哈佛、耶鲁等名校访问浙江大学学生交流活动）；曾获浙江大学优秀学生奖学金、优秀团干部等荣誉。

浙大，我心中的第一

6月8日北京时间8点，我和大洋彼岸的胡悦通上了电话。电话那头清脆、爽朗的笑声打消了我因为陌生而感到的些许紧张。同是求是人，我们马上有了共同的话题。"对于浙大，我忘不了毕业时望向行政楼的那一眼，意识到我真的要离开它时，万千滋味涌上心头，久久难以释怀"，胡悦表示之后又回去过一次，在校园里一路走走看看，仍然觉得一切那么熟悉，仿佛认识的人都在。在海外求学和工作的过程中，只要有关浙大的一切，胡悦都会跟随，小到诸如校友会的演讲稿撰写等。她用自己的实际行动抒发对母校的思念。"近期，我和波士顿的校友一起举办了'爱你浙大'系列讲座，庆祝母校即将到来的120周年"，胡悦兴奋地补充道，"浙大于我，还是曾经的诗和远方，它真的给予了我很多。"

谈及在哈佛、耶鲁等名校交流访问期间，哈佛招生办招生主任问她："中国高校的第一不应该是北京大学吗？"胡悦仍然记得她这样回复："我来自浙江大学管理学院，浙江大学在今年高校排名中是第一名。中国的第一名会改变，就像中国一样，每天都在进步、都在成长，我的母校就是一个很好的例子。"当时，那位老师还让胡悦把浙江大学的名字写下来，他要改变自己对中国大学的印象。胡悦对母校的热爱与推广出于她对母校的认同。"抛开各类指标不谈，时隔多年，浙大依旧是我心中的第一，从未改变"，胡悦坚定地说。

梦想和目标，主持着我的生活

8岁开始学主持，胡悦曾在第八届全国推新人大赛少年主持组全国总决赛中荣获"全国十佳主持人"奖、重庆赛区"十佳主持人"称号，并受邀参加由中央电视台举办的电视颁奖晚会。当被选为预科生，第一次来到浙江大学紫金港校区小剧场进行200人的集体培训时，她深深地被小剧场的舞台吸引了。"未来的4年里，我要努力奋斗，能站在小剧场的舞台主持一场，让大家认识我，也不枉我的求学生活。"然而，在短短的几个月里，她就实现了自己的梦想。在外语学院的毕业晚会上，她开始了在浙大的第一次主持，自豪地说出："大家好，我是预科生，胡悦！"满座震惊，谁也没想到一个刚刚入学的学生有如此的胆魄和自信，主持得毫不怯场。之后的几年里，她在小剧场前前后后主持过 50 多场晚会和活动。同时在校外，她也参加了不少主持活动，如省人民大会堂的《南京南京》首映采访。在留学英国期间，胡悦受到英国广播电视公司（BBC）的邀请，参与颇受英国观众喜爱的两档综艺节目 Chain Reaction、Seymour's Corner 的录制。正是这些主持经历，让胡悦从不在观众和镜头面前紧张，一直能表现得落落大方，形成了自己特有的主持风格。

在浙江大学电视台工作的时候，胡悦又萌生了想有一档自己节目的念想，她希望可以分享彼此在校园生活中遇到的趣事。在团队的帮助和努力之下，《暴走浙大》应运而生，受到了浙江大学同学的欢迎与喜爱，在校园论坛上，每一期的节目总是成为大家课余生活的热门话题，节目下载量也一直是居高不下。"当时首日下载量即破 1000，对比以前每日 10—20 的点击量，我们都很兴奋和自豪，现在回想起来，当时我们很年轻，观众很宽容。"这只是她的谦逊之词，当我点开《暴走浙大》，节目中的快乐氛围深深地感染和打动了我，现在前三期的优酷点击量早已破万。由胡悦担任主持与制片人的校园电视栏目《暴走浙大》曾荣获中国教育电视协会"朱鹮杯"播音主持类金奖，这也是浙江大学首次在此项评奖中获奖。

被问及"节目中洋溢的快乐来自哪里"时，胡悦这样回答："大概是和我的名字有关吧，胡悦，意味着胡乱地开心。"确实，有时候，我们需要在平凡生活中寻找快乐，简单就是快乐。

海外交流，独特的国际视野

为了拓宽自己的视野，2005 年，当时还是高中生的胡悦就远赴澳大利亚、日本、韩国等地，与来自世界各地的学生一起学习交流。在澳期间，胡悦担任交流团团长一职，并且凭借英语作文 Beijing, good luck!（北京，好运！），取得了由 Australia Embassy CES English School 组织的入学考试第一名的好成绩，被编入该校的精英国际生班。在这个班级里，胡悦与来自世界各地的学生一起学习交流。这不仅让她深入了解了世界各地的文化，开阔了自己的视野，更让她明白真正的成长方向是成为具有国际文化视野的人。

在 2008 年和 2009 年，她连续两次入选哈佛、耶鲁等名校访问浙江大学学生交流活动，作为 Junior fellow 和 Cofellow 和来自世界顶尖大学的学生一起策划并组织了社区义工活动、英文话剧演出等。2010 年，凭借着优异的成绩和表现，胡悦作为交换生，代表浙江大学远赴英国曼彻斯特大学[7]攻读人力资源管理专业本科课程。胡悦说，每一次出国交流，带给她的都是由内而外的成长，她的生活也因为丰富的国际交流活动而变得宽广。

之后，胡悦获得了罗德岛大学硕士奖学金，以本科生讲师的身份远赴美国深造，领悟国内外媒体制作的不同风格，为做一个优秀的传媒人而努力。无论是在海外主持纽约春节联欢晚会期间与外交部发言人、驻美大使的交谈，还是在本科讲学过程中和学生们的互动，都使得不同文化和思想得到了碰撞和交流。胡悦说，正是拥有这些独特的经历，让她进一步通晓了国际"规则"、提高了跨文化交流能力、把握了东西方差异带来的机会。现在，年轻的她已担任全球 500 强 Schneider 电气公司美国区项目经理一职，正朝着更高的人生目标而努力。

大不自多，愉快徜徉

"浙大很大，是个多元化包容的环境，"胡悦说，"当时我加入了很多团体，如紫领、求是强鹰、浙江大学电视台、京剧社、学生会等等，认识了很多志同道合的伙伴。"

那胡悦是如何管理好一天的时间呢？胡悦认为："现在倡导的是multitask，事有冲突也是正常的，要懂得取舍，权衡利弊，当缺席了某次例会时，得诚恳地说明一下原因，再和其他成员交接一下，把事情记录下来。"大学阶段，我们要夯实基础，浙大给了我们很好的学习平台。"我喜欢把生活安排得尽量充实而有意义，因为我知道，当一个人知道他需要做什么时，全世界都会为他让路。"

在"高效学习、定时复习、按时休息"的同时，胡悦也培养着自己的兴趣与爱好。"我喜欢旅游、摄影和坐过山车"，胡悦饶有兴致地分享了她曾经在香港、首尔、悉尼、拉斯维加斯、奥兰多、加利福尼亚、马塞诸塞等等地方，尝试过不同种类的过山车和跳楼机，享受着在高空中从不同的角度看地面的精彩。胡悦亦喜欢足球，她从 12 岁开始喜欢德国队的克洛泽，喜欢他身上的踏实与不浮躁，"这正是我们这个时代所缺失的部分，我一直在向他学习"。

社会实践也是她大学生活的重要组成部分。在异国的她，除了保证专业学习之外，还利用课余时间，积极参加社区所组织的志愿者活动，例如粉刷围墙、清理垃圾、植树除草、为儿童医院募捐善款、协助体育场疏散集会人群等等。这些深入社会的志愿者活动不仅锻炼了她的毅力、洞察力，拓宽了她的视野，增强了她的责任心，也让她对社会的各个阶层有了更深刻的了解。在留学英国期间，胡悦获得了由英国曼彻斯特大学颁发的"优秀志愿者奖牌"。

采访最后，谈及是否有补充时，胡悦沉思良久，饱含深情地说道："我时刻都以浙大和管院为荣，现在我正在追求着'有一天浙大能以我为荣'的梦想，我在努力着，来回馈管院和浙大。现在，我只能在心中一直默默看护着、守护着它们，希望它们越来越好。"

（文 / 孙亚芳）

学长有话说

　　珍惜时光，不管是让你开心的还是灰心的，都会成为你未来面对生活的最大财富！

[1] 施耐德电气是可持续能源管理和工业自动化领域全球领导者，其在能源管理、自动化控制、软件和服务领域拥有精深的专业经验，能够以仅仅数年前不可能实现的方式整合连接运营技术。施耐德电气在1836年由施耐德兄弟创立，主要业务包括电力、工业自动化、基础设施、节能增效、能源、楼宇自动化与安防电子、数据中心和智能生活空间等业务领域，施耐德自1987年进入中国，助力中国地区建设提质升级，传递绿色能效的理念和价值，确立了中国市场的领先地位。

[2] 罗德岛大学（The University of Rhode Island），建于1892年，通常被简称为URI，是位于罗德岛的一所公立研究型大学。罗德岛大学目前共有4个校区，其中包括在罗德岛金士顿的主校区，以及三家分别位于其他州的校园，包括普罗维登斯的范士丹校园。罗德岛大学是一家拥有陆地补助、海岛补助金、城市补助金的机构。该校有许多比较著名的研究领域，包括药学和护理学院。学院共有7个

不同的学院，100多个专业，其中最受欢迎的专业是通信学、心理学、护理学、人类发展和家庭研究学。

［3］紫领计划即"紫领人才培养计划"。"紫领人才培养计划"以"卓尔不群、超越自我"为出发点，结合新时代对新型领导人才的呼唤和需求，以内在品质塑造和领导力提升为目标，选拔与培养富有责任担当和公益精神的未来领导者。"紫领人才培养计划"已形成了以浙江省委宣传部常务副部长胡坚导师等一大批政界、学术界、公益界知名人士为代表的紫领特聘导师队伍；以新颖的"紫领导师带徒"活动和"紫领沙龙"、"紫领论坛"、"紫领问政讲堂"等品牌活动为体系支撑；形成"紫领人才俱乐部"作为平台支撑的育人新模式。

［4］浙江大学紫领人才俱乐部，是依托管理学院"紫领人才培养计划"等平台，于2011年10月由共青团浙江大学委员会和浙江大学管理学院团委共同发起成立的实践公益类学生社团。

［5］浙江大学婉云京剧社，2006年由浙大名誉教授、香港著名实业家李和声先生及其夫人李尤婉云女士捐资成立。该社团是以浙大在校学生和教职工为服务对象的校级学生社团组织，其宗旨在于推广、普及京剧文化，吸引、挖掘京剧爱好者和京剧人才，为广大京剧爱好者提供一个欣赏、学习、实践、交流的平台。

［6］《暴走浙大》是浙大电视台拍摄的一档节目，每期节目以新颖、独特的视角切入浙江大学的某个地点、某段历史、某个故事，让大家更加了解真实的浙江大学。

［7］曼彻斯特大学（The University of Manchester），简称曼大，世界三十强顶尖名校，是英国大学中世界排名最高的八大著名学府之一，也是英国著名的六所"红砖大学"之一，英国罗素大学集团的创始成员之一，始建于1824年，位于英国曼彻斯特，是英国最大的单一校址大学。

执笔斥方道，写意真性情

——访浙江大学第二届"十佳大学生"获得者周蓓娜

不比古人琴、棋、书、画样样精通，但求有一样手到擒来，也可谓之专才也。周蓓娜就是这样一位沉浸于笔墨书香中的才女。如今学艺术的人很多，但艺术圣殿的门槛很高，未有坚毅之品性是无法最终跨入的。从周蓓娜放弃高薪工作而选择继续求学的那一刻起，艺术已在其生命中刻下烙印。

周蓓娜，女，浙江大学美术学专业 2009 级硕士研究生，师从陈振濂、金晓明、来一石等。曾任浙江大学人文学院研究生会副主席；现任中国书法家协会会员，江苏省教育考试院省艺术等级考试评委，江苏省硬笔书法家协会常务理事，中硬协国展专家评委库成员。出版字帖教材 10 余本，其中个人字帖 5 本，第一作者合编教材 6 本，主编 1 本；独立承担浙江省研究生创新科研项目[1]1 项；获教育部艺委会一等奖表彰 1 次；书法篆刻作品入展中书协、西泠印社展览 6 次；唯一同时获硬笔书法业界最高奖两次。获浙江大学竺可桢奖学金、十佳大学生、优秀学生干部、优秀研究生一等奖学金、南都奖学金等多项荣誉。

一横一竖，一撇一捺，一点一折一弯钩。笔尖轻旋镌刻书法的硬朗之美，性情真挚淡看人生的斜风细雨，周蓓娜心无旁骛，坚持不懈。在旁人看来波澜壮阔的人生历程，于她却是也无风雨也无晴，总能在下一个路口遇见惊喜。

周蓓娜常用"周培纳"的署名为书画作品落款，以致后者随着作品的曝光而名声更盛。"周培纳"的由来并不深奥，只因"蓓娜"二字是后起字，不能在《说文解字》中找到，便取了谐音的"培纳"来雕刻篆书的印章。后来有学长为她作藏头联："培元固本明心见性，纳异求同去伪存真。"不仅为周蓓娜的名字赋予内涵，也道出了她的艺术追求。

不同于自小苦练书法的小小神童，周蓓娜起步晚，目标也低，只期望将歪歪斜斜的、丑丑的字写得工工整整，避免在考试中失分而已。那时周蓓娜只将书法视作不被扣分的工具，兴趣索然，连对爸爸请来每周一次单独为她教授书法的朋友也漠然对待，敷衍了事，"每次老师来上课的时候我就盯着电视看，嘴上'嗯'、'啊'地敷衍他，因为我没有兴趣啊。"性情坦率的周蓓娜说起当时带着叛逆因子的自己仍是理直气壮。为了激发她学习书法的热情，这位朋友兼老师在周蓓娜入门书法半年后，替她报名参加了一次市里的书法比赛。那个寒假里，爸爸每日帮忙画方格，周蓓娜只顾埋头临摹老师的作品，等到作品参赛拿回了一等奖，她才惊讶地发现："原来我是有天赋的！"由此喜欢上书法之后，这份热爱再也不能减退一分。因此，周蓓娜在采访中几次强调："兴趣是最好的老师。"内心自发的浓烈兴趣驱使她真正走上了书法之路。

中学时期，周蓓娜以书法特长生的身份进入了厦门旅校的空乘专业。由于职业中专不像普通高中一样需要承担繁重的课业，每天晚上的夜自修便给予周蓓娜充足的时间，去细细思考每一个笔画的笔锋，去专心练习每一个汉字的落笔。当其他的学生用听音乐、看小说来消磨清闲时光，周蓓娜沉浸在书墨飘香的世界里，心无杂念，只有眼前一支笔、一张纸的小小天地。写字仿佛早已融入她的生命，成为生活里不可或缺的一部分。她将无数个昼夜注入临帖的练习，习得一手遒劲俊秀的书法。

在周蓓娜自厦门旅校毕业进入厦门航空公司工作后，书法上的造诣也让她备受领导青睐，很快就从小文员升职为基层管理人员。然而安稳的生

活与高薪并不能驱逐周蓓娜内心隐隐的担忧，这种担忧也许来自于还不到二十岁的她不能够像同龄人一样进入大学学习的不安。强烈的渴望占据心头，时时刻刻啮咬着她的心。当时周蓓娜订阅了市面上所有的书画类报刊，对艺术的向往在此期间与日俱增，一张小小的办公桌禁锢不了一颗在艺术世界里自由徜徉的心。最终周蓓娜毅然决然地辞去工作，开始与高三学子并肩奋战。

荒废了几年的学业要重新拾起来，其间的艰苦可想而知，谦称自己为学渣的周蓓娜笑言感觉一辈子读书都没这一年用功过。从不懈怠的书法临帖练就了她坚韧的性格，而来自三所名牌大学的录取通知正是她一年勤奋苦读的回报。带着对名师的向往，周蓓娜接受了浙江大学抛来的橄榄枝，前往攻读美术学专业。本科阶段她以创作为主，坚持临帖，从无间断。"我经常在教室里写字写到通宵，过道、走廊上满满的都是草书，内心会非常有成就感，很开心。现在反而很难有这样的机会了。"说到这里，她的语气中不免有几分遗憾。研究生阶段她以理论为主，坚持每星期读完一本书，期间也未中断过书法创作。"十佳大学生"与"竺可桢奖学金"的荣誉就收获于读研期间。这些令人仰视的闪耀光环，周蓓娜却谦逊地称其为幸运："我在读研期间恰好写了几本字帖，又独立承担了一个省科研创新项目，艺术系有很多优秀的学长学姐，我只是刚好有一些科研成果这样而已。"

"对我影响最大的还是在浙大的这段时间。"她怀着无比虔诚的敬重回忆起自己遇见的老师，何其有幸能得到他们的点滴指导。金晓明老师严谨的治学态度让周蓓娜感触良多："我的毕业论文前后一共改了七稿，每一稿金晓明老师都会很认真地看。有时候他批注论文的字比学生论文的字数还要多。"而陈振濂老师对于几乎是从小听着他名字长大的周蓓娜影响最为深远。陈振濂老师职务繁忙，却坚持每周给他的研究生和本科生做指导，还坚持开展公益性质的"蒲公英计划"[2]。在他的影响下，周蓓娜在毕业之后从事了与专业相关的文化行业，也趁着自己还年轻，时间、精力都比较充足，希望多多投身公益事业，尽自己的能力。她曾与南京当地的媒体合作举办公益讲座，也曾到几所小学去亲自授课，在小学生中普及书法，而这些行动是完全不收取任何费用的。"我想把公益坚持做下去。"周蓓娜语气坚决，她认为，在什么阶段需要去做什么样的事情，是每个学生都需要去考虑的。周蓓娜走在为自己选择的道路上，坚定且潇洒。

研习书法多年，一笔一画皆沉淀于心，周蓓娜坦言书法的心得大概只有自身才能意会，也无法选择一种字体来概括自己，"我是那种会慢悠悠地泡着工夫茶，然后忘记去考试的人，比较真性情也比较自由。"为此，她尤其感谢浙大自由宽松的环境和包容的学风，还有诸位博学强知的老师，这些皆是她得以取得些许成就的重要保证。

翰墨飘香，书韵悠长。写字的环境在不断改变，而写字的心境一如最初。哪怕经历再多人生的意外与惊喜，周蓓娜仍是那个心无旁骛、执笔书写胸中意气的女子。

（文／王依艺）

学长有话说

我认为大学应该是培养独立人格、独立思考和动手能力的地方。全方面地成长是大学阶段的一个重要命题，"成长本身比一味地学习重要的多，学会坚持和微笑比学会做一道题重要得多"。

[1] 浙江省研究生创新科研项目是浙江省研究生教育创新计划的组成部分，由省教育厅设立，旨在鼓励和支持研究生从事原创性基础研究、应用研究、工程或技术创新研究，充分发挥导师对项目研究的指导作用，促进研究生获得重要创新成果，全面提高研究生培养质量。重点资助科研能力强、学术水平高的研究生开展科技创新研究和应用研究。面向在校全日制博士或硕士研究生，且保证毕业前能完成创新项目研究的同学，每位申报者只能申报创新项目一项，已主持创新项目但尚未结题的不再申报。

[2] 2011年9月10日，百度基金会投入200万人民币作为成立200万原始资金的蒲公英专项基金，启动"蒲公英计划"，旨在寻找身边最美丽的"蒲公英"，并从硬件改造（建设百度梦想中心）和软件培训（定期精准的教师培训）两方面来帮助这

些可敬的蒲公英教师，具体内容包括：1.寻找并发现符合条件的蒲公英教师后，百度将授予其"百度蒲公英大使"的荣誉；2.在众多蒲公英大使中，推选出"蒲公英明星"，根据相应的建设条件，向其所在学校捐助百度梦想中心（一个具备互联网综合功能的多媒体教学中心和一个设施齐全的多媒体教室）；3.逐步建立"蒲公英明星"库联盟，百度每年将举办"蒲公英夏令营"，为他们提供具有特色的蒲公英教师培训内容；4.定期组织"蒲公英宣讲会"，让更多的人了解"蒲公英"的奉献精神，吸引更多的盟友加入蒲公英联盟，致力于平等地成就每一个"蒲公英"。

做热爱生活的青年，追求卓越

——访浙江大学第二届"十佳大学生"获得者陶蓓佩

"为天地立心，为生民立命，为往圣继绝学，为万世开太平"，张载的这句话被冯友兰称作"横渠四句"，它同样也是陶蓓佩心中的执念。这个勤奋而开朗的绍兴姑娘，始终相信个人之于集体的重要意义，始终坚持用自己的每一分坚持、每一次进步，践行浙大人"公忠坚毅，能担当大任，主持风气，转移国运"的美好品行。

陶蓓佩，浙江绍兴人，浙江大学生工食品学院食品科学与工程系2008级本科生，竺可桢学院公共管理强化班荣誉辅修学员。连续三年专业排名第一，曾获国家奖学金、竺可桢奖学金、浙江大学"十佳大学生"、浙江大学优秀学生一等奖学金及三好学生、优秀学生干部、优秀团干部等。曾任生工食品学院团学联主席、本科生第三党支部副书记，云峰学园宣传部长，学生就业与职业发展协会（SCDA）项管主任。2012年获法国外交部全额奖学金资助赴法国巴黎高科攻读硕士学位。2015年进入联合利华中国市场部管理培训生计划。

从陶蓓佩的简历中不难看出，她一直很拼很努力，骄人的成绩就是见证。笔者原以为她会是高冷型的，但是采访的氛围非常轻松，陶蓓佩开朗大方、热情爱笑，朴素而真诚。

UPA 修炼之路

陶蓓佩本科期间是公共管理强化班（UPA）的一员。谈及此，陶蓓佩略有触动地说："大二进入 UPA 抱着单纯的热情，很大程度上被 UPA 的班训所感动。"作为一名理工科学生，陶蓓佩希望自己能够在本专业之外多接触人文类的氛围。两年间，UPA 为陶蓓佩打开了新世界的大门，她对"为天地立心，为生民立命，为往圣继绝学，为万世开太平"有了更深的感悟。

现在的陶蓓佩，更愿意把这句话理解成一种根植于心的信念。"为天地立心，为生民立命，为往圣继绝学，为万世开太平"的不一定是一个单独的个体，而可能是一整代人。陶蓓佩希望自己是其中之一，认真地学习和工作，身心愉悦，尊重他人，让这代人构成的一个健康向上的群体，完成张载的四大心愿。

UPA 的班训强调责任与担当，这也正是竺可桢老校长的训诫所强调的：大学教育的目标，决不仅是造就多少专家如工程师、医生之类，而主要是培养公忠坚毅，能担当大任、主持风气、转移国运的领导人才。

作为 UPA 中的佼佼者，陶蓓佩曾在 UPA2011 年招生宣讲会上发表了题为"理想与责任"的演讲。"作为中国当代的青年人，我们是这个大时代的儿女，个人的命运已注定不能逃脱时代的洪流。我们是站在变革进程中的一代，新的规则迫使着青年在坚守着内心的同时，需要不断创新，不断前进，甚至穷极，亦须后变。"陶蓓佩呼喊着，"请相信，相信我们今日所做的一切，都有其时代的价值；请相信，相信我们每个人心中微如烛火的信念能点亮一个国家的未来；请相信，相信我们终有一天可以带领一个更好的社会的到来。"

提早规划，灵活变通

俗语有云："机遇偏爱有准备的头脑。"陶蓓佩从本科到赴法深造再到现在的职业，都会提前规划并作准备。

大学生活中有形形色色的任务，除去学习外，还会有社团活动等安排，如此一来，合理安排时间便显得尤为重要。关于大学生活的安排，陶蓓佩分享了她的经验："其实现在想来，当时是因为不清楚自己到底喜欢做什么，所以什么都要尝试，什么都希望能做到最好。无论是学业还是工作还是其他，把生活撑得满满当当。如果现在让我选择，应该会是不一样的生活态度。"她建议本科生如果没有发现自己感兴趣的方向，不妨多花时间做点不同的事情。

大学时代的陶蓓佩 GPA 一直稳居学院第一，无论是学生会还是社团的工作她都尽心尽力，即便如此，她也把荣获竺奖当作意外之喜。"我更愿意把竺奖理解为一种美好的鼓励，授予十二名学子只是一种形式，而非一种绝对的判定。"她谦逊地表示。问及将被载入浙大校史的她有何心得时，她笑言："竺奖的评定标准蛮清晰的，它希望鼓励在各方面都发展得比较突出的学生。所以在学业、科研、学生工作，以及综合素质上面都需要考察。"

在毕业时，陶蓓佩坦诚："因为大二暑假去美国科研交流的缘故，其实从大三开始都是准备去美国读书的，并没有想过找工作。从大三开始就忙着考托福、GRE，抓紧机会去实验室工作，也为此拒绝了好的实习机会。"但陶蓓佩在最后关头却去了法国，现在想来，巴黎高科的项目是十分适合她的特长和个性的。

旅法求学，放眼未来

陶蓓佩 2012 年获全额奖学金资助赴法国巴黎高科[1]攻读硕士学位。异国求学，个中艰难可想而知。陶蓓佩亦分享了赴法的一些难处。"主要是语言问题，因为我是在出国前四个月学的法语，所以到了法国以后几乎一句法语都讲不出。然而我们的课程是跟当地的法国学生一起上的，所以完全没有国际生特殊待遇，加上课程难度相当于研一，几乎每两周都要考试，所以当时压力也非常大。"刚到巴黎，她的周末都是在家里复习功课度过。

"没有捷径，就是努力学法语。既然前面已经有这么多届学生走过了同样的路，那自己肯定也是可以的，所以支撑着也就下来了。"对于有意愿留法的学弟、学妹，她中肯地给出了自己的建议："希望早做规划，即使参加了英语课程，在法国这样的非英语国家，学会说当地的语言对于整个留学期间的生活质量有非常大的影响。"

"我觉得巴黎是城市文化和自然结合很完美的城市，到处都是电影里的风景，到处都是博物馆，每一天都觉得很有趣。"

学习与工作之外

陶蓓佩对电影有一种狂热，如果一个人在家，她可以接连不断地看各种电影。一开始，她只是单纯地喜欢看故事，但是时间长了会发现那些故事都累积在了自己的人生里。有时候借着屏幕，她体验了形形色色的人生。有的时候她则是跟着导演更清楚地看清楚人性。"人可以变得更敏锐和包容，当然也更有趣"，她补充道。

欧洲留学期间，陶蓓佩把奖学金省下来，游历了许多国家，每一次出发的心情都很雀跃，她把这当作一个能量补充的过程。而读书，陶蓓佩以为最奇妙的是在书中会找到一种隐秘的共鸣，好像是打破了时间和空间的限制，在无数的角落里面遇见了相似的灵魂。所以找到一个喜欢的作者之后会把他所有的书都找出来看。有一段时间，她特别迷张爱玲、林语堂，又有一段时间特别喜欢杨绛、毛姆。"真正深深震撼你的书，会很大程度上影响你的人生观。"

电影、游历、读书，不同的爱好在她身上多方位地展现了出来，而其中的核心点在于"培养一种健康、愉悦的生活方式"。陶蓓佩说大学里无论是运动、读书、旅行还是其他的爱好都更容易找到志同道合的人。所以除了学业以及对未来的打算之外，最应该做的便是去好好享受兴趣、爱好所带来的健康和愉悦的感觉。

"多尝试，在这一阶段就放开手脚去尝试，无论是专业还是未来的方向。"

笔者结束采访时暗暗地想：如果我能从陶蓓佩身上学到什么，用一句话来说，应当是有趣地去做一个向上的青年。

（文／闫孟珂、陈侠）

学长有话说

> 希望我们都能像真正的年轻人一样热爱生活。愉快，健康，头顶有星空，内心有原则。然后一个一个的我们，会组建出一个更美好的社会。

[1] 法国巴黎高科，即巴黎高科技工程师学校集团，是由法国11所最具盛名的工程研究生学院和巴黎高等商学院联合组成的高校联盟，其成员均为百年老校。它也被誉为法国社会高级管理决策人员和高级工程师的摇篮。作为12所重点院校的联合体，巴黎高科已经成为法国精英教育的代名词。这12所学校为巴黎高科农业学院、国立路桥学校、法国国立高等工程技术学校、国立高等化学学校、国立巴黎高等矿业学校、国立高等电信学校、国立高等先进技术学校、巴黎市工业物理化学学校、巴黎综合理工学院、国立经济管理和统计学校、高等光学学校、巴黎高等商学院。

生命在于折腾

——访浙江大学第二届"十佳大学生"获得者崔杨

崔杨，众多好友眼中的精致的"生活家"。喜爱折腾的她，在"浙"里的七年里，出任过新年晚会的主持人、当过学生会的干部、去过自己钟情的互联网公司实习、发传单被城管追着跑、拿过各种奖学金、争分夺秒地学习、连续几个月每天十来个小时做实验、玩过蹦极与潜水、去过很多国家。她微笑着，奔跑着，用"折腾"抒写了自己的"浙"里岁月。

崔杨，女，中共党员，2006—2013年就读于浙江大学，先后获得心理学学士、硕士学位，目前任职于腾讯公司，是微信开发平台的一名产品经理。浙江大学第二届"十佳大学生"获得者。在"浙"里的七年里，先后获得过永平奖学金[1]、优秀学生一等奖学金、浙江大学优秀研究生干部、浙江大学三好研究生、浙江大学优秀共产党员、浙江省优秀毕业生等诸多奖学金以及荣誉，本科期间以第一作者身份发表的学术论文《因果知觉社会线索效应的个体差异》被第十五届全国心理学学术会议摘要录用，其主持的"情绪对因果知觉的影响"成为该届心理系唯一入选国家大学生创新性实验计划的科研项目。担任过校学生会文艺部主席助理、班长，主持过浙江大学西溪校区新年狂欢夜晚会、浙江大学"唱享辣旋风"校园歌曲大赛、浙江大学英语角启动仪式等文艺活动。

"命是弱者借口，运乃强者谦辞"，当我问起崔杨信奉的人生座右铭时，这铿锵有力的 12 个字从电话的那一头脱口而出。崔杨的声音很甜美，与这样一位优秀的学姐交流，听她娓娓道来自己那精彩纷呈的象牙塔岁月，真的是一种绝佳的享受。

折腾和感恩——七年"浙"里岁月的关键词

开朗和外向是对崔杨性格最直观的描述。爱玩的她，从踏入"浙"里的那一刻起，就不断地去追逐新事物、尝试未知。2006 年 9 月份，刚进入浙江大学就读的崔杨，对接下来四年的自由生活充满着向往和期待。认识来自江南塞北的新朋友、经历热火朝天的"百团大战"、加入生机勃勃的校学生会、策划各种晚会、与闺蜜们压马路、和小伙伴们一起刷夜学习，崔杨的大一生活就这样有滋有味地进行着。远离父母的她，和其他新生一样，如同脱缰的马儿在大草原上肆意驰骋，崔杨在广阔而又纯粹的象牙塔里感受着弥漫在身旁的自由的气息。虽然"浙"里的学业比较繁重，但流淌在血液里的活泼、对新事物的好奇，驱使着崔杨不断地去认识、经历更多有趣的人和事。加入校学生会后，崔杨逐渐显露出自己强大的与人交流的能力，从一个普通的学生会干事迅速成长为校学生会文艺部主席助理。之后，

崔杨独自挑大梁，不仅策划了多场校级大型晚会，如浙江大学主持人大赛、迎新晚会、校庆晚会等，还用出色的主持能力圆满完成西溪校区新年狂欢夜晚会、浙江大学"唱享辣旋风"校园歌曲大赛等诸多大型活动。同时，热爱旅游的她，只要有时间就去不同的国家、地区游玩。在"浙"里的七年中，她先后去过美国、泰国、英国等诸多国家交流学习或旅游，不仅愉悦了身心，结识了不同文化背景的异国朋友，更是扩展了眼界，经历了诸多在校园里无法体会的东西，对世界各地多元化的价值观多了几分理解和包容，这也使得学心理学的她能够以一种更广阔的思维思考问题、解决问题。

生物学的研究告诉我们，表型总是基因与环境相互作用的结果。对于爱好挑战、喜欢未知、追求刺激的崔杨而言，她的基因组里就含有编码外向、乐观、积极的基因，无论遇到多大的困难，崔杨总是能够快速收拾好心情再出发，以昂扬向上、不屈不挠的精神勇敢地战斗着，让自己一次次成长得更为强大。崔杨还特地告诉笔者，她有一个应对坏心情的好方法。遇到困难的时候，她会适当放空自己的大脑，用写字的方式来调节心态，从而转移注意力，恢复平静。"写字的方式很管用，可以让我沉下心来去思考自己到底哪里出了问题，不论写得怎样，思考的过程，一笔一划的练习都能够让我最终恢复平静，重新拥有好心情"，崔杨如是说。

在忙碌的硕士研究生实习阶段，崔杨要在杭州、深圳、上海三地来回奔波，积累的高铁票足足有厚厚一沓。"我就是喜欢折腾，喜欢尝试不同的行业，参加不同的实习，来找到自己真正喜欢的东西。"与不同行业的人打交道，让崔杨收获颇多，世界观、价值观、人生观都得到了进一步的扩展，一个更为壮阔的世界的大门向她打开了。

虽然喜欢折腾，花费很多时间来丰富自我的生命体验，但一旦回到学习、工作上，崔杨又能够迅速进入状态，以专注、严谨、认真的态度对待面临的一切。"玩要玩得痛快，学要学得认真"，崔杨总是能够平衡好学习

与玩这两者之间的关系，最终以 3.89 的 GPA（满绩 4.0）完成本科阶段的学习，顺利保送至心理与行为科学系工业心理学国家专业实验室读研。

感恩，则是崔杨"浙"里岁月的另一个关键词。性格活泼、看似大大咧咧的崔杨，其实一直怀有一颗细腻、感恩的心。读研期间，为了能够利用暑假的时间去自己钟情的公司实习，崔杨与带自己做实验的师兄商量好，合理安排好实验进度，以便抽出两三个月的时间全身心投入实习工作中去。崔杨说，如果不是同门师兄、师姐以及导师的理解、包容，她难以做到在兼顾科研的同时，还能花费大把的时间去参加三份实习。"感恩，始终是我对那些理解我、支持我、包容我的人怀有的心态，不管遇到什么问题我愿意与周围的人去分享，获得他们的支持和理解。我要感谢他们，是他们成就了我"，电话那头，崔杨以一种畅快的口吻道出了这句话。

折腾与感恩，令崔杨的七年青葱岁月多了几分欢畅与精致。在高手如林的浙江大学，崔杨的优秀并非来自于一味地埋头苦干，在兼顾学习、科研的同时，她还能够主持晚会、策划项目、参加实习、旅行，活得精致而又美丽。同是优秀的大学生，有的人会以拼命三郎般的姿态刻苦学习，有的人会充分利用时间来提升自己，有的则纯粹是智商碾压。而崔杨，作为这群优秀的天之骄子中的一员，学得开心、玩得痛快，在做出十分优秀的科研成果的同时，还拥有了丰富的经历。对于我们这些后来人而言，也是一个启迪，如何高效利用时间，做学霸的同时还能做一个精致的生活家，丰富自我的生命体验。

象牙塔里的纯粹时光

七年的"浙"里生涯，对于崔杨的影响是终生难以磨灭的。在这简单而又纯粹的象牙塔中，崔杨从一个青涩、不谙世事的小姑娘，最终成长为优雅、知性的成熟女性。当被问到大学里最刻骨铭心的失败是什么时，崔杨的回答令笔者吃了一惊，没想到如此优秀的崔杨，大一的时候居然挂过"高数"这门课。原来，刚进入大学的时候，崔杨一门心思参加社团、学生会，对于学习自然不是特别的上心，虽然上课也会认真听讲，但最终的考试成绩揭晓的那一刻，崔杨"整个人都慌了，感觉掉进了无底深渊"。这一次失败令崔杨极其沮丧，被崔杨认为是"大学里唯一一次刻骨铭心的失败"，不过这也是一个契机，让崔杨清楚地认识到平衡的重要性。接下来的两年里，她重新审视了作为一名大学生的目标，迅速调整自己的时间分配，努力学习的同时收到了成效，各种奖学金以及荣誉纷至沓来，也以高分通过了 TOFEL 和 GRE，最终本科毕业的时候，崔杨的 GPA 达到了 3.89。她也选择了保送本校的研究生，在著名心理学家沈模卫教授的指导下攻读硕士研究生学位。

崔杨说，沈模卫教授是对她影响最大的一位老师。沈教授著作等身，是浙江大学工业心理学国家专业实验室主任、浙江大学心理与行为科学系系主任，兼任中国心理学会理事长、教育部高等学校心理学教学指导委员会副主任委员等。在崔杨眼里，沈老师是一个严肃却又不失随和的好老师，沈老师在科研上的要求十分严格，与学生讨论学术问题可以持续几个小时。但在生活上，沈老师对自己的学生十分照顾，关怀备至。最让崔杨感慨的是，近三年的研究生生涯中，每次不管多晚，当她做完实验从心理系楼走出来时，回头望去，6 楼沈老师办公室的灯还是亮着的，她知道导师一定还在奋斗，或者和师兄、师姐们讨论学术，或者在为学生们改文章。导师的勤奋好学，给了崔杨很大的震撼。在她眼里，年过半百的沈模卫教授早已功成名就，在学术界积累了极高的威望，在普通人眼中已经是难以企及的高度了。但他仍旧没有停止对理想的追寻，对知识的探索。她说，毕业后也遇到很多大大小小的困难，但只要想到深夜里的那一盏灯，想到还有很多比你优秀千百倍的人还在努力奋斗着，自己就又有

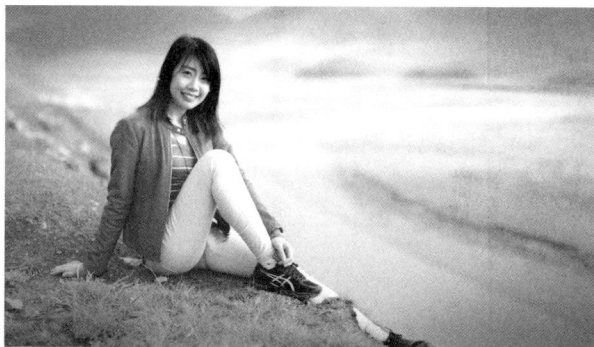

了战胜困难的勇气。沈老师的潜移默化，对崔杨的影响是不可估量的。崔杨还说，如今身处职场，早已没有了学生时代那种纯粹的学习氛围，但她依旧保持了对新事物的高度敏感，不断学习新的知识，不断鞭策自己。

拥抱挑战

硕士毕业之际，面临着继续攻读博士学位还是进入职场的选择，崔杨最终听从自己内心的呼唤，选择了快速发展的互联网行业。崔杨坦陈，从事互联网行业，如果连续三个月不学习新的知识，一定就无法跟上时代发展的节奏，注定要被淘汰。也正因为如此，互联网行业压力极大，但挑战也极大。她希望可以用自己的智慧做一些事情，让人们生活更加方便，这个世界更加美好。如今，已在职场打拼三年的崔杨，依旧初心不变，热爱旅行，热爱美食，热爱与人交流，热爱挑战。在与崔杨交流的一个小时里，笔者感到满满的正能量。这个年轻、炽热的灵魂，一定会在人生的路途走得更好更远！祝福崔杨！

（文／汪洋）

学长有话说

大学生活是人生中非常宝贵的一段时光，你可以随意聆听百家争鸣，结交五湖四海的朋友，做任何自己认为值得去做的事。希望大家好好珍惜这难能可贵的机会，跟随自己的内心，多去尝试和体验世界的多元，最终找到自己热爱的方向并为之努力奋斗，做一个生命厚重、生活精彩、生气勃勃的浙大人！

[1] 永平奖学金，是浙大校友段永平先生为回馈母校，回报社会，捐款设立的奖学金。该奖学金每年评选一期，主要奖励浙江大学成绩优秀、品行端正、综合能力强的在校本科生。奖励额度为人民币每人每年6000元。每年奖励本科生约50名。

篮球永不熄，求实无止境

——访浙江大学第三届"十佳大学生"获得者蒋戚

　　人的信仰可能有很多种，而能把"打篮球"当作一种执着追求的人，可见其对篮球的喜爱和认识早已超出了这项运动本身。也许学业上的努力得益于练习篮球时的坚持；也许学生工作中的激情得益于对文体活动的热爱；也许社会工作中的成就得益于篮球运动中合作共赢的思想激励……因为年轻，所以不断汲取，然后奋力去拼搏！

　　蒋戚，男，浙江大学 2011 级电气工程学院电气工程及其自动化专业本科生。现任浙江大学学生会玉泉分会副主席，电气学院学生会副主席，曾任蓝田学园学联副主席，浙江大学校田径队队员，浙江大学校篮球队队员。曾获浙江大学"十佳大学生"、浙江大学优秀团干部、浙江大学优秀团员、浙江大学优秀运动员、浙江大学文体优秀奖学金、浙江大学社会实践奖学金、南都二等奖学金等，国家二级运动员、国家二级裁判员，在第十三届大学生运动会上摘得 1 银 1 铜、获第二十四届大连国际马拉松迷你马拉松赛冠军，作为校篮球队队员与战友光荣赢下第十五届、第十六届 CUBA[1] 浙江赛区冠军，代表学院赢得浙江大学三好杯篮球赛冠军、篮联杯冠军，在 2013 年校运会上斩获 5 金 1 银。

浅色的 T 恤衫，帅气的小平头，直直的腰板，来自辽宁的阳光大男孩蒋威坐在了记者的面前。刚从玉泉风尘仆仆赶来的他额头上还微微沁着几滴汗珠，脸上却洋溢着自信的笑容。或许全然看不出眼前朴素小伙背后的荣耀多么令人羡慕。

篮球，生命中不可或缺的一种信仰

"男孩的青葱岁月里总少不了篮球。"

别看他身形并不高大健硕，却是浙江大学校田径队队员，校篮球队队员。就在前不久刚刚落幕的"三好杯"篮球比赛上，作为电气工程学院男子篮球队队长的他带领着球队一路过关斩将，最终捧起了冠军奖杯。

但或许鲜有人知的是，如今在球场上威风八面的他也曾是个篮球"门外汉"。蒋威热爱运动，也崇尚运动。在进入浙大以后，他展现出了自己在田径方面得天独厚的优势，在第十三届浙江省大学生运动会[2]上有着 1 银 1 铜的不俗表现。与此同时，他萌生了对篮球的浓厚兴趣。当被问及入选校队到后来参加 CUBA 联赛的心路历程，他说当时的自己简直像个愣头青。"他们的技术都比我好啊，但是我从未放弃过对于篮球的热爱，从未翘过一次训练课，每次总是去得早走得晚，我想我必须付出比他们更多的汗水和毅力。"

从蒋威坚毅的目光里，似乎依稀可以看见他一个人在寂静的球场里，一遍遍重复着同一个动作。他回忆说，在一场大学生联赛中，当时浙大落后将近 20 分，在极度不利的局面下他毅然披挂上阵，第三节连突带投追近比分，他的冲锋陷阵也燃起了全队的斗志。虽然最后惜败，但他的表现，用"威"震全场来形容都不为过。正是对于篮球的热衷，正是对于 NBA 球星詹姆斯的崇拜，正是逆境之中绝不低头认输的倔强，历练出了蒋威超乎常人的拼搏精神和昂扬斗志。"篮球永不熄"，当球一次次漂亮地穿过篮圈，蒋威历经了从姿态笨拙到游刃有余的蜕变。他就是一名斗士，顽强刻苦，永不言败。

求实，生活中持之以恒的一份坚守

虽然田径队和篮球队频繁的训练几乎占去了他三分之一的时间，但蒋威在学习和工作上也从不懈怠，成绩也同样名列前茅。当被问及如何平衡好体育和学业的时候，蒋威透露了一个小秘密："我每天清晨 6 点到 8 点都会去教室自习啊，时间挤一点是一点嘛。"说着他也会心一笑。的确，白天课业负担重，晚上训练强度高，但这些都没有成为蒋威懈怠的借口。在专业确认时他凭借优异的学业成绩确认了自己理想中的专业。对于学习，他也有着独到的看法："大学学习不同于高中，有时候'不求甚解'真的非常重要，掌握方法才是根本。"正是他学习过程中的孜孜以求、自省自查和对于学习求实求是的态度让他保持着一贯的优秀。

在课余时间，除了投身体育运动外，蒋威对于学生工作也尽心尽力。作为前蓝田学园学生联合会副主席，现任浙江大学学生会玉泉分会副主席，他在学生会勤勤恳恳的工作也受到了老师和同学的一致好评。在大学一年级的时候，蒋威就加入了蓝田学园的学生会。他参与组织策划了蓝田体育风暴、趣味运动会、3V3 篮球赛等，为蓝田学园的同学们奉献了近 350 场精彩的比赛；紫金达人秀、新年游园会及创业点子秀也都留下了他忙碌的身影。也正是

由于蒋威的优异表现，在蓝田学园第五次学生代表大会上他成功当选为蓝田学园学生联合会主席团成员和蓝田学园工学大类学生会主席团成员。

"责任感最重要吧。"蒋威一针见血地指出。是的，作为工科试验班（工学）1127班的班长，他踏实认真地做好每一件事，用热情和激情带领全班同学一同创先争优。在班级工作中，蒋威能够做到从学园到班级，无论是办学生证[3]、开班会、组织聚餐、组织参与校级和院级的各类活动等等的实际工作，还是观察同学学习状态、思理状态等思想工作，事无巨细，他都能够主动地以高度的责任感和使命感去完成，为班级的建设和发展贡献自己的全部力量。蒋威和班级同学的努力也换回了一张又一张的奖状。连续两年运动会团体一等奖，紫金达人秀最具活力班级，体育风暴篮球赛冠军，蓝田学园先进班级[4]，浙江大学先进团支部[5]……他们霸气地彰显了青春活力、彰显了勇者无敌。

同学眼中的蒋威同样是一个魅力四射但也不乏亲和力的大男孩。无论是求学还是训练，刻苦认真的态度和持之以恒的行动力都让他在众多大学生中脱颖而出，卓尔不群。

在谈到未来的理想时，他表示在求学路上收获更多知识的同时将尝试自己创业，尤其是技术创业。"工科男"出身的他特别注重基础知识的掌握和应用。"现在大学生创业比比皆是，但是真正依赖稳健技术创业的却少之又少，然而只有夯实基础才能有所建树。手里拿不出技术，拿什么创业呢？"蒋威谈及自己创业的蓝图时也显得十分谦虚和实在。创业也是一个"学"和"做"的过程，他坚信自己能够在老师的指导下和自己的拼搏中再创辉煌。求实路漫漫，相信这份持衡和冲劲会让他的步伐更加坚定。

"绳锯木断，水滴石穿。"这句古语被他铭记至今，也一直激励着他不断向前。青春岁月如白驹过隙，至少蒋威没有匆匆复匆匆，他正在用自己的态度和行动书写这绚烂而深沉的人生华章。

（文／吴昊）

学长有话说

人生就像一段旅程，遇见风雨的时候，给自己一个阳光的微笑，站起来走过去，转角也许就遇见了彩虹；走得太快的时候，记得停下回头看看这一路有没有错过的风景。我们不怕失败，因为年轻；我们不会止步，因为年轻；我们不言放弃，因为年轻。就让我们这样永远年轻，永远激情澎湃！

[1] 中国大学生篮球联赛，简称CUBA，是中国大学体育协会主办的高校间篮球联赛，其宗旨是"发展高校篮球，培养篮球人才"，模式参照美国的NCAA大学篮球联赛形式，中央电视台CCTV5等每年都会现场直播部分重要场次的比赛，联赛1996年开始酝酿，1997年建立章程，1998年开始正式推行，设男子组和女子组，CUBA影响力仅次于中国男子篮球职业联赛CBA。

[2] 本届运动会由浙江省教育厅和浙江省体育局主办，台州学院承办，浙江省大学生体育协会协办。运动会设田径、游泳、篮球、排球、足球、乒乓球、羽毛球、网球、定向运动、健美操、武术等共11个比赛项目，分甲、乙、丙、丁四组（甲组为全省普通高等本科院校，乙组为全省普通高等专科学校和职业技术学院，丙组为全省普通高等院校体系，丁组为经教育厅审批招收的高水平运动队），是历届大运会以来项目设置最多、参加单位最多、参与人数最多的一次大学生运动会。

[3] 凭学生证可享受火车硬座票半价优惠，限优惠区间内使用，一年四次；除此以外，电影院，某些餐厅、景点等也可享受学生证优惠，考试时也需出示学生证。

[4] 先进班级是浙江大学本科生集体荣誉称号，评选比例不超过班级总数的10%。参评条件可参见学生手册《浙江大学本科学生荣誉称号评定及管理条例（2007年4月修订）》。

[5] 先进团支部是浙江大学团内表彰的荣誉称号，评选比例不超过团支部总数的10%，在思想建设、学风建设、班子建设、素质教育等各方面表现杰出的团支部可参评。

她走过了一路风景

——访浙江大学第三届"十佳大学生"获得者吕丹旎

常听年长者说，现在的青年人到了大学还时常弄不清楚是为谁而读书，仿佛竺老校长的两句话不曾叩开他们懵懂的心灵。吕丹旎却是一位真正深思过"竺校长之问"的求是人，更难能可贵的，是她对"何为医学、学医为何"的认知。医者，精于技，德于行，悯于心，堪称医术之高明。而当医学遇上小提琴，又将谱写出怎样美妙的生命乐章？

吕丹旎，女，浙江大学 2009 级临床医学（七年制）学生。担任浙江大学文琴交响乐团[1]第一小提琴声部演奏员，曾任声部副首席，三年来随乐团参加 40 余场音乐会，其中参演全国第三届大学生艺术展演活动[2]并荣获一等奖，浙江大学文琴艺术团[3]优秀团员。作为负责人申请 SRTP（本科生科研训练计划）项目，成绩优秀，完成论文一篇；作为立项人申请国创（国家级大学生创新创业训练计划项目）[4]一项。多次获得国家奖学金，浙江大学优秀学生一等奖学金、学业优秀一等奖学金、"三好学生"等荣誉称号。

这一路，她面对过很多选择

谈起自己的高中，文静内敛的吕丹旎慢慢打开了话匣子。在她看来，那一段青春岁月，既是很久远的记忆，却又好像历历在目——一直以来秉承"素质教育"的宗旨的宁波效实中学，在那时有句人人皆知的顺口溜："七天抓五天，五天抓白天，白天抓上课四十五分钟。"正是在这种严宽结合的教学氛围的熏陶下，吕丹旎自然而然地养成了自觉学习、高效学习的习惯，也有了相对较多的时间来丰富课余生活——她参加了模拟联合国，并从中得到了很大的锻炼；多年学习的小提琴，即使在功课最忙的高三也没有放弃……得益于学校自主的教育模式和宽松的学习氛围的吕丹旎，在回忆过往时表达了自己深深的感谢，"母校在教会我科学文化知识的同时，更带给我灿烂而无悔的青春岁月"，她笑着，眼里闪着泪光。

曾经，吕丹旎有过很多对于理想的构思——她喜欢外语，曾想过考外国语大学，毕业后成为外交官，前往不同的国度，感受各地的风土人情；绘画和雕塑对她有着无可名状的吸引力，于是她幻想将来成为一名建筑师，欣慰地看着自己的心血从图纸变成真实的高楼大厦。那时从未构想过将来会从事医学事业的她，如今感慨良多——"我觉得人生从来都是存在于未知之中，我们常常会遇到各种各样的岔道口，选择哪一条道路并不重要，重要的是选择时的慎重以及选择后的坚定执着。"

这一路，医学拥抱了她

真正想要从事医学事业，是吕丹旎高三才萌生的想法，"我一直觉得自己是个偏于理性严谨的人，性格又相对内向沉静，适合选择一门能够静下心来扎扎实实做学问的学科"。在高考填志愿的时候，尽管周围有过一些反对的声音，但经过深入的了解和慎重的思考，她坚持了自己的选择，报考了浙江大学

临床医学系的临床医学专业（七年制）。

在学医的道路上不断前进，从初来乍到，只觉得对任何事物都兴致勃勃，到慢慢地对这个领域有了更多的参透和感悟，吕丹旎越来越感到自己成为医疗工作者中的一分子，不由自主地与他们同喜同悲，荣辱与共。

近年来，医患关系一步步走向冰点，每一条骇人听闻的消息，都曾经令她和她的同学们感到愤慨与心寒；看到报考医学系的学生逐年减少，他们时常感到遗憾与迷惘。关于这些，她也有自己的一些思考："尽管当前的医疗体制尚不完善，社会舆论导向也难免片面或偏激，但这些并不是凭借我们一己之力所能够改变的。"她明白，除去外界因素，当前形势对医务工作者的业务水平提出了更高要求，作为医疗群体的一员，他们有必要从自身出发，探寻在医患沟通方面的可提高空间。

"有时去治愈，常常去帮助，总是去安慰"，是阐释医学真谛的名言。它一直指引着吕丹旎带给患者真诚、信心与爱。在她看来，患者绝不是疾病的载体，而是一个个有生活、有思想的活生生的存在，医务工作者需要了解的是引起该疾病的各种因素、该疾病对其产生的影响以及其本人对当前发病状态的看法。而这一切，仅仅通过程式化的体格检查或者辅助检查是无从获得的，还需要医疗人员用心地去观察患者的一举一动，去倾听患者的一言一语。

在医院里，吕丹旎每天都可以看到身边的医生、护士们任劳任怨、尽心尽责地治病医心，并义无反顾地践行着她心目中的医德医风——"尽管医患关系也许不会那么快得到缓和，但我依然对未来的医疗环境充满信心，更对自己所从事的职业充满责任感和自豪感"，吕丹旎坚定地说，双手紧握。

这一路，书本总在手中

　　她过着平凡医学生的学习生活——日复一日、扎扎实实地把书本上的点点滴滴装进脑子里，然后融会贯通。

　　听到医学，许多人的第一印象可能就是一本本厚厚的医学书籍。而在吕丹旎看来，医学理论的学习的确主要靠记忆，但是这种记忆又不是单纯的杂乱无章的死记硬背，而是遵循逻辑，以理解为基础的记忆，"有时候我觉得医学的记忆就像是讲故事，从病因、发病机制，到病理变化、临床表现，再到诊断、治疗和预后，起承转合，环环相扣，如果适当地进行一些逻辑推理，就会觉得其实许多复杂的疾病都是万变不离其宗。所以如果说我的学习效率稍高一些的话，也多半得益于此"。

　　对于医学生而言，在校学习阶段是初步了解科研、训练科学思维、学习基本实验方法的重要时期：2010 至 2012 年间，吕丹旎在医学院长江学者[4]、求是特聘教授[5]范伟民老师的指导下对肿瘤多药耐药及其耐药逆转进行了一系列研究，期间作为立项人完成国家级大学生创新训练项目一项、校级SRTP 项目一项，结题成绩均为优秀，并完成论文两篇。在这近三年的实验室生活中，她很感谢师兄师姐们耐心地传授实验技术和心得体会，更感谢老师在实验方向和思路上的悉心指导与点拨，"是他们帮助我掌握了许多基础的实验技术，锻炼了科学思维和研究能力，令我获益匪浅"。

　　这些年的经历令吕丹旎对科研有了更深入的认识：从确定研究方向、制订方案，到实验研究、结果分析，再到最后的成果产出，其间需要不断摸索、调整、分析和总结。"的确是非常艰辛而漫长的过程，因而，从事科研工作需要超凡的定力与恒心。"有时，她的眼光暂时离开实验台，仿佛能够看到全世界有数不胜数的同道中人正在为了同一个目标而齐头并进，因而她会时不时地查阅文献，只为了能够了解世界上该领域研究的最新动态；同时她也以满腔热情投入研究，只为了能将自己的小小成果和收获与他们分享交流——"我想，这大概就是科研的宏观意义之所在吧。"

这一路，小提琴一直陪伴

从五岁起学习小提琴至今，已有近二十个年头了。当初，在欣赏了一场交响音乐会之后，小丹旎对小提琴产生了浓厚的兴趣，从此便与小提琴结下了不解之缘。然而，和绝大多数学习音乐的孩子一样，在度过最初的新鲜期之后，她面对的就是漫长而艰辛的平台期。在那段时间，在惰性的驱使下，小丹旎的童年就在偷懒和父母的督促之间无限循环，有时她甚至一周才碰一两次小提琴。这种情况一直延续，直到有一天，母亲对她说："在你面前有两条路，一是彻底放弃小提琴，干净利落；二是尽最大的努力学好小提琴，不辜负自己的天赋和曾经的付出。"母亲的一番话对小丹旎的触动很大，她渐渐开始醒悟——"与其无谓地耗费时间和精力，还不如尽最大的努力证明自己的能力。"慢慢地，小丹旎的琴技得到了提高，拉琴对她而言也不再是那么枯燥乏味。就这样，不知不觉中，小提琴成为她生命中不可分割的一部分。

进入浙大后，吕丹旎加入了文琴交响乐团。在新团员欢迎会上，当时的团长说的一句话，她一直铭记在心——"到你毕业的时候，你会发现，这个乐团是你最不舍的一个集体。"当时的她将信将疑把这句话埋在了心底。

吕丹旎发现，文琴交响乐团的排练演出非常繁忙：每周至少有一天排练，每年都有十几二十场演出。尽管如此，和文琴在一起的日子，她总是愉

快的。她遇到了很多热爱音乐、热爱艺术的人。对他们而言，每周一次的排练，就是放飞心情、抛开一切杂念、纯粹地和志同道合的朋友们一起创造音乐的时光。音乐触动了她心中最柔软的地方。"当每个人发出一个属于自己的声音，融合成一曲和谐的交响乐时，所有人都是不可或缺的一分子，所有人共同凝聚成一个整体。"就这样，四年来，他们完成了一首又一首高难度的交响曲：技术上存在困难，就挤时间加排；音乐上需要提高，就找各个交响乐团的演奏版本来听来看，只是为了去更好地理解音乐。

2012 年 2 月，全国第三届大学生艺术展演在杭州举行，文琴交响乐团作为东道主代表，取得了一等奖的殊荣。为了这次比赛，吕丹旎和她的团队从选曲到录像送审再到一轮轮的初赛、复赛，准备了整整一年的时间。决赛的那个晚上，是她见过的整个乐团最具有凝聚力的时刻——"在那个舞台上，我能感觉到所有人都是用生命在演奏，就像是把自己的青春和激情都在那短短的几分钟里迸发出来，一曲终了，我们许多人都已热泪盈眶。"她感谢文琴交响让她在这个大家庭中找到了属于自己的位置，领悟到了众志成城的力量，并因此感到浓浓的归属感。"我想，也许这辈子不会再有另一个集体让我这样无怨无悔地投入自己的青春了吧。"也许，当年老团长的那句话还会继续口耳相传——"等你毕业的时候，你会发现，这个乐团是你最不舍的一个集体。"

"高调做事，低调做人"是吕丹旎的座右铭。她时常目睹一些悬壶济世又德高望重的医生们，在治病救人的时候总是雷厉风行、严谨果敢，而在私下又往往非常谦卑和蔼，毫无傲人之色。"我想，在医学领域，我的这些医生老师们正是对'高调做事，低调做人'这句格言的最佳诠释，这也是我毕生努力的方向。"吕丹旎如是说。

（文／姚晓岚）

学长有话说

我想到了竺老校长的两个问题：第一，到浙大来做什么？第二，毕业后要成为什么样的人？后者是我们的理想与目标，而前者则包含了我们在大学的点点滴滴，包括我们度过的每一天、呼吸过的每一方空气、看过的每一次日出、踏过的每一级台阶以及留下的每一个脚印。

也许大家已经或者终将找到属于自己的答案。无论大家的目的地在何方，也无论最终能否到达，我都祝福大家度过精彩的四年，成为一个精彩的人，愿大家的未来一路风景！在此与大家共勉。

在这里非常感谢母校浙大对我的培养，我会继续努力过好在"浙"里的每一天，无愧于母校对我的栽培和期许。恰逢浙大117周年华诞，在此谨祝愿母校生日快乐，繁荣昌盛！

[1] 浙江大学文琴交响乐团隶属于浙江大学文琴艺术总团，是浙江省唯一的编制齐全的非专业大学生交响乐团。

[2] 全国大学生艺术展演活动每三年举办一届。本届展演活动的主题是"青春·使命"，项目包括艺术表演类、艺术作品类、高校校长书画摄影作品和高校艺术教育科研论文报告会暨大学校长美育论坛。艺术表演类包括声乐、器乐、舞蹈、戏剧；艺术作品类包括绘画、书法（篆刻）、摄影、工艺设计、DV作品；高校校长书画摄影作品包括绘画、书法（篆刻）、摄影作品。

[3] 浙江大学"文琴艺术总团"成立于2001年6月8日，是由浙江大学旅居美国的姚文琴校友捐资成立的学生文艺团体，代表了浙江大学的艺术水准和精神风貌。文琴下设民族交响乐、舞蹈、合唱、剧社、书画五个专业分队，是浙江大学艺术品格的代言，求是文化的拓展。它凭借较高的艺术水准和专业精神，渐渐地在全国大学生艺术团体中声名鹊起，校内校外的交流演出不断。

[4] 1998年8月，教育部和香港李嘉诚基金会共同启动实施了"长江学者奖励计划"，主要包括特聘教授、讲座教授岗位制度和长江学者成就奖，"长江学者奖励计划"的实施，有力地推动了高校人事制度改革，促进了高校国际合作与交流，带动了地方和高校高层次人才队伍建设。浙江大学目前有"长江计划"特聘（讲座）教授94人。

[5] 浙江大学实施了"长江"和"求是"两个高层次人才专项计划，旨在促使学校高层次人才队伍的建设更加有效和完善，产生良好的人才集聚效应，催生一批高水平的创新群体和创新团队。学校目前有"求是特聘教授"141人。

前程似锦，扬帆远航

——访浙江大学第三届"十佳大学生"获得者钱锦远

你也许不会相信有人把"节能减排"当作自己的志向。没错，钱锦远就是这样一位"心怀天下"的"工科男"。他用"强化红"的沉稳、"求是绿"的务实、"创新蓝"的睿智概括自己三原色的大学生涯，也时刻践行着一名学生党员的理想："努力提高为人民服务的效率"、"人生最大的欣慰是奉献"……

钱锦远，男，浙江大学化学工程与生物工程学系化工过程机械专业2011级博士生，目前在德国进行为期一年的博士联合培养学习。本科就读于浙江大学竺可桢学院混合班[1]，主修过程装备与控制工程，辅修创新与创业管理强化班。承担各级节能科技项目4项，创立浙江大学学生节能减排协会[2]，曾获第七届中国青少年科技创新奖[3]等5个国家级竞赛奖项与荣誉。2012年荣获浙江大学第三届"十佳大学生"，2013年评选为浙江省"十佳大学生"、"最美浙江人——青春领袖"[4]。

毕业是留给过往的，就像那些花儿，洒落在天涯。

我选择的只能是自己的路：太多的生活，都只能自己去经历。

蔚蓝的海，为什么止不住波涛的声音？

洁白的云，为什么停不住飘动的脚步？

年轻的人，依旧在路上！

如果我告诉你以上这首抒情文艺的短诗出自一位工科博士之手，你会不会大吃一惊？没错，此诗的作者钱锦远，虽然有着"化工机械研究所直博生"的头衔，却打破了人们眼中工科男呆板枯燥的刻板印象。短短的头发、方方肉肉的脸庞，拍照爱咧着嘴笑、摆"老土"的 V 型手，说起话来还会有些羞涩。这样的他，就是一个爱笑爱闹的大男孩。

钱锦远在本科期间完成大学生科技创新项目 4 项，已录用或发表论文 4 篇，授权专利 2 项，获国家级竞赛奖项 5 项。2011 年 8 月，他更是在北京人民大会堂被授予"第七届中国青少年科技创新奖"，这样的他无疑是学弟学妹眼中的"科技牛人"。然而，谈及这个称号，钱锦远连称自己"不敢当"，但也坦言自己对于科学钻研与科技创新"真的是情有独钟"。小时候的钱锦远是个很顽皮的男生，因为淘气少不了挨批。然而一拿到《数学大世界》，他就瞬间收敛自己的"玩心"，沉浸在数学的海洋里，认真地攻克书上的每一道难题。遇到"鸡兔同笼"的问题：一只笼子里面关着一些鸡和兔子，一共有 10 个头，28 只脚，请问有几只兔子几只鸡？没有学过方程、也不会其他更高级算法的他只能选择了"凑"。9 只鸡、1 只兔子是 22 只脚，8 只鸡、2 只兔子就是 24 只脚……以此类推就变成了一个看数列找规律的题目：9（22）、8（24）、7（26）、6（28），最终得到答案的他满是成就感。一本本《数学大世界》无疑

为他打开了一扇窗，让他知道窗外有广阔的思维世界，值得他去探索、去遨游。

单纯喜欢、不求名利，从而每一次探索都会显得无比珍贵和美好。或许正是怀着这样一颗简单的心，初中一年级时参加慈溪市的应用题竞赛，钱锦远考出了一个让他自己也大吃一惊的成绩——全市第一。然而到了高中，由于当时的高考加分政策，求胜心切的钱锦远在考试中总不能发挥自己的最佳水平，连续两年都仅获得省级赛区的二等奖。这时候的他，不由回想起当年那个单纯地只想着算出答案的小男孩，那个因为解决了一个难题就可以乐一整天的自己。"其实往往一个人带着天真的心去做事情的时候，才能获得最大的快乐与成功。"在学习数学的过程中，钱锦远渐渐成长，学着剥去名利浮华的外壳，体验生命最本质的内核。

重拾最初的信念，他踏入大学校园，并找到了自己的志向所在——节能减排。钱锦远在节能减排方面投入了很多精力和努力，也收获了不少成就。他学习节能相关专业，研究高效节能技术，热衷节能公益实践，创立节能减排协会。作为节能减排协会的创始人，能和一群志同道合的伙伴做公益，他感到无比的开心和满足。除此之外，他积极参加全国大学生节能减排社会实践与科技竞赛[5]，参与举办第三届国际青年能源与气候变化会议等。致力于节能减排，对钱锦远而言，不仅仅是利用技术手段让祖国多一份净土，更多的是希望能够借此获得节能环保在大众意识中的共鸣。毕竟，绿地可以通过技术的不断发展、再造，而环保意识一旦失去就不知道要花多少的时间和努力才能找回。人生最大的幸福莫过于能朝着自己的兴趣和志向奋勇前进，对于钱锦远而言，在本科期间修读的"职业生涯规划"[6]一课使他获益匪浅。相关课程的学习，让他对自己的未来有了更清晰明确的目标。将来无论是做科研还是创业，他都想定位于节能装备，将创新作为抓手，努力为经济产业转型升级以及生态文明建设贡献自己的一份力量。谈到这，他

忍不住要为这门课程打个广告："学好职业生涯规划，让计划赶上变化！"

茵茵求是园里，钱锦远收获的不仅仅是知识，更重要的是一生都难以忘怀的深切情谊。四个室友，共同走过大学最珍贵的四年。从陌生到相识、相知，"见证彼此的高尚、智慧与节操"。虽然现在四人分散在三个国家，但仍旧保持着"满满的基情"：八卦彼此是不是找到了理想的女友，好奇各自的博士课题进展是否顺利。再后来，他进入创新与创业管理强化班，与来自全校各个专业的 60 个充满活力的心灵，一起创新创业、腐败八卦，一起说"与同道者共同跋涉、与相爱者长聚不散"……那些熬夜吃苦的岁月、那些疯狂玩耍的日子、那些温暖而友善的人们，出现在他那篇名为"青春"诗歌的每一页。

回顾"十佳大学生"这份荣誉，钱锦远至今仍感到满满的珍惜和感激。自己以前参加过很多学科竞赛，总是憋着一股劲努力获奖。现在的他觉得以前那种以获奖为目的的做法是错误的。"很多的竞赛或评比，其表彰先进只是一层含义，更深的含义应该是对其他同学的鼓励。"因此，荣获"十佳大学生"这份荣誉，也意味着要承担一份沉甸甸的责任。他想通过自己实实在在的行动，去影响身边的同学，给他们更多的鼓励和支持。

现在的他依然在求学的道路上，努力在自己的博士领域有所进展。"一直告诉自己，博士论文写好了，以后自己的儿子、孙子都是随时可以看到的，单就为了这点，也要好好干啊。总不能到时候被他们说，哎，老爸或者爷爷的博士论文好水啊！哈哈！"一名在人生路上不断探索、不断反思的年轻人，虽会偶遇颠簸，前程依旧似锦；虽会经历风浪，仍能扬帆远航。

（文／赵琳）

学长有话说

No.1：人生最大的欣慰是奉献！这是我的人生信条。

No.2：良好的开端是成功的一半，这句话告诉我们，开好头了，一件事情就成功了50%；行百里者半九十，这句话告诉我们，最后的10%，也占到了成功的50%。这么看，开头和结尾很重要，而中间的过程对于成功与否并不重要。或许，太多人都抱着这样的看法，比如上课，学期开始几周信誓旦旦，学期快结束几周临时抱一下佛脚。或许，以浙大学生的聪明才智，考过一般都没什么问题，可是自己自身在过程中真的得到进步了吗？享受到过程的快乐了吗？希望大家记住，成功永远都是一条轨迹，而不是一个奇迹。

No.3：关于如何面对挫折，我的想法是，遇到挫折其实并不可怕，可怕的是怕遇到挫折。我很喜欢美国牛仔大王里维斯在遇到困难时告诉自己的话："太棒了，这样的事情居然发生在我的身上，又给了我一次成长的机会。事情的发生必有其因果，并有助于我。"这句话，我第一次听到是在当时龚惠香老师的一次心理团辅讲座上，我真的很喜欢这句话。这句话很明确地告诉自己，其实对待困难与挫折，换一个角度看，或许就是柳暗花明又一村。也希望这句话能帮助更多的人！

[1] 浙江大学竺可桢学院混合班以"为杰出人才的成长奠定坚实的基础"为宗旨，培养造就基础宽厚，知识、能力、素质、精神俱佳，在专业及相关领域具有国际视野和持久竞争力的高素质拔尖创新人才和未来领导者。学生进入竺可桢学院后，不分专业，先在文、理、工三大类平台上进行通识课程和基础课程的前期培养。在第二学年，根据自己的兴趣、特长确认主修专业，并进入后期培养阶段，同时实行本科生专业导师制。

[2] 浙江大学学生节能减排协会（Student Association of Energy Conservation & Emission Reduction，简称SAEC）创建于2010年4月，是由浙江大学后勤管理处、浙江大学学生公寓管理中心、浙江大学节能减排实践基地等部门共同指导的一家全校性社团。协会以"节能减排"为创社宗旨，以"宣传绿色环保、实践节能低碳"为理念，主要围绕"理念宣传"、"竞赛组织"、"公益活动"、"实践调研"四个方面具体展开活动。

[3] 中国青少年科技创新奖创办于2004年，是由共青团中央、全国青联、全国学联、全国少工委共同按照邓小平同志遗愿而设立的。该奖面向全日制在校学生个人设奖，基金主要奖励在校大、中、小学生，每年奖励100人左右，设有研究生、大

学本（专）科、高中生、初中生、小学生五个组别。研究生和大学本专科生获奖者每人颁发奖学金20000元，中、小学生获奖者每人颁发奖学金5000元，同时分别颁发荣誉证书和奖杯。

［4］ "最美浙江人——青春领袖"评选活动与省内"浙江骄傲"、"风云浙商"等系列评奖活动一起，成为"发现最美浙江人，宣传最美浙江人，争做最美浙江人"主题宣传过程中的有力抓手。活动旨在评选35周岁以下浙江籍（或在浙工作、生活、居住）的优秀青年，如创业能手、文化新贵、少年英雄等；专注公益事业、专注文化传承、热心环保事业人士等；具有"创业梦"、"奉献梦"、"创意梦"、"公益梦"情怀的优秀青年及群体。

［5］ 全国大学生节能减排社会实践与科技竞赛是由教育部高等教育司主办、唯一由高等教育司办公室主抓的全国大学生学科竞赛。该竞赛充分体现了"节能减排、绿色能源"的主题，紧密围绕国家能源与环境政策，紧密结合国家重大需求，在教育部的直接领导和广大高校的积极协作下，起点高、规模大、精品多、覆盖面广，是一项具有导向性、示范性和群众性的全国大学生竞赛。

［6］ "职业生涯规划"（Career Planning for College Students）是浙江大学开设的一门通识选修课，共9周27学时1.5学分，由浙江大学就业指导与服务中心开课承担教学任务。课程实行开放式教学，不设闭卷考试，注重学生的参与和互动，考核方法采用出勤、课堂参与、平时作业和期末综合作业相结合的形式。

你是人间四月天

——访浙江大学第三届"十佳大学生"获得者徐莎莎

谁说女博士是"第三类人"？在徐莎莎的身上，你看到的是温暖、恬淡、洒脱，还有每个女子都渴望收获的幸福。十年浙大路，她对母校的感情不言而喻；热爱旅行且"说走就走"的她，在面对科研时却有着一股不一般的定力；十年风雨同舟，她在"求是园"收获了美好的爱情；而最终她选择了教师职业，成就自己的同时不忘去装点别人的梦想！

徐莎莎，女，浙江大学外国语言文化与国际交流学院英语语言文学专业硕博连读生。任外语学院研究生党总支委员、博士生党支部书记，所在党支部荣获浙江大学 2010 年度"党支部建设创新奖"[1]。曾获教育部 2011 年度博士研究生学术新人奖[2]，浙江省优秀毕业生，浙江大学优秀共产党员、优秀学生干部等荣誉称号，为浙江大学研究生干部讲习所[3]第六期学员。

你是人间四月天，是一树一树的花开。

一个能够给予人温暖、信任、奋斗和爱的力量的人，就是人间的四月天。

你在桥上看风景

徐莎莎的声音很好听，甜甜的略带沙哑，听她娓娓道来自己一路走过的经历是一种绝佳的享受。

作为一个有着十年求学经历的浙大人，徐莎莎对浙大有着很深很深的感情。从本科四年专攻学习的好好学生到研究生期间拥有异彩纷呈的种种经历再到艰难破茧收获成长的博士攻坚，她在"浙"里看风景，一路收获着最美好的回忆。

徐莎莎在本科期间就读于经贸英语专业，她坦言在本科四年里更多地把时间放在了学习上。作为一个优秀的毕业生，她成功地保研到了本校的研究生，开始研究应用语言学。在研究生期间，她决心弥补自己之前四年校园活动参与不足的问题，参与了更多的社会实践和志愿者活动。最令她难以忘怀的是几次出国交流的经历。英国曼彻斯特的游学帮她第一次开眼看世界，体会到了外部世界的精彩和美丽。遨游在丰富的书刊资料中不仅给了她绝佳的学术体验，更帮助她克服了知识上很多的不足。俄罗斯的学术访问经历带着她揭开了自己一直向往已久的这个神秘国度的面纱。"我去了圣保罗和莫斯科，那里的大学生很热情，这个国家也很美丽。"她如是说。

"我最大的爱好是旅游，无论是在周边走走，还是走出国门。"

一路上边走边看风景，是一件温暖美好的事情。

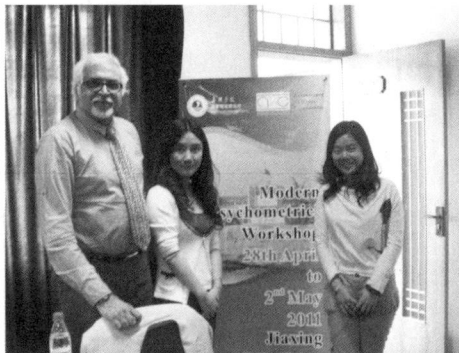

看风景的人在看你

当然比起一个"说走就走的女子",我们更为了解徐莎莎作为浙江大学第三届"十佳大学生"的一面。

谈起评选"十佳大学生"的经历,她笑言:"这都是好久之前的事情了。"当时徐莎莎看到了评选"十佳大学生"的通知并开始准备材料。在竞选的时候,她从自己的学术研究、社会工作、群众基础等方面娓娓道来。无论是学术上多次在国际科研杂志上发表论文,还是积极参加承办学术交流讲座,或是在平时作为博士生党支部书记关心爱护自己的同学,她的这些努力都昭示着她当之无愧的十佳风范。

对于自己的个性,她认为最大的特点就是坚持。说到去年博士生论文的撰写过程,她坦言面临着许多的困难,甚至一度想要放弃,这成为她在多年求学生涯中最难迈过的一道坎之一。"面对这些困难,只能一个人咬牙坚持。"对于自己的科研领域,只有自己才最为了解,她就像一个在暗夜里孤身行路的旅人,身边没有支持和依偎,唯有靠着信念持之以恒才能走到光明之处。

回首这段艰难的时期,她不无感慨地说道:"这也是我极其难忘的一段经历,使我成长很多。"

而这种坚持的精神,比什么成就都重要。

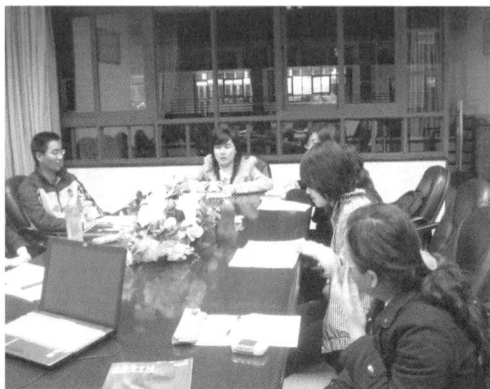

明月装点了你的窗

说到女博士，会有人想到呆板的学术生涯和困难的婚恋问题。当我问到徐莎莎这个问题时，她羞涩又略带幸福地微笑着说："我已经结婚了呢，在选'十佳大学生'的时候，我就已经结婚了。"

徐莎莎的恋爱故事，起始于大一。她和她的先生在大一已经相识相恋，珍贵的是，他们就这样走过了十年的风风雨雨，最终在她博一的时候走入了婚姻的殿堂。相爱何易，相守何难！当我问起长久地保持一段感情的秘诀时，她幸福地说道："互相理解、包容和磨合就是最好的方法。"的确，就在去年撰写博士论文最为艰难的瓶颈期，是她的先生每天按时接送她上学风雨无阻，承担起家里的重任，协助她走过这段不平凡的岁月，成为她最坚实的后盾。

明月装点着你的窗，一段如明月般皎洁、澄澈的感情也能滋润一个人的灵魂。

你装点了别人的梦

采访徐莎莎，给我最大的感受就是亲切、自然和平和的正能量。不是急于表白自己的成功理念或是兜售自己的价值观，而是自然而然地诉说一段美好温暖的青春往事。她的心中，满怀着对学校的感恩，对学弟学妹的关怀，对于昔日的感怀和对于未来的向往。

"我喜欢和学生在一起，这个社会上有太多从属于他人的职业，但是教书能让我感到和孩子们的交流。"这是她选择成为一名教师的原因，也是她内心最真诚的自白。

喜欢拼搏进取的忙碌，却不要盲目的浮躁；喜欢悠闲自在的平和，却不要懈怠的精神。

这就是徐莎莎理想的生活状态。

在不知不觉中，她已经装点了别人的梦，宛若人间四月天。

（文／杨静怡）

学长有话说

淡泊以明志，宁静以致远。

[1] 浙江大学党建工作评比的一项重要内容，参评党支部应重点探索创建学习型党组织、努力实现基层党组织全覆盖、深化拓展大学生思想政治教育、积极推进师德师风建设等方面的工作机制，努力体现主题的先进性、内容的时代性、形式的多样性和方法的有效性，主要总结2007年以来各党支部开展的1项支部建设活动、1次(系列)主题教育活动或1种加强党员教育管理的主题鲜明、富于创新、成效明显的经验做法。

[2] 教育部为加快提高我国博士研究生培养质量和加强拔尖创新人才培养而设立的奖项，自2010年开始，共评选了三届。2012年9月，国家设立研究生国家奖学金，用于奖励普通高等学校中表现优异的全日制研究生。自2013年起，博士研究生学术新人奖停止评选。

[3] 浙江大学研究生干部讲习所创办于2003年，旨在培养具备良好政治素质和较强管理才能的高素质研究生干部，充分发挥其先锋模范作用，并为社会各界输送德才兼备的高级管理人才。讲习所是在浙江大学研究生院和浙江大学党委研工部的直接领导下，与浙江省委组织部联合举办的非营利性学社式干部培训组织。讲习所每年开设一期培训班，培训对象从学校各级研究生干部中选拔产生。

比成功出色一点

——访浙江大学第三届"十佳大学生"获得者羊洋

"你要先问问自己已经努力到需要和别人拼天赋的地步了么？"这是羊洋被问及"如若天赋不足"时的回答。看似对自己有些苛刻的他，平日里却是位阳光大男孩。但在追求卓越的道路上，他选择了不断去尝试、探索和挑战。"想要"并明确"要什么"，做一名在智商、情商、心态上都过关的优秀科研工作者，是他对自己的要求。

羊洋，男，浙江大学竺可桢学院 2009 级工科平台学生，主修专业光电信息工程。作为本科生，帮助光电系搭建第一个石墨烯实验室，并基于此参加 SRTP（本科生科研训练计划）、国创（国家级大学生创新创业训练计划项目）等多项学术训练及科研竞赛，并且在核心刊物上发表论文两篇，曾参加加州大学戴维斯分校 GREAT 科研训练计划[1]。曾任浙江大学竺可桢学院团委书记助理、团委副书记，浙江大学心平奖教金[2]评选委员会本科生代表。2011—2012 学年竺可桢奖学金获得者，多次荣获国家奖学金、浙江大学学业优秀一等奖学金、优秀学生一等奖学金、博世集团优秀奖学金[3]等。积极参加各类志愿者活动，曾和洛阳市 NGO"河洛义教"合作，在洛阳市偏远山区柏树乡初级中学开展为期一个月的支教活动。

他是学弟口中沉稳正派的学长，他是同学眼中"神一般存在"的人生赢家，他是父母眼里不受束缚的理想主义者，他是浙江大学 2011—2012 学年本科生竺可桢奖学金获得者、浙江大学第三届"十佳大学生"获得者，他是羊洋。你要么爱他童真快乐、精神独立，要么妒他能力卓绝、事事无敌，但是，你永远做不到无视他。

你要成为一个"想要"的人

当所有人都在心无旁骛地埋头向前跑时，羊洋则选择以尝试的姿态先找到前进的方向。这一切都是因为大一刚入学时老师的一句话："你们要让自己成为一个'想要'的人，首先你们要清楚自己到底想要什么。"

大学生创业项目、暑期洛阳支教、赴美交流实习……羊洋用四年的时间去丰富自己的人生体验，他也会去主动尝试那些他所不擅长的事物。在大一时，作为理科生的他选择了中国古典文学相关课程，尽可能地丰富自己的知识体系。在确定 SRTP 课题时，他几乎是毫不犹豫地选择了一个自己"连名字都看不懂"的项目，并最终成为项目相关实验室搭建的核心成员。他就是这样，一次又一次地把不可能变成可能。"一个人总要经历过许多事情之后，才能明白什么适合自己，自己想要什么。"

"在确定了自己所在乎的事情之后，你就会对自己有所期待，你会变得不满足。"羊洋如是说。于是，当科研成了他的方向，他就从未有过一丝一毫的懈怠。大三时，他觉得光电专业对于电路课程的预修要求无法满足他对科研的自我期待，所以他主动自学了难度更大的《电路原理（甲）》，为以后的研究打好基础。一整个暑假都穿着白大褂在实验室做实验，这种经历对于他来讲也并不陌生。当被问到如何看待因为天赋不足而难以实现理想时，羊洋的回答出人意料却又在意料之中："你要先问问自己已经努力到需要和别人拼天赋的地步了么？"——典型的"羊洋式"答案让人叫绝。

遇到困难我就唱唱歌

2010 年暑期，羊洋怀着小小的心愿，与河南省洛阳市 NGO 组织"河洛义教"合作，在洛阳市汝阳县柏树乡初级中学进行了为期一个月的支教活动。他和志愿者一起创建校规、研究上课模式、翻过几座大山去学生家家访。"用心做支教，得到的一定比付出的多得多。"在那里，留给羊洋更多的是足够沉重的思考。他看到那些徘徊在生存边际的少年依然面带微笑，他看到那些每天翻几座山来上学的孩子依然毫无怨言，"我那时候就明白了，自己的困难其实从来都称不上是困难"。所以当记者问到他大学四年中经历的最大坎坷时，他想了很久后只是笑笑说："现在看来，都是些没有留下任何阴影的小事。"

就是凭着这种笑看困难、享受磨砺的精神，大一就走进实验室的羊洋在科研上早已硕果累累。作为本科生，他帮助光电系搭建了第一个石墨烯实验室。从买器材到后期更重要的调试设备，他一遍遍尝试、一次次摸索，每天有 8 到 12 个小时都自己一个人待在实验室，穿着不透气的实验服，机械地调节实验参数与记录实验数据。即使是生活在这种一次次的重复之中，羊洋也没有被这种孤独与枯燥打倒——"受不了了我就自己在实验室唱歌。"羊洋笑道。他就这样，始终用一种轻松的心态去面对所有未知与挑战。

我想做一个不自闭的博士

有人说致力科研的人多少都有些孤僻，羊洋笑言："那么我想做一个不自闭的博士。"他强调，一个优秀的科研工作者，科学研究的智商、与人沟通分享的情商、轻松自然的心态都非常重要。

羊洋把自己申请竺可桢奖学金的过程比喻成"买彩票"，他从不强求要有什么结果，然而也是这种心态，让他收获了不强求的快乐。当谈到竺可桢奖学金带给自己的收获时，他谈得最多的是那一群同样有梦想的人，"学校选拔出了一批非常出色的同学，每个人身上都有他的闪光点，这样的一群人在一起交流是很有意思的"。比起奖金、荣誉，对他来讲一个沟通的机会更宝贵。

大二期间，羊洋担任竺可桢学院团委书记助理，并在新生军训中担任副指导员，与 2010 级同学结下了深厚的友谊；大三之后，就算课业繁重，他依然坚持担任竺可桢学院团委副书记，甚至主动找课业成绩不理想的同学了解情况。问及坚持这份工作的原因，羊洋告诉记者，"这是一个传承的过程，总有一些好的文化、好的情感是我们需要坚持的，不能改变的。"而他所传承坚持的，是人与人之间的一份感情。

采访的最后，记者请羊洋用几句话评价一下现在的自己，他思考了一下说："我正在变成自己想要变成的样子。"前方路上或许荆棘遍布，但是一想到总有这样一个人，始终坚持理想、精神独立、追求卓越，心里总会觉得希望并不渺茫。让我们祝福并相信他，只因为他是羊洋。

（文／高含昀、祁烨）

> **学长有话说**
>
> 怀以学习，去体验，去感受，经历立体的大学生活；抱以批判精神，去思考，去总结，争取做最好的自己。

[1] 浙江大学与国（境）内外许多知名大学合作，开展本科生对外交流活动（一般分为学术交流和文化交流）。其中对外交流学术活动是指双方互派交换生（一般学习期限为半学年或一学年）、我校单向派出学生到对方学校学习（一般学习期限为半学年或一学年）、我校学生参加对方高校面向全球开设的暑期班项目等。学习期满，接受学校发给学生修读课程成绩单，我校对学生修读课程、成绩及学分进行认定及转换。学生在校期间原则上只能参加一次对外交流活动。

[2] "浙江大学心平奖教金"由浙江大学校友段永平及夫人刘昕女士于2011年设立，分心平杰出教学贡献奖(每人100万元人民币)、心平教学贡献奖(每人10万元人民币)、心平教学贡献提名奖(每人5万元人民币)三类，通过表彰功底扎实、业务精湛、教学效果卓优、关爱学生成长的优秀教师，树立爱生重教标兵，激发浙江大学一线教师的工作热情，在全校形成爱岗敬业、奋发向上、教书育人的工作氛围。

[3] 该奖由博世（中国）投资有限公司设立。为加强校企合作，鼓励在校学生勤奋学习，博世（中国）投资有限公司在原有的"浙江大学博世奖学金"基础上进一步扩大奖励名额以及金额，面向机械工程学系、能源工程学系、电气工程学院、信息与电子工程学系、控制科学与工程学系、管理学院、竺可桢学院、外国语言文化与国际交流学院、理学部的优秀学子，每年奖励38名学生，其中研究生奖励金额每年每人6000元，本科生奖励金额每人每年4000元。

提高人生的每一块板

——访浙江大学第四届"十佳大学生"获得者陈敏洵

　　陈敏洵不仅是"十佳大学生"，还是"最美城市女孩"。这个美丽的头衔源于她那颗温暖而坚定的"公益之心"以及对大学生公益的创新思维。大部分学生都会在大学阶段有过当志愿者的经历，有些甚至会很在意"志愿者小时数"。事实上，跳开这些条框的局限，从公益的本质出发，也许就能有陈敏洵这样大气而真实的视野。

　　陈敏洵，女，浙江大学管理学院财务管理2010级本科生，辅修竺可桢学院公共管理强化班（UPA）。浙江大学第四届"十佳大学生"，优秀学生一等奖学金、学业优秀一等奖学金、研究与创新一等奖学金、陶氏化学奖学金[1]、优秀学生干部、三好学生等荣誉获得者。作为负责人，获得第十三届"挑战杯"全国大学生课外学术科技作品竞赛特等奖、毕马威全国管理案例分析大赛[2]二等奖、最佳人气团队等竞赛奖项。曾任浙江大学学生会副主席、求是强鹰八期学员。浙江大学五星级志愿者，发起公益活动帮助360余名外来务工人员免费拍照，公益事迹受到康师傅集团一万元资助及《中国青年报》等媒体报道。

公益——指向身边的需求

2010 年的夏末，刚进大学的陈敏洵加入了浙江大学学生三农协会[3]。在一次次的志愿者经历中，陈敏洵发现，远离亲人万里、来异地务工的农民工有大量的拍照需求，却缺乏拍照的条件。无论去正式的照相馆，还是买一台相机，对他们来说都不现实。于是，为农民工免费拍照的想法开始萌生了。

陈敏洵首先分析了这个项目在实践中可能面临的问题——农民工自我保护意识强、流动性大，而拍立得相机即拍即得的方式无疑可以解决这一问题。同时，在 2011 康师傅—早稻田大学创新挑战赛[4]上，陈敏洵凭借一份优秀的策划荣获全国第二名，获得了一万元的实践资金，解决了她缺少项目实施的人手和购买相机资金的难处。随后，她组织三农协会的同学们用资金购买了拍立得和底片，并开始联系工地负责人。经过几番奔波，她的想法终于逐渐变为现实。

"公益应该关注真实的需要。农民工自我保护的意识强、流动性大，采用不留底片的拍立得，不仅能立刻将照片交给他们，也更容易获得他们信任。"陈敏洵说。

那个夏天，陈敏洵和她的朋友们奔波在工地上、西湖边。保安、划船工、外来务工子弟……都是他们记录的对象。彼此间不知姓名的外来务工者都选择了信任这个女孩，一张张相片里，记录着这些黝黑的面庞和灿烂的微笑。

"为你留下一抹笑"，践行一份微志愿。女孩那颗从事公益的心，亦如这个活动的名称，如此温暖而坚定。而陈敏洵，也被《中国青年报》等媒体誉为"最美城市女孩"。

过程中不免会面对农民工的不信任、工地方面对于相机的抵触、被视为"暗访记者"的怀疑等。但这些阻难都在她的预期中，陈敏洵很平静地面对着这些："一切都取决于我做的事情是不是可行的，而可行的事情是可控的。回头看看困难，都没有那么难。"在陈敏洵眼中，"公益让我感到付出的快乐。我感受到有人需要，就去帮帮他们，即使不被理解也不会给我带来困扰"。

持续从事公益的经历让陈敏洵对大学生公益也有了自己的想法。她认为，以大学生的热情与才智，应该怀揣着更敏锐的洞察去体察生活、从事公益。而她希望自己的行为可以带给大家一种感受：大学生公益是不拘泥于以前的主题与形式的、是可以突破的。

"指向身边的需求，用真诚的心，做实在的事"，她的感悟不禁让人对大学生公益生出了更多的期待。这颗投身公益的心，有满腔的热情，更有缜密的思维和实践热情的方向。

挑战杯——亦步亦趋

"挑战杯"特等奖也是陈敏洵不得不提的辉煌战绩之一。她与同学组队参加第十三届"挑战杯"全国大学生课外学术科技作品竞赛，针对高校创业教育背后的问题做出调查研究，最终获得全国特等奖。这是来自浙江大学的选手在本届比赛中获得的唯一特等奖。

谈到选题，陈敏洵有很多想说的话。

浙江省是全国创业教育相对超前的省份，然而开展创业教育十几年，浙江省大学生创业率仅有 4%。这固然领先于全国百分之一的平均值，比起美国的 20%~30% 却远远不及。这样严峻的创业差距无疑说明，在创业教育蓬勃发展的同时，我们的投入产出是失衡的。

针对这样的情况，陈敏洵和她的团队走访了浙江省内九所较有代表性的高校以及创投的企业，教育局、人社厅等政府机构，初步了解浙江省创业教育的特色与问题，并把浙江大学、温州大学及义乌工商职业技术学院作为研究型、教学型、职业教育型大学的代表，对浙江省大学创业教育进行分析。

在浙大，陈敏洵的团队成员几乎覆

盖了浙大校园内所有与创业有关的组织与社团，比如求是强鹰俱乐部、ITP等。但他们发现，在这些组织中，真正来获取创业教育的人并不多，更多的是为了"光环"和"商科知识"。而教育管理层却无法获取这样的信息，仍认为创业教育的供给不足。一个针对创业教育的良好体系迟迟未能建立。在温州大学，一些科技含量较低的创业项目只能做到"暂缓"就业；同时学校教育供需不匹配，无法为学生提供合适的创业知识。

而在义乌，情况则走向了另一个极端。"叮咚，叮咚"，教室里都是阿里旺旺的提示音，隔壁就是发货仓库，学校成了一个巨大的淘宝集散地。老师想在课堂上教学生如何开淘宝店，可老师的店也不一定比学生的开得好。尽管这所学校产生了很多创业成功的百万富翁，但，教育在哪里？

陈敏洵的团队用问卷测试各个学校创业教育不匹配的程度。他们走访各方机构，收集各方意见。这些人提出的解决方法，是和书本上的不一样的——这是创业教育发展的第一手资料。

从 2012 年暑假到 2013 年 10 月份，从初赛、复赛，到省赛、国赛。陈敏洵的团队在一点点地进步。从初赛时对成绩的在意，到省赛国赛的功利心淡薄，团队成员的感情越来越好。他们愿意在一起奋斗，给自己一个交代。"一切成功都是因为大家在帮我。我做所有项目最大的收获，应该是对朋友、同学、老师、浙大的感谢。"陈敏洵说。

"人生是一只桶。对自己要求高的时候，应该希望每块板都很高。一开始不知道要选哪一条路，就要都变好，最后才不会因为选不起而不得不放弃。"大学几年，陈敏洵时刻都是繁忙的。校学生会的副主席、一等奖学金、多次商赛获奖、名企实习、挑战杯、公益项目、辅修竺可桢学院公共管理强化班……但与更多说"选择"、"放弃"的人相比，她更愿意说"平衡"、"兼得"。

对于如何协调的问题，陈敏洵有自己的技巧。比如利用团队的力量，提高自己的执行力以带动团队；比如寻找事情的控制点，充分利用 23:00—8:00 之间的个人时间；认真听课、提高上课效率等等。"平衡"不意味着毫无选择地拷贝别人的生活方式。做别人做过的事，只能学来成功的"道"，却没办法学来成功的"术"。养成独立的、不被他人绑架的价值观才更加重要。

着眼前进的方向，一步一个脚印。即将步入新的求学旅途，陈敏洵依然在繁忙与平衡中进行睿智的取舍、不断提高人生的每一块板。带着善良的心和缜密的条理，她一路前行不辍。

（文／刘鑫玥）

学长有话说

浙江大学是我们人生中一座充满了机会、知识、能量的宝库。在这里，每个人都可以成为想成为的样子，只要你愿意为之脚踏实地奋斗——本立自会道生，厚积终将薄发。

［1］陶氏化学奖学金由陶氏化学（中国）投资有限公司捐赠设立，主要用于奖励浙江大学材料与化学工程学院（主要是化工系）、管理学院及信息科学与工程学院成绩优秀、品行端正、综合能力强的在校本科生和研究生共35名，奖励金额为每人每年5000元。

［2］"毕马威杯"案例分析全国十强邀请赛是由厦门大学管理学院与国际知名的毕马威华振会计师事务所联手打造的高水平专业性学术比赛。它依照国际知名案例大赛规则，依托专业化案例设计，学术积淀深厚，评委阵容强大，在校园内营造良好的创新型人才培养的氛围，培养选手成熟的商业意识，迄今为止已在北京大学、清华大学、香港大学、南京大学、厦门大学等十所著名高校成功举办过多届。其中管理案例分析大赛案例内容涉及市场、会计、财务、战略、管理等领域，要求参赛者在数小时内分析一个商业案例，以正式报告的形式提供解决方案，并作现场演示和答辩，是一个展现参赛者分析能力、团队精神及沟通技巧的舞台。大赛评委也由著名学术界人士和知名企业代表组成，体现了大赛专业化、国际化、精英化的特色。

［3］浙江大学学生三农协会（Zhejiang University Peasant Rural and Agriculture Association，简称PRAA）成立于2003年4月，是浙江省内首个以三农问题为主题的先进高校学生社团。目前，协会共有核心工作人员100余名，会员1300余名。协会以理事会为核心，下设秘书处、行政办公中心、宣传推广中心、对外交流中心、社会实践中心、社会调研中心、爱心支教中心和新闻网络中心等部门。

［4］为了帮助更多的中国精英学子圆梦世界顶尖名校，康师傅于2010年创办了"创响新生代"康师傅—早稻田大学创新挑战赛。这是一个一年一度的系列赛事，以中国大陆、港澳台地区18至30周岁的年轻人为主体，通过对提案的评选、优化、引导和资助来培育优秀创新人才。通过康师傅创新挑战赛，参赛选手不仅有机会获得丰厚的公益实践基金，还能够借助赛事平台前往海外进行公益交流。早稻田大学更是为大赛专门开设了"特别选考"的平台，为参赛者入学早大提供了一条绿色通道。

初心相随，征途渐远

——访浙江大学第四届"十佳大学生"获得者徐海亮

选择去入流合群，还是选择向典范看齐；选择被环境同化，还是选择引领方向？这也许是每一位大学生在入校后都会困惑的问题。从放弃王牌专业选择国防生开始，徐海亮就选择了一条与许多青年人不一样的成长之路。三次人生抉择，最终成为一名博士生军官，徐海亮没有太多犹豫，只因心中笃定了"科技强军"的梦想。

徐海亮，男，浙江大学电气工程学院电机与电器专业博士研究生。曾担任浙江大学电气工程学院博士生会主席、浙江大学博士生会玉泉校区中心主任、电机与电器博士生党支部副书记、校研究生新闻媒体中心[1]采编部副部长（研究生记者）等多个学生骨干职务。从事风电技术方面研究，发表SCI、EI论文10余篇。曾获"最美青春——浙江省第一届感动校园人物"[2]，浙江大学第四届"十佳大学生"、三好研究生、优秀研究生、优秀研究生干部、社会实践先进个人，浙江大学电气工程学院第五届"十佳学子"，教育部博士研究生学术新人奖，博士研究生国家奖学金，王国松奖学金[3]，欧琳一等奖学金[4]，华硕奖学金[5]，艾默生奖学金[6]，龙旗奖学金[7]等。

在浙江大学第四届"十佳大学生"现场评选的舞台上，徐海亮，这位年轻的共和国博士生军官，一身戎装，雄姿英发，给人留下了深刻的印象。

一个承诺

初踏征途，徐海亮郑重承诺，一定牢记部队首长的嘱托："读出个样子！"

"读出个样子！"说起来容易，做起来是何等的艰难。当一年多未接触专业知识，上课就像听天书的时候，当实验中因为一个低级错误烧掉了辛苦焊接一个多月的电路板的时候，当贯注心血撰写的第一篇论文被导师改得"面目全非"的时候，徐海亮也曾迷茫、失落，但他从来没有后悔过，更没有放弃过。

刚到浙大，徐海亮就遇到了难题。在中国石油大学读书期间，学校并未开设电机控制等一些在浙大较为基础的课程，相对于实验室其他七个毕业于"985"名校的同学，他的基础训练较为欠缺。起步阶段，他难免落后，又因自己年长于他人，他不时感到自卑。但是，强大的行动力是军人的优势。他大量阅读各种文献，为自己制订科学的研究计划。面对信息量巨大的英文文献，他会建立一个文件夹，将四五十篇文章分为三四类，进行比对、摘抄和积累。凭借着超乎常人的努力，徐海亮克服了科研道路上的一个个困难。那个论文曾被导师批得"面目全非"的"毛头小子"，最后也可以反驳导师的修改意见，甚至还担任了多家国际学术期刊的审稿人。

两句哲言

徐海亮一直牢记着两句哲言。

"成功就是简单的事情反复做。"高中校长的这句话被徐海亮深深地刻在心上，"聪明的人太多，我的水平比他们差远了，我只是比他们肯重复罢了。同样是阅读文献资料，读好几遍，收获会多很多"。有时，认真焊一块电路板，但电路就是不通，无论他怎么检查，都无法找出电路板中的错误；有时，写英文论文，导师提出了十几个尖锐的修改意见，令他觉得难以下手。此时，平常反复练习积累的经验告诉他要"耐下心来，去逐一突破难关"。于是，他发现那块电路板的问题只出在一个小小的电器元件上，修改文章也并非束手无策。

另一句哲言被徐海亮用作微博的个人简介："优秀是一种习惯。"很多人刚入学的时候拼劲十足，总希望自己有所成就，后来能够坚持下来的却为数不多。但徐海亮不同，无论是学习，或者做学生干部，抑或只是老师交予的一项小任务，他都致力于追求完美，把每一件事都做到极致。对于读博，很多人都不解地问他："你是军人，将来带兵，这些专业知识不需要很多，读得差不多不就行了吗？"但他不这样认为。硕博连读近五年，1600余个日夜，不论寒暑，徐海亮几乎每天都是第一个来到实验室，也是最后一个离开。"人生的每一步、每一阶段都要走好，只有一步一步走好了，步步为营，你最后的位置就比别人高。做好一件事很容易，一年都做得很好的也大有人在，但每件事、每个阶段都做得很漂亮，这是非常难的。一个人的成功需要如履薄冰，战战兢兢，每一步都不能有闪失。"

三次抉择

2004年，徐海亮以优异的成绩进入中国石油大学（华东）的王牌专业——石油工程专业，成为家乡为数不多的大学生。入学军训时，徐海亮意外得知军区将从新生中选拔部分国防生[8]。出生在革命老区的徐海亮从小就对军队生活充满了向往之情，热爱军人雷厉风行的作风。这次选拔再次点燃了他参军的梦想，他毫不犹豫地第一个报了名。这个决定令他身边很多同学和老师十分不解，甚至负责招生的部队领导也感到有些惊讶。因为石油工程专业是中国石油大学的王牌专业，就业率一直位于前列。而成为一名国防生意味着他要放弃原有的专业，转入一个相对较弱的专业。面对旁人的困惑和惋惜，徐海亮丝毫没有动摇。而这，也成为他至今依然无悔的决定。

四年的本科学习中，他始终保持优秀的学业成绩，多次获得各种荣誉和奖学金，也因此获得了浙江大学研究生保送资格。本科毕业后，徐海亮到部队工作一年。一年期满，一个两难的选择又摆到了他的面前：是按学籍要求返校读研还是继续带兵？本科期间，担任国防生模拟营营长，每周

制订国防生训练计划；担任国防生班班主任，他的班级被评为省级先进班集体，被央视、《解放军报》等多家媒体报道。过硬的军政素质，突出的组织管理能力，加上连续三年被评为"军区优秀国防生"，这一切似乎在暗示着他，领导和战友的建议是对的，他应该留在部队继续带兵。然而，他最终还是听从了内心的召唤回到校园："科技强军，知识报国是我今生的追求，不管前路多么坎坷，我都要用行动坚守自己的强军梦想！"

如今，相同的难题又出现了：读博士后还是回部队？这一次，他没有犹豫，就像自己小时候心目中的军人那样果断。他在向部队的申请书上实实在在地写下了三个原因："首先，这五年我学到了很多东西，如果回到部队带兵，丢掉这些东西实在可惜；其次，从长远来看，部队的信息化是一大趋势，作为一名研究性人才，必须要专业化，不能仅仅会带兵，还要懂装备。"而最后一个原因，则是受一位院士的影响。一次，徐海亮结识了83岁高龄的中国工程院院士、坦克电气自动化专家、一等功臣臧克茂[9]老先生，他攻博期间的出色表现得到了臧院士的赏识和认可。臧院士向徐海亮所在部队机关写信，强烈推荐他博士毕业后从事国防科技领域的相关研究工作。

这一路走来，徐海亮获得了无数荣誉，对于"十佳大学生"的称号，他认为:"'十佳'只是一个相对的概念,学校里比我优秀的同学非常多。立足本职工作岗位,做出应有的成绩,这样的人就有资格成为'十佳'。"而徐海亮正是这样的人,始终不忘科技强军的初心,持之以恒,无悔奉献,在逐梦之路上越走越远。

(文 / 赵侃侃)

学长有话说

无论是本科生还是研究生,来到这个新的环境之后,不要觉得时间会很长,本科的四年、硕士的两三年一晃就会过去。一开始就要对自己有一个很好的规划,对老校长的两个问题,你要非常清楚自己的答案。要对自己负责,一开始就要有一个非常好的定位,然后好好利用时间。现在有一个不好的趋势:很多同学看到周围的同学打游戏、购物、逛商场,就担心自己不参加这些活动会不合群,不合主流。其实这是一个错误的观点。你要多去看看优秀的同学,他们在做什么,他们这一路是怎么走过来的,多向优秀的典型看齐。这个非常重要。因为大学是一个非常自由的环境,很多人会选择被这个环境同化,而不是去引领这个方向。为了心中的梦想,你需要耐得住寂寞,需要去付出。否则,梦想就只能在梦里想一想,根本实现不了。所谓践行梦想,就是用行动去追随梦想。当然,这个过程肯定是痛苦的,但收获会比别人更丰富。

[1] 浙江大学研究生新闻媒体中心(ZJU GNMC)成立于2010年3月,其前身是浙大研究生报社。在浙江大学党委研究生工作部的指导下,中心宗旨是在办好原有纸质媒体的基础上,进一步拓展宣传渠道、扩大校内外影响力。

[2] 由浙江省教育厅、浙江广电集团联合开展的"最美青春——浙江省第一届感动校园人物"评选活动,旨在发掘和宣传一批当前大学生学习实践社会主义核心价值观的"最美青春"典型。2014年第一届评选最终确定:10名来自浙江省十所高校的"感动校园人物"。该评选活动今后将每两年举办一次,与"最美青春——浙江省十佳大学生"评选活动相配套。

[3] 王国松先生是我国著名的科学家和教育家,中国电机工程学界的一代宗师,中国电机工程学会的创始人之一,历任浙江大学电机系主任、工学院院长、副校长、代校长、一级教授。从事教育事业六十余年,在国内外享有很高声誉。为纪念王

国松先生的卓越功绩，继承和发扬其教育精神，为国家培养和造就更多的电机工程优秀人才，浙江大学联合社会各界成立了"浙江大学王国松教育基金会"。

［4］2012年，浙江大学与欧琳集团在浙江大学紫金港校区国际会议中心签署战略合作协议，并先期启动橱柜生产管理优化技术的研究与应用等四个项目的合作。同时，欧琳集团向浙大教育基金会捐赠200万元，用于支持合作项目的开展和在浙江大学设立奖学金。

［5］2007年，华硕集团捐资500万元人民币，设立"浙江大学华硕奖学金"。华硕奖学金主要用于奖励电子工程学院、信息学院电路与系统专业及计算机学院工业设计专业的博士研究生、硕士研究生及本科学生。每年奖励博士研究生8名，奖金额为5000元每人；硕士研究生20名，奖金额为3000元每人；本科生40名，奖金额为2000元每人。

［6］由艾默生电气（中国）投资有限公司捐赠，每年2.4万元用于奖励机械工程学系、光电信息工程学系、信息与电子工程学系、电气工程学院本科二年级学生或者硕士研究生，奖励金额为每人每年6000元。

［7］"龙旗奖学金"由手机设计公司龙旗控股与浙江大学电气工程学院签署协议设立。

［8］国防生是指根据部队建设需要，由军队依托地方普通高校从参加全国高校统一招生考试的普通中学应届高中毕业生中（含符合保送条件的保送生）招收的和从在校大学生中选拔培养的后备军官。国防生在校期间享受国防奖学金，完成规定的学业和军政训练任务并达到培养目标，取得毕业资格和相应学位后，按协议办理入伍手续并任命为军队干部。浙江大学国防生网站的网址是：http://www.gfs.zju.edu.cn/zhaosheng/shownews.php?lang=cn&id=39。

［9］臧克茂，男，1932年1月28日出生，江苏常州人。1955年毕业于浙江大学电机系，是坦克电气自动化专家、中国工程院院士、中国人民解放军装甲兵工程学院控制工程系电气工程教研室教授，长期从事坦克电气自动化工程研究，享受政府特殊津贴。撰写出版著作3部，编写教材8种，在国内外学术刊物发表论文100余篇。被评为全国优秀科技工作者、全国优秀教师，获军队杰出专业技术人才奖，中央军委批准荣立一、二、三等功各一次，被树为教书育人、科技创新的典型。

君似骄阳

——访浙江大学第五届"十佳大学生"获得者毛能

毛能就像一轮骄阳，始终给人和煦之感，锐而不尖，雅而不寡。和大多数的十佳学生不同，他怀着"给学生们的生活带来改变"的希冀，毅然担起了辅导员这一重任，用整整两年时光，践行"有所学、有所爱"的梦想。

毛能，浙江大学 2008 级本科生、2014 级研究生。曾获浙江大学优秀专职团干部，浙江大学学业优秀奖学金、三好学生等。曾为浙江大学"2+2"模式辅导员[1]。

1897 咖啡店窗棂间投下来的阳光，一杯卡布奇诺浮动着细小的泡沫，眼前男生身着橙色的大嘴猴 T 恤、戴着黑框眼镜，这是笔者见到毛能学长的场景。他端端正正地坐在那儿，略显局促。"我们随便聊聊就好。"也许看出笔者同样有些不安，他反倒笑着安慰着。

初涉金融，小试牛刀

毛能本科期间在浙江大学攻读高分子专业，现在他是浙江大学金融学专业的研究生。以工科生的身份在浙大度过了四年后，他发现自己始终不能很好地适应这个专业，所以在读研期间选择了金融专业。"当初就是考虑到这个专业的行业前景也是很广的，而且在中国现在的大环境下将来金融专业也比较容易有作为吧。"毛能解释道。

研一的他，就已经在上海华创证券公司以及杭州中信证券投行部有了工作经历。在外人眼中，金融精英们往往都西装革履，过着令人艳羡的生活。在两大证券公司都有工作经历的毛能，却对这种生活有着不一样的体验。"这一行业远远没有人们想象中的那么光鲜，换句话说，这个行业的性价比并没有那么高。"毛能苦笑着，"这个行业汇集的人才实在太多，特别是上海，海归精英们都涌入这个金融中心，行业竞争压力特别大。"

毛能回忆起之前在上海实习的经历。在刚步入金融这个专业的时候，学校就安排了实习。在上海实习的那段时间，对毛能影响至深。根据公司的规定，早上八点十五之前就必须到公司，准时开始晨会。对毛能来说，最痛苦的就是早上起床，公司离住处还很远，每天必须飞奔着赶地铁。毛能对上海的地铁印象最深，"每天早上地铁里甚至都没有站的地方，自己经常坐过站，不是因为自己的疏忽，而是人实在太多了，从车厢中挤不出来。每天下地铁都是被挤下去的，自己都不用走下去"。

彼时，刚刚走进金融行业的毛能对这个行业并不了解，在实习期间承受着巨大的压力。公司会指派给每一个实习生工作任务，毛能负责的就是研究 160 家公司的财务报表，对这些公司的财务状况进行基本分析。工作颇为繁琐，更何况那时的毛能懵懵懂懂。于是，每日在闹钟声中挣扎起床，在熙熙攘攘水泄不通的地铁中穿行，日复一日时刻不停地对着电脑敲击键盘。他为自己定下了每周研究 20 家企业财务状况的目标，他做到了，从一开始的艰难起步到后来的熟稔操作，毛能在压力重重的实习环境下得到了他职业生涯的启蒙。

辅导员之旅，性格的转折

"跟当初一起实习竞争的精英们相比，你觉得你的优势在哪里？"笔者问道。

毛能沉吟，"情商比较高，更加沉稳。这种性格其实是在浙大担任两年辅导员的过程中形成的"。在浙大的两年辅导员经历给他留下了不可磨灭的回忆，他向笔者娓娓道来那两年担任辅导员的经历。

当初的毛能，对担任辅导员一职还是相当犹豫的。身边的同学们出国、读研、就业，辅导员任期长达两年，他不清楚这是否会延误将来的职业生涯、但自己在刚入学时的辅导员却令他记忆深刻，当时的那位辅导员对他的教诲与辅助使他铭记。怀着一种"给学生们的生活带来改变"的希冀，他毅然担起了辅导员这一重任。

"以前从来不了解辅导员的工作，只是觉得他们每次都是匆匆忙忙的样子。但直到自己当上了辅导员，各种琐碎、繁杂的事情都扑上来了，实在太忙了。"毛能做了一个夸张的手势，比喻自己当时的境地。辅导员们的工作核心就是学生们，而学生们带给他的感受就是喜忧半参。他至今还记得曾有一学生痴迷于网络游戏，已经连续旷课多天，在"搜寻"未果的情况下，无奈他只好到派出所调用身份证信息，最后才从网吧里找到那个学生。"当时找到他的时候，他整个人的精神状态都不对劲了。"毛能对这样的学生痛心不已。也有学生令他哭笑不得，"就经常大半夜的给我打电话，倾诉的都是芝麻大的小事。"在毛能看来，现在大学中大多是独生子女，自理能力差，缺乏独立的精神。而作为辅导员，总是要调动最大的耐心与毅力来指导帮扶学生们。更令他伤脑筋的是各类活动的组织举办，经常会为活动的策划彻夜不休，以至于后来实习熬夜的时候，他都会回想起这段时光。

毛能对辅导员工作倾尽心力，辅导员这份工作也在无形中改变了他。

毛能身为独生子女，从前性格中或多或少有一点以自我为中心，有时候还有点大大咧咧。但辅导员工作彻底转变了他。"在这个过程中，你就能学会怎么样去关心别人，做事更加耐心、细心。"毛能后来明白当初自己的一位老师鼓励他接这个工作时的初衷，也庆幸自己做出了正确的选择。辅导员工作繁杂，经常需要同时应付多项工作，这也锻炼了一种多线操作能力，学会了该如何高效地分配时间。"我在职期间是没有意识这一点，直到后来进了金融行业，见识到了行业内的分秒必争，那时候自己已经有了如何把握时间的能力了。"毛能补充道。

两年时间很快就逝去，在蓝田学园盛大却又感伤的离园仪式上，毛能作为离园的辅导员，跟着其他的辅导员上台献歌一曲，在歌声中送走了这段短暂又难以忘怀的时光，迎来了一个全新的阶段。

君似骄阳，不似火

他打得一手好德州扑克，集邮，旅行。

毛能兴致勃勃地讲起他集邮的经历。从初中开始，他就开始迷恋上了集邮。从初中到现在，从未放弃。"每一张邮票都有它自己的魅力，每一张邮票都记载了一个故事。"在收集到印有风景的邮票后，毛能还会专门到风景区寻找邮票上的景色。"不过一般找不到，即使找到了也没有邮票上好看。"毛能惋惜地说。毛能喜欢旅行，印象最深的一次是走青藏线去往西藏的旅行。西藏的美景令他惊叹，布达拉宫的圣洁令他屏住呼吸。他登上了珠峰大本营，在喜马拉雅山上见识到了一天四季瞬息变化，见识到了炎炎夏日转眼间大雪飘飞的奇景。"一生之中，一定要去一次西藏。"毛能感慨道。

毛能享受着每得到一枚邮票时的欣喜之情，沉浸于坐在通往西藏火车上的颠簸之感。在金融行业中保持快节奏地运转，但毛能依旧保留着一种细水长流的缓慢生活方式。正是拥有这种紧凑而优雅的生活姿态，毛能始终保持着昂扬向上的生活节奏。君似骄阳，不似火。这一轮骄阳，却始终给人和煦之感。锐而不尖，雅而不寡，是对毛能最好的写照。

"本科是美好的四年，学习很重要，不能落下。"毛能一本正经地说，接着他转而一笑，"多去旅游，多出去走走，多结识一些志同道合的朋友。"言语之间，方能体会到何为有所学，有所爱。

（文／张卓）

学长有话说

珍惜大学时光，好好学习，多交朋友。

---

[1] 浙江大学"2+2"模式辅导员，是浙江大学辅导员队伍建设的一种模式。学校每年从大四本科学生当中选拔一批优秀学生党员骨干，先从事两年辅导员工作，再继续攻读研究生。选聘工作每年9至10月进行。选聘工作由学校辅导员队伍建设工作小组负责，由党委学生工作部具体组织，每年选拔15人左右。

设计生活是另一种设计

——访浙江大学第五届"十佳大学生"获得者张雨尘

她是工业设计系的一朵金花，先后获得全球工业设计顶级奖项——红点设计大奖[1]一项至尊奖、三项设计奖；她是怀揣着纯真梦想的美少女，用假期的时间照顾儿童、走访中学；她更是一个秉承爱之回馈传统的美好女孩，将最大额的奖学金寄给家里一半。她，就是第五届"十佳大学生获得者"张雨尘。

张雨尘，曾获国家奖学金、唐立新奖学金、优秀学生一等奖学金、学业优秀一等奖学金、研究与创新一等奖学金、优秀学生干部、三好学生等。两年累计获全球工业设计顶级奖项——红点设计大赛一项至尊奖、三项设计奖；获2014年"创青春"全国大学生创业大赛金奖、2014年浙江省第九届挑战杯"泰嘉"大学生创业计划竞赛特等奖、2014年第九届"蒲公英"学生创业计划竞赛一等奖、浙江大学第五届工业设计竞赛[2]一等奖等。曾任学院学生会会长助理、社团文体部部长等，两获学院优秀社会实践团队。星级志愿者，国家三级裁判。

浙江大学计算机学院工业设计系 2011 级本科生张雨尘，貌美如花，堪称女神，不过，这并不是记者遗憾没能对她进行面对面采访的原因。身为十佳大学生自然是不一般的厉害，而她叙述自己经历的口吻让记者意识到这才是这个女孩真正闪耀的原因。

做不了学霸的大学霸

张雨尘性格非常活泼，用她自己的话说就是爱生活、爱玩乐的基因使得她做不了学霸，可是作为国家奖学金、唐立新奖学金、优秀学生一等奖学金、学业优秀一等奖学金等大大小小奖学金及多项荣誉的获得者，说她不是学霸，没人会信。关于如何平衡好生活娱乐和学习之间的关系，张雨尘有个"私藏自用"金句——只要时间安排好，吃喝玩乐打电脑。她自知是个自控能力不太好的人，因此她平时的工作环境是一个人的封闭空间，她会抓紧时间，只专注于把事情做好不碰任何社交类软件，就这样截止日期过后就能"去阳台吹吹风、打打游戏、看看视频、聊聊天了。"

Best of the Best

介绍张雨尘，不可忽视的一点自然是她美丽的容颜，另一点就是她在设计上所获得的成就。张雨尘在两年内累计获得全球工业设计顶级奖项——红点设计大奖一项至尊奖，三项设计奖。而至尊奖的英文就是 Best of the Best。红点奖可能不像需要现场参赛的竞赛那样扣人心弦，但是有时长达半年的参赛过程，支撑她笑到最后的更多是斗志和动力以及不断涌现的灵感。她提到，经过一轮轮的头脑风暴，团队不断明晰现今设计的大体走向，筛选敲定设计方案，绘制草图确定设计造型结构，制作模型及渲染效果，设计并调整参赛版面等等，最终提交作品。

她说设计是比较主观的，而每个人的思维有其局限性，有时将自己认为不错的思路方案呈现给他人，可能会得到改良意见甚至否定的看法。于她，这就是除了看设计、看展之外另一个不断学习、进步的途径。因此，在红点奖中作为竞争者的其他团队也是用于交流的良师益友。

熊孩子和幼师

大一的暑期，张雨尘走访了一些初中、小学和幼儿园，和那边的老师聊天，发现自己的耐心和定力不够，心思还不够沉静，于是萌生了当暑期幼师的念头。另外她也是抱着熊孩子的产生可能更多受到成长环境的影响这样的观点，想去幼儿园一探究竟。

在那一个多月中，她除了上课教孩子们画画、唱歌，还要照顾他们的平时生活和情绪，花费了不少的心思。而她自己也是从不会备课到慢慢地熟能生巧，这亦是一个锻炼和成长的过程。在这个过程中，张雨尘感受到孩子们的天真可爱，意识到爱哭、爱笑、爱玩、爱闹都是孩子们的天性，而良好的生活习惯是可以引导的。即使是拥有"熊孩子潜质"的小朋友，其实也可以慢慢调教好。这段"很萌很有收获"的经历似乎与张雨尘的学习没多大关系，但是笔者却认为正是她拥有这样一颗纯净的心，乐意去做特别的事，造就了今天的张雨尘。当然，这段经历对她综合素质能力的提升是有益的。

牛气冲天西班牙

相对于其他，赴西班牙交流这一经历给了张雨尘更多综合能力的锻炼。由于接应的老师直接在西班牙等待他们，因此来回的行程都由张雨尘和同学们商量决定。在此过程中，她主动联系大家，学到了许多如何应对突发状况的方法，也锻炼了人际交往的能力。西班牙浓厚的艺术氛围对张雨尘的设计风格产生了不少影响，简而言之，使得她的设计粗中有细，更懂得均衡。

抵达西班牙后，他们和当地学院的学生组合成三四人小组，合作完成相关课题。通过那十几天的朝夕相处，设计思维的交流碰撞，张雨尘坦言，西班牙学生在某些设计细节上的或专业、或独特的看法让她感受深刻，并学到了很多。此外，她还提到，不管是他们还是西班牙的学生，都很努力地锻炼英语口语和表达能力，使得双方交流更加方便，共同创造了一段美好的经历。

都说设计辛苦，可张雨尘却觉得学设计一点都不辛苦，虽然迎接灵感的到来可能会有些坎坷，虽然有时候的确需要熬不少的夜，但她一直快乐地不断学习、不断成就着。关于设计，张雨尘一句"真的很爱"，胜过记者用任何语言铺垫描写；关于生活，"秉承爱之炫耀与回馈"，将最大额的奖学金寄给家里一半折射出的张雨尘立体可爱。拥有热爱和专注，张雨尘继续在浙江大学的校园里攻读硕士，带着将设计融入生活的理想创业，在设计之路上坚定不移地越走越远。

（文/李凡）

学长有话说

用一颗满怀纯真感和探索欲的心去发现、去感受、去生活。

[1] 红点设计大奖（Red Dot Design Award）源自德国，至今已有超过60年的历史，被公认为世界上最大型、最具有权威性的设计竞赛之一，素有"国际设计界的奥斯卡"之称，由产品设计奖、传播设计奖及设计概念奖三大部分组成。获得红点奖的认可，是作为一个设计师所能获得的最顶级的荣誉之一。

[2] 浙江大学工业设计竞赛是由浙江大学本科生院教研处和浙江大学工业设计竞赛实践基地组织，面向浙江大学全日制在校本科生和研究生（以本科生为主）举办的竞赛。该项竞赛将工业设计和其他学科进行整合，探讨如何从设计到产品到商品再到产业的价值链的缔造，即将设计、技术、商业和用户进行融合，创造更符合社会、符合消费者的消费品，提高人们的生活质量和对品质生活的追求。参赛要求以组队形式参加，每支参赛队人数为3人。竞赛提倡跨学科和专业组队。

青春无悔，有梦去追

——访浙江大学第五届"十佳大学生"获得者邓慧婷

　　站在阳光下的邓慧婷，目光温柔如水，隐隐透着如钢铁般的坚定、执着。"做喜欢而有益的事"是邓慧婷的座右铭。这让她少了一份功利心，多了一份热情；少了一份青年的焦虑，多了一份对生命本然的享受。朝气与热爱，是她对生活最热烈的拥抱。而她的故事，就像她本人一样，带着青春的律动，明媚而美好。

　　邓惠婷，浙江大学经济学院金融学专业。曾任班长、经济学院学生会主席，校辩论队队员，浙江大学第三十一届学委会委员。曾获浙江省第九届挑战杯大学生创业计划竞赛特等奖，浙江大学第十三届挑战杯学术论文大赛一等奖，浙江大学第六届校园主持人大赛[1]十佳主持人称号以及杭州市八校联赛辩论赛最佳辩手称号。多次荣获三好学生、优秀学生干部等。曾代表浙江大学参加清华大学苏世民学者项目2014全球青年领导力训练营，并赴加拿大参加UBC大学暑期交流项目[2]。

日光下，她穿着绿色的运动衫，目光坚定，灿烂的笑容如同六月的阳光，温暖，热情，充满了专属于这个花样年华的自信。

而这份朝气与热爱，正是邓慧婷生活的真实写照。她的故事就像她的人一样，带着青春的律动，明媚而美好。

追逐梦想，笃定前行

考取浙江大学，是来自辽宁大连的邓慧婷一直以来的梦想。"我从小就很想来浙大，觉得江南水乡有一种独特的温婉与宁静。"而这个童年的梦想终于在她一点一滴的努力下开花结果。时光荏苒，毕业的她回顾这四年，不由感慨当年的决定是多么正确。"来到浙江大学是我20年来做的最有幸福感的决定了"，她笑着说，"浙江大学是一所非常包容和多元化的学校。无论是学习上的通识教育，还是课下的各种活动，不管你有什么特长，都会给你一个展现自我的舞台。这种多元化的观念和我本身的价值观是十分契合的，所以这大学四年我过得真的是非常的开心。"

带着这种兼容并蓄的观念，邓慧婷在报浙大时选择了社科。"我是一个文理很均衡的人，在我看来，社科是用一种带着文科情怀的理性思维来看待世界，这让我很受用。"在大一一年体验了各种大类课程后，邓慧婷最终选择了金融专业。她认为金融能够把文理兼容的思想发挥到极致——在风险方面理性考量的同时，还需要有出色的人际交往和沟通能力。"有一个优秀的方案是不够的，重要的是你如何把它很好地传递给听众。"在学习过程中，金融教会了邓慧婷多角度地看待问题以及精益求精的做事态度。"专业的人做专业的事。这是金融很吸引我的地方。大到策划方案，小到邮件的签名档，总有做到更好的空间。"在第九届挑战杯大学生创业计划竞赛中，邓慧婷与其他成员在并不被看好的情况下，始终没有放弃，不断去找评委老师和投资者询问意见，一遍又一遍地优化方案，觉得稍有一点瑕疵就推翻重做。这种精益求精的态度使邓慧婷的团队最终站到了特等奖的领奖台上。

谈到对未来的设想，邓慧婷坦言自己也没有想好，"如果你在两年前问我，我也许会跟你说得滔滔不绝，但是现在，我只想说，我真的不知道。

我唯一可以确定的是，无论做什么我都会尽全力把它做到最好。"在她看来，这是一个不断变化的社会，我们唯一可以保证的是有一个积极、开放的心态，去尝试各种感兴趣的新鲜事物，去不断接受这个世界带给我们的新的挑战和冲击，把自己做到最好，而不是过于着急地确定一个特定的方向，并把自己的思维禁锢到这个圈子里。"年轻就是资本，在有所经历、有所思考后，我相信我能找到最适合我的位置。"她的目光温柔如水，却透着如钢铁般的坚定、执着。

平常心，做喜欢而有益的事

经济学院学生会主席，创业大赛特等奖，学术论文大赛一等奖，十佳主持人，最佳辩手，三好学生，优秀干部，各种奖学金……数不清的奖项和头衔如光环般笼罩着邓慧婷。但在她看来，这些并没有什么特别之处。"我从来不会抱着一颗拿奖的心去参加比赛，而是仅仅因为兴趣，想要有所体验。就像我去交流只是想去看看国外的风景，去参加清华夏令营只是想和一群志同道合的朋友去交流一样。只有经历后，你才会发现它带给你的好处并不是一张奖状那么简单。""做喜欢而有益的事"是邓慧婷的座右铭。少了一份功利心，多了一份热情；少了一份比赛的焦虑，多了一份对过程的享受。因为喜欢思想的碰撞，她积极投身于辩论队，虽然在比赛前每天都要讨论到很晚，她却乐在其中。"最佳辩手"对她来说，只是一个可有可无的头衔，在这个过程中，不知不觉中培养出的批判性思维和快速解决问题的能力，学到的知识和收获的友谊已经成为她一生中最宝贵的财富。

因为做的是喜欢而有益的事，不管有多辛苦，她都会很开心而不会感到疲倦。邓慧婷说："有学妹问我，'学姐你好万能啊，怎么能在那么短的时间做那么多的事情？'我笑着回答她，'我睡得比较少。'因为你做的是自己真正喜欢的事，所以愿意为它付出，即使你1点睡，6点起，你依然会精神饱满，还会很有成就感。"大二是邓慧婷最忙的一年，30多个学分的课业压力，辩论队、学生会和主持人比赛等数不清的活动，尽管如此，她仍然没有放弃追逐自己的兴趣、爱好，业余时间还参加了舞蹈班、钢琴班和西点班，"虽然忙，但是每一分钟都是有意义的。"她开心地说。

平常心，是邓慧婷面对压力时的不二选择。"我们现在的心态都太浮躁了，总是很喜欢给别人贴标签，似乎别人成功就是很正常的，而没有想想自己的问题。"其实每个人都是独一无二的，要找到自己身上的闪光点，而不要妄自菲薄，盲目地去复制成功的模板。2014 年，经过层层选拔，邓慧婷作为浙大的唯一代表参加了清华大学苏世民领导力训练营。在那里，她接触到了来自世界各地的 38 位杰出青年，他们的才识和高情商使她第一次感受到了极大的冲击。通过不断和他们交流，一番努力后，她终于在团队中找到了自己的位置。在案例大赛中，她发挥自己案例分析的特长，与小组成员共同获得全面最优表现奖。

爱自己，快乐地生活

在平时的生活中，邓慧婷有广泛的兴趣、爱好。"我有一辆非常酷炫的自行车，有时会到西湖骑行。"她笑着说，带着小小的骄傲。大学不仅仅是学习，更重要的是生活。健身，骑行，跳舞，烘焙……她把自己的生活谱成一曲充满了灵动音符的五彩乐章。"我喜欢做一些没有实际用处但能提高生活质量的事"，在紧张而激烈的竞争中，她选择了拼搏的同时，更选择了爱自己，追随本心，快乐地生活。

然而，在别人看来总是十分从容、自信的邓慧婷也有迷茫的时候，"有一段时间我觉得自己什么都做不来，很焦虑；但也有时候觉得自己好像很厉害的样子，自尊心会上上下下不停地波动。"时而阳光灿烂，时而阴云蔽空，这大概是每个人都有过的心路历程。而邓慧婷的建议是，"慢慢地，我们都会成熟起来，最佳的心理状态让是自己渐渐平静下来，不会妄自菲薄，也不会过于自负"。经历了大学四年的风风雨雨，邓慧婷走出了刚入校园时的那一点浮躁气，让自己可以真正地静下心来，去坦然应对突如其来的难题，去平静面对各种各样的嘉奖，不以物喜，不以己悲。一路走来，她感谢一直以来陪伴在她身边关心她是不是快乐的父母，鼓励她、支持她的老师，还有那群即使是半夜一个电话就能叫出来谈心的知心朋友。是他们充满善意的帮助，让邓慧婷找到了今天这个最好的自己。

但总有些事情人定不能胜天，比如生死。邓慧婷的父亲突发心脏病去世，这让邓慧婷悲痛，也让她成长。带着对父亲的追思，她重新思考了人生的意义。"有时候我会想，人生真的很短暂，明天也许就是最后一天，在这么短的时间里你没有必要去讨好不需要在乎的人，你也没有必要去追随别人的步伐。你唯一可以做的就是选择一些你最喜欢的事情并把它做到最好，这是真正的有益的事情，只有这样，你才会觉得即使今天是你的最后一天，你对得起每一个你爱的人和最应该爱的自己。"

大学四年，邓慧婷用自己的方式最好地阐释了"青春无悔，有梦去追"这八个闪闪发亮的大字。带着对浙大的眷恋与不舍，带着对未来的欣喜与期待，邓慧婷踏上赴美国的求学之路，我相信，正如邓慧婷在采访中说的，在经历了人生的无限可能之后，她定会寻找到属于自己的那束最美的玫瑰花。

（文／李嘉琪）

学长有话说

让生活的每一分钟都变得有意义。

[1] 浙江大学校园主持人大赛是浙江大学举办的，旨在丰富校园文化生活，营造良好文化氛围，展现学子青春风采，选拔优秀青年主持人的评选活动。每一届大赛产生的优秀选手，此后都活跃在校内外各大晚会舞台及活动现场，或以机敏的谈锋，或以从容的谈吐，或以儒雅的气度成为全场的焦点，也成为浙江大学校园主持人大赛最闪亮的招牌。

[2] UBC大学暑期交流项目，为浙江大学与加拿大英属哥伦比亚大学（University of British Columbia，简称UBC）共同开展的面向本科生的暑期交流项目。浙江大学每年选派30余名本科生赴UBC参加本科生暑期课程项目。

明媚若斯

全球重大挑战峰会[1]唯一金奖、全国大学生节能减排大赛特等奖、创业项目A轮融资1500万，在创新创业的征途中，金京比一般的同学走得更远更精彩。这个长相甜美、性格开朗的女孩，用一句"做一个明媚的女子，不倾国，不倾城，以优雅姿势去摸爬滚打"开场，缓缓道出属于自己的"浙"里的故事。

金京，浙江大学控制学院本科生，中共党员。曾任校团委学生文体中心主任、控制学院团学联主席，多次获校优秀团干、优秀团员、优秀学生干部等荣誉称号。曾获唐立新优秀学生标兵奖学金、研究与创新一等奖学金、社会工作奖学金、南都创新奖学金和仁爱奖学金[2]。参与完成的"空气洗手"项目[3]获2015年第二届全球重大挑战峰会唯一金奖、2015年全国大学生节能减排大赛特等奖，被《人民日报》、新华网等各大媒体报道。现为屹华教育集团联合创始人兼COO（已获1500万A轮），项目入选2015年大学生创新创业年会。曾为2014年李克强总理访浙座谈会创业学生代表，2014年暑期浙大赴美硅谷创业实践行学生代表，获2015年阳澄湖杯全国创业大赛、2014年IDG全国大学生创业大赛[4]以及"黑马"全国创业大赛亚军。

"'做一个明媚的女子，不倾国，不倾城，以优雅姿势去摸爬滚打'，我觉得这条横幅写得特别好。"

"我觉得就是要不骄不躁，努力去生活，不辜负自己。"

听着她娓娓道来，我眼中的这位明媚女子的轮廓也一点一点清晰起来。

明媚佳人，在浙之滨

在网络上搜索"浙江大学、金京"，首先映入眼帘的是"创业能手"、"优秀学生干部"等关键词。最近，她又多了"十佳大学生"这样一个荣誉称号。当被问到如何看待这些光环时，金京笑着说，自己能来浙江大学真的很幸运。正因保持着这样的心态，从刚踏进浙江大学时她就没有带着"光环"，并对现有的硕果充满感激。"其实人人只要够努力都可以做到；越努力，越幸运嘛！"她说。

正如金京所言"自己是最了解自己的"，当获得十佳大学生荣誉的时候，她清楚地认识到自己还有很多不足。对此，她沉思片刻，认真地说道："我觉得我没有一个方面是做得完美的。"随后，她又自嘲地补充，"我可能有一点太贪心。"

身为浙大人，必然要面对竺可桢校长提出的两个问题："第一，到浙大来做什么？第二，将来毕业后做什么样的人？"对这两个问题，金京的回答是："我觉得来浙大就是为了体验各种可能性，挑战自己的极限。我在'浙'里可以做各种各样的事情，可以找到自己想要的方向。"作为工科生，她体验过科研创新的氛围；学生工作方面，她活跃在各类社团组织；作为曾经的校团委学生文体中心主任，大大小小的文体活动也都少不了她的身影。"我不会给自己设限，只要到我手中的事，我都会去努力做，把这件事做好。"

"至于做一个什么样的人……"，金京向我们展示了保存在手机里的那条横幅——做一个明媚的女子。

切磋琢磨，乐在其中

玉泉 1897 咖啡厅从来不缺少思辨与争辩的交错，金京所在的 Hero 团队研发"空气洗手"项目时，这样的场景每日可见。

问起这个项目遇到的困难，金京说，首先难在知识的融合。这个研究项目需要结合物理、化学、生理学等多方面的知识，团队成员几乎牺牲了所有的课余时间，每周都聚在一起探讨细节。其次难在怎么将理论转化成现实，雾化效果的优化、重力驱动、模式切换都是在一个个零件的组装过程中打磨出来并最终变为现实。组装成功后，还要考虑到宣传因素，如何在一个举世瞩目的舞台上展示自己的项目？这是团队成员必须直面的问题。去哈尔滨参加全国节能减排大赛时，一到那儿队员们都没来得及休息就把装置组装起来了，准备布展，连饭都没顾上吃。金京为了准备第二天上午的答辩，晚上和团队成员一直熬到凌晨三四点钟。虽然辛苦，但是大家志趣相投、相处融洽，每位成员都乐在其中。

鹰隼试翼，风尘翕张

谈到为什么要选择高中生海外留学行业作为项目进行创业，金京说，这源于她和几个同学共同的梦想。

她的创业之路始于大一下半学期。当时，她和班上两位同学交流时发现大家都有过高中时期申请国外大学的经历，并且都认为这是一片蓝海，于是就产生了创办高中生留学服务公司的想法。经过不断的尝试、摸索，通过对高中生留学行业的深入调查，金京所在的创业团队慢慢建立了自己的服务体系和运作模式，所创办的"屹华教育"公司也逐渐走上正轨。

"我们利用信息的不对称性和现在高中生强烈的课外活动需求，为高中生提供高质量的一对一私人订制服务，而且我们的服务效率高，可以极大地提升学员申请国外大学的竞争力。"谈到自己的事业，金京言语之中无不是自信与骄傲。

当下，以留学服务为主要业务的机构和组织遍地开花，而针对高中生留学的公司也不在少数，但是金京的公司运作的活动并不是简单地出国游历，而是一些国外高校官方举办的面向全球高中生的假期活动，比如康奈尔大学国际辩论赛、亚洲领袖训练营等等。以往，虽然这些活动是面向全球招生的，但由于许多中国学生并不知道这些活动的存在，因而也就失去了去参加的机会，而金京所在的团队则致力于搭建中国高中生和全球知名高校之间的桥梁。

时至今日，屹华教育已有 500 多个成功案例。为了招揽更多的学员，他们定期邀请各高中的学生和家长参加留学沙龙，通过认真做好每一单来建立良好的口碑，进而吸引更多人的关注；同时，他们也不断地扩充自己的信息库，努力发觉全球范围内更多有价值的活动。对于每一位学员，团队都会根据他们各自的性格、兴趣和目标学校为他们制订专属的活动计划，即使某项申请没有成功，也还会有相应的 "Plan B"。参加活动后，每位学员都能收获自己所需要的经历或是感悟。金京认为公司服务的目的在于帮助学员提升自我，无论申请成功与否，这些活动的经历都会是他们人生中值得珍藏的记忆。

作为留学行业的专业人士，她对美国高校的招生方式和取向有着自己的看法。首先，英语成绩好是门槛。英语成绩合格之后，大学会再看课外活动经历，考虑报名者是不是一个全面发展的人。不同美国高校录取的侧重点不同，比如说康奈尔大学侧重领导力，斯坦福可能喜欢有创造性的人，哈佛则更青睐有独立判断能力的人。

金京对于创业始终保持着冷静的头脑。即使屹华教育现在已经获得了许多投资人的肯定，她仍认为自己有许多力不从心之处。在经营公司的过程中，由于并非管理或金融专业出身，金京越来越感觉到专业管理知识的欠缺。因此，她想要先放下公司事务，到美国就读 "工程管理" 和 "创新创业学" 的研究生。

既择前路，终生不负

堪称 "多面手" 的金京到底有多忙？她的一句话将记者的情绪从疑问变成了讶异："最 '惨' 的时候，我一星期只睡了五个小时，感觉整个人都不好了。"当然，这并非常态；但是显然，熬夜对于她来说并不是陌生的事。究竟为什么这么忙呢？金京也曾思考过这个问题。

"路是我自己选的，如果我不尽所有的努力去尝试，我就会遗憾。你可以瞒得住父母、老师，说我已经尽力了，结果不好我也没有办法。但是自己是骗不了自己的。""当回过头去，看你过去的某一天，过去的某一个星期，或是过去的某一年，只有自己才最明白自己是否尽力了，是否已经做到了能做的所有。自己满意才是真正的满意，因为你是骗不了自己的，你有多荒废时光，自己心里总是最清楚的。"

"在生活中，对自己还满意吗？""不满意，"金京斩钉截铁地回答，"我可能做有些事的时候缺少毅力吧。比如说我一直想要减肥。"看着记者惊讶的眼神，她连忙补充道，"其实讲真的，我真的很想减肥却一直没有成功过，这件事代表我在意志力方面确实有所欠缺。"

"'京'诚所至，金石为开"——参加"十佳大学生"评比时，金京用这样的一句话展示自己。秉诚恳之意，方能行于漫漫前路，矢志不移；怀明丽之心，无论何时，心中都自有一片无边绿意。春意盎然，万花似锦；精诚之至，明媚若斯。

（文／郑皓日、柳裕文）

学长有话说

做一个明媚且敢于尝试的年轻人。

---

[1] 由中国工程院、美国国家工程院、英国皇家工程院联合主办的第二届全球重大挑战峰会于2015年9月15至17日在北京召开。峰会聚集了全球近800名科学、工程和产业界领袖及学生代表，就如何通过工程科技解决当今世界最为紧迫的重大挑战开展交流。浙江大学Hero学生团队以"空气洗手装置"作品参加本届挑战峰会学生日的比赛，在15支世界顶尖名校参赛队中脱颖而出获得大赛唯一金奖，并代表所有参赛团队在大会上进行展示和报告。学生日竞赛单元是全球重大挑战峰会的重要组成部分，旨在鼓励青年学生成为应对全球重大挑战的下一代工程领袖。来自MIT、剑桥、杜克、帝国理工、香港大学、香港科技大学、北京大学、清华大学、浙江大学、上海交通大学等全球著名高校的15支参赛队参与学生日竞赛，每个队需提出并完善一个基于应对重大挑战的想法和创意计划。

[2] 仁爱奖学金由浙江省仁爱慈善基金会设立，隶属于浙江省民政厅，致力于筹募善款、救灾扶贫、联络有共同理念的人士来开展社会慈善工作。为推动浙江大学的

教育事业，更好地帮助在校学生顺利完成学业，鼓励和引导学生帮助他人、奉献社会、传递仁爱，浙江省仁爱慈善基金会向浙江大学教育基金会捐赠设立"浙江大学控制系仁爱奖学金"。

[3] "空气洗手"项目，由浙江大学Hero学生团队打造。团队由2012级能源学院本科生李启章、陈璞阳，2012级电气学院本科生程伟，2012级机械学院本科生史煜昆，2012级控制系本科生金京和2015级经济学院研究生朱智勇组成。其作品Air Faucet System（空气洗手装置）通过二次雾化原理，依靠自身重力驱动，能在保证洗净程度的同时，节约91%的用水。更难能可贵的是，该产品做到了无额外能量消耗，真正做到了节水、节能的目的。

[4] IDG全国大学生创业大赛，由IDG资本主办，最主要目的是选拔最有潜力成为中国未来创业之星的90后大学生个人及团队，不仅为IDG挖掘好的投资项目，也为中国未来经济转型储备更多优秀的创业型人才。成功晋级前三甲的个人或团队，将分别获得15万、8万和5万的创业奖金。

从心选择，光彩人生

——访浙江大学第六届"十佳大学生"获得者赵鼎

连续两年获得博士研究生国家奖学金，发表 SCI 收录期刊论文十余篇，获光电子学国际会议 AOM2013 最佳 poster 奖，面对这些成绩，赵鼎显得十分冷静。"没有过人的天赋，只是在对的时候做了我认为对的事情。"这个内敛的大男孩，默默践行着求是求真的精神，稳扎稳打，积跬步以至千里。

赵鼎，浙江大学光电信息科学与工程学系本科毕业，保送本系直接攻读博士学位，师从国家"千人计划"[1]入选者仇旻教授，主要从事纳米光子学研究。现已发表 SCI 期刊论文 10 余篇，长期为光学领域 TOP 期刊 *Optics Communications* 审稿。曾连续两年荣获博士研究生国家奖学金、第六届浙江省大学生职业生涯规划大赛一等奖。曾任系挂职团委副书记、系学生党总支委员、系学生会主席、兼职辅导员、研究生党支部书记等。他坚持以科研为中心，走全面发展之路，曾获浙江大学优秀共产党员、第六届浙江大学十佳大学生等荣誉。

在玉泉校区一家咖啡店内等候了片刻之后，笔者见到了赵鼎。一件红色的夹克大衣，架着一副儒雅的黑框眼镜：单凭外表实在难想象他竟是一名已在校内认真科研多年、即将毕业的博士。不久前获得了"十佳大学生"的他，最近还在为毕业论文的撰写而忙碌着。

无惧未知，勇敢突破

作为头顶无数光环的"十佳大学生"的一员，笔者很自然地认为他在本科的四年期间一定有着非常优秀的成绩。但是赵鼎自嘲本科成绩远谈不上优秀——仅仅属于中等。那时的他把大多数精力用于学生工作，先后在团学联、团委、党支部中担任主要职位，也多次收获了优秀团干部、优秀学生干部等荣誉。"那时候一方面是自己比较喜欢和人打交道，一方面是在帮助别人的时候自己也有一种成就感，所以学生工作做得比较多。"最初赵鼎并没有想把专业研究推进到今天这样的深度，那时他的想法和大多数普通大学生一样：选择一个相对热门的专业，本科毕业后尽快踏入工作岗位。但在一位学长的影响下，大一分专业时，赵鼎最终抱着尝试的心态选择了光电专业，并在之后的学习过程中对光电领域产生了愈加浓厚的兴趣，那种发现问题并深入探索的成就感给予了赵鼎一路前行的巨大动力。

本科毕业之际，赵鼎再次面临着人生走向的一次抉择。"直博"这条路无疑对进一步的科研工作大有裨益，但赵鼎最初并没有想过由本科直接进入硕博连读阶段，同时也对自己是否有能力完成五年的长时间研究产生怀疑。由于他长期担任学生干部，选择"2+2"保研并留任辅导员看上去是个更加合理也更加稳妥的选择。在他陷入犹豫不决的时候，"我们系经常指导我学生工作的党委副书记跟我聊了很多，她相信我完全有能力把博士阶段的学习完成好，也鼓励我不要害怕，勇敢地去突破。在她的影响下，经过了一段时间的思考，我最后还是选择了直博"。回想起曾经为自己指明方向的老师，赵鼎充满了感恩。

从心选择，求实求真

在参与"十佳大学生"评选时，赵鼎给出的座右铭是："从心选择，科学发展。"在赵鼎看来，从心有着两重内涵。一是遵从自己内心真实的想法；二是勇敢而理智地重新选择，做出改变。就他自己而言，在本科阶段从事多年学生工作后突然将重心转移到专业的科研学术上并不是一件容易的事。赵鼎解释道，之前学习的多是书本上前人已经研究得很透彻的知识和结论，而读博做研究则需要你发现新的现象、提出新的见解，甚至实现新的应用。努力适应这巨大的差异是赵鼎从心的选择。

连续两年获得博士研究生国家奖学金，已发表 SCI 收录期刊论文十余篇，获光电子学国际会议 AOM2013 最佳 poster 奖，这些优秀的成绩无不是赵鼎勤奋努力的结果。即便如此，赵鼎依然十分谦虚，他认为自己并没有过人的天赋，只是在对的时候做了自己认为对的事情，并且作为一名工科生始终践行着求实求真的精神。

赵鼎在学术领域能够取得这样的成绩，很大程度上还得益于博士阶段的导师对他的影响。赵鼎是导师在浙大带的第一届学生，由于刚刚从海外归国，导师或多或少保持了在国外生活上的一些习惯，在赵鼎眼中，他们师生之间可谓亦师亦友。团队成员无论是进行实验研究，或是在日常生活中都维持着一种轻松、愉悦的氛围，这使得原本有些劳累的科研工作变得不那么枯燥无味，也缓解了赵鼎读博初期的巨大压力，帮助他逐渐将工作推向正轨。对他来说博士期间能拥有这样一位导师是无比幸运的。

虽然在攻读博士的五年间为了学业不得不逐渐远离曾经非常热爱的学生工作，但赵鼎仍然认为，曾经长期全面的学生工作历练对他现在的工作起到了很大的帮助。在赵鼎发表的十余篇论文中，大部分是科研团队成员合作的成果。一方面赵鼎能够找到恰当的方式与他人顺利合作，另一方面在党团组织中担任学生干部的他有充足的经验和能力去领导一个团队。当然，在团队开展科研工作的过程中，赵鼎难免会遇到一些与自己意见相左的人，每当这时，他总是相信事实胜于雄辩，他更希望能用实际结果来解除矛盾分歧："我不是一个很愿意说服别人的人，我会换位思考，然后我觉得即便是有冲突，还是应该先把这件事做下去，可能做了之后才会明白谁对谁错。"

由于在期刊上发表了多篇优秀的论文，赵鼎在继续自己科研计划的同时还曾多次受邀担任包括光学领域顶级期刊 *Optics Communications* 在内的许多相关专业期刊的审稿人。谈到最初如何获得参与期刊论文审稿的工作，赵鼎直言有一定偶然的成分："论文发表之前，刊物的编辑通常都会邀请一些同行参与稿件的评审。其实我一开始只是在这些期刊上发表过文章，偶尔有那么一次编辑将别人的投稿交给我审阅，我正好认真按时地完成了。这时候可能编辑会认为我是一个比较值得信赖的评审者，看到我把第一次、第二次都能做好，就会经常给我机会。"对于这份与撰写论文截然不同的工作，赵鼎也乐在其中，他觉得这种同行评价机制是一个互惠互利的过程，参与这种工作一方面可以在论文发表前就快速地得到第一手新鲜资讯，另一方面也可以在审阅他人稿件的同时审视自己。在审稿时发现的诸如分析不到位或者语句不通顺等问题，赵鼎都会不断提醒自己在写论文时注意避免。

量力而行，取舍有度

与大多数人一样，赵鼎的科研生涯也并非一帆风顺。在入学时，赵鼎的导师就和他讨论过一项课题——搭建一套全新的微纳米加工系统。前沿的内容和方向使得可以找到的参考资料少之又少；再加上需要不断地拆装一个庞大的仪器，一不留神就会出现意想不到的状况。因此赵鼎常常遭遇各种各样的"坎坷"，在攻读博士的五年间，他一直在遇到问题和解决问题的无限循环中摸索前进。直到现在，赵鼎也未能彻底完成这项课题，这也成了他毕业前的一大遗憾。"我所做的许多其他的研究，从某种意义上说是为了'生存'，但这个项目，纯粹源于兴趣，甚至还孕育着一个梦想，所以如果有机会我肯定会继续。"赵鼎认为在研究上投入的每一分钟都是有价值的，他得到了锻炼和宝贵的经验，这项课题所遇到的失败和挫折也为他完成其他科研项目带来了很大帮助。

作为一名有着丰富阅历的学长，赵鼎对现在的大学生活有着自己的见解。虽然如今已从一个普通学生成长为一名在学术领域小有成就的青年学者，但赵鼎相信自己只是量力而行地做出了"鱼和熊掌"之间的取舍，看得出他依然保持着一颗平常心。对于在"十佳大学生"答辩过程中结识的一些优秀的后生晚辈，他们在学业、科研、创业等多方面都做得出彩，赵鼎表示了由衷地钦佩，但他深知这些傲人成绩背后的艰辛。赵鼎还是希望大家能够结合自身的实际情况，把时间和精力用在自己真正想做的事情上。两次选择，让赵鼎走出了一条与众不同的道路。当曾经朝夕相处的同学大多已获得稳定的收入，过上安逸的生活时，自己还在校园从事着不能被大多数人所理解的科研工作，一切好像只是在自娱自乐。对这一切，赵鼎也有过短暂的动摇和迷茫，他也曾惋惜当初毅然决然选择了直博道路，但他的心，最终还是释然于科研的辛劳中："我想每个人有自己追求的东西，或许你追求的有点理想化，或许你追求的在别人眼中不那么重要，甚至有些可笑，但只要你能从你所做的事情中体会到收获和成就，你就没有什么好后悔的。"正是秉持着这样的信念，赵鼎一直坚守着自己的理想——探索先进的微纳米制造技术和应用。

谈到对于未来事业的规划，他笑称自己在本科毕业后选择读博做科研算是逃避了就业，而如今在博士毕业之后，赵鼎仍希望能够将自己的科研继续向前推进，去国外进一步提升能力，同时也期待着尽快完成博士期间留下的遗憾，为自己上一阶段的工作画上一个圆满的句号。

"做的时候其实也没想太多，每件事都认认真真、踏踏实实地做下去就好了。"赵鼎用这样一句话来总结他在学生时期取得成功的秘诀。这位沉稳、内敛，并且深深热爱着自己事业的工科男生说话总是简单而明了，但他用真实的经历告诉我们如何做出选择，如何为自己的选择负责，如何在不为人知的地方放出光与热。他是个把理想带入现实中的勇者，并且在生活的机器中不断锻造着它，直到人生光彩夺目，直到自己无愧于心。

（文 / 魏翔宇、黄卓超）

学长有话说

每件事都认认真真、踏踏实实地做下去，给自己多一些时间，给时间多一些耐心。

［1］海外高层次人才引进计划简称"千人计划"，主要是围绕国家发展战略目标，从
2008年开始，在国家重点创新项目、学科、实验室以及中央企业和国有商业金融
机构、以高新技术产业开发区为主的各类园区等，引进2000名左右人才并有重点
地支持一批能够突破关键技术、发展高新产业、带动新兴学科的战略科学家和领
军人才来华创新创业。

展公正法治之翼，翱翔于广阔天地

—— 访浙江大学第六届"十佳大学生"获得者徐建

古语有云，以大度兼容，则万物兼济。第六届"十佳大学生"徐建，在"浙"里求学期间，发起"法律援助志愿服务"行动 50 余次，担任包括浙江大学博士生会主席、浙江省学生联合会第八届委员会委员在内的职务 20 余个。他的志向，是到中国的中西部地区奉献青春和知识；他的愿望，是在法治建设的浪潮中发挥一己之力。

徐建，浙江大学光华法学院 2013 级博士生，专业方向为宪法学与行政法学。曾发表论文 1 篇，负责参与重要课题研究 3 项，担任《公法研究》（CSSCI）执行主编。热衷投身公益志愿活动，发起"法律援助志愿服务"行动帮助在校师生和社会弱势群体 50 余次。先后在浙江省高院、省政府和国家质检总局实习。热爱健身，完成马拉松（全程）7 次。曾任浙江大学博士生会主席、浙江省学生联合会第八届委员会委员、浙江大学研究生会主席助理、光华法学院团委副书记（挂职）、光华法学院学生会主席等 20 余个职务。曾获浙江大学优秀党支部书记、优秀共产党员、优秀研究生、三好学生、优秀团干部、优秀研究生干部、优秀学生干部、社会实践先进个人、唐立新奖学金、学业优秀奖学金、社会工作奖学金等荣誉。

那天之江校区弥漫着细雨，雾气氤氲，红色的砖瓦房隐藏在乳白的水雾当中。从曾宪梓楼顺着台阶拾级而上，在之江咖啡厅里，徐建和笔者初遇，他当时正在翻看咖啡吧里的书籍。徐建在法学院团委挂职期间，为之江咖啡吧"悦空间"的布置付出不少的心思，在他和同事的努力下，小小的咖啡吧充满着书香。三人对坐，一壶清茶，你很难把眼前这个略显清瘦的儒雅男子和传说中的浙江大学博士生会主席、《公法研究》（CSSCI）执行主编、法学院的大"学霸"联系起来。

洞悉环境的"清醒者"

在倒茶的过程中，徐建告诉我们，法学是他从高中开始就坚定的志向，可以说这是他多年法学学习生活的原动力。不过，他初入法学大门时，也感受到现实与理想的差距。法学生的生活并非如同电视剧中那样，普通人以为法学精英要么是激扬陈词的律政达人，要么是纵横政商的社会大腕。然而事实上，中国的法治近几年才开始加速发展，司法环境仍不够完善，法律体系也亟待进一步完善。法律讲究事理的清楚明白，讲究权利与义务，当下中国庭审主要在法官的主导下进行，并没有给双方很大的发挥空间，法庭上更多展现的是略显"死板"的法律程序。中国的民众很多时候看重人际关系和面子，法律素养极其薄弱，法官和律师队伍的水平亦良莠不齐，教学与实践存在脱节……许多现状无疑使人失望，但这失望却也促使人重新思考，法治中国的建设空间还很广阔、路途还很遥远。

现实虽不圆满，但徐建对未来还是充满了信心。现在法学课堂上的案例教学环节越来越多，法学与实际生活越走越近。同时，党的十八届四中全会提出了全面推进依法治国，法治环境也在逐步改善，相对于30年前，进步显著，"如果这样想，那确实对未来发展很有信心，整个环境都在发生深刻的变化"。

月轮山上的"修行者"

怀着憧憬与迷茫在紫金港学习两年后，徐建来到月轮山上的光华法学院。他这样描述之江的地理位置："面朝钱塘江，背靠月轮山。横亘面前一条之江路，东西要走六千米才能看到生活区和大商店，生活条件是'物质极大匮乏'。"他把之江的生活称为"修行模式"。不过经过几年的学习，现在的徐建觉得之江的生活虽有着这样那样的不便，但也少了身处闹市的红尘扰扰，这种清净的生活让人容易静下心，去深入思考一些问题。"待久了就越来越喜欢之江，没有那么多诱惑。紫金港太嘈杂，有学弟、学妹笑着跟我说在之江待了半年不下山，回去紫金港看到人多都害怕。"

远离闹市的之江给法学生的日常生活蒙上了一层神秘感。在许多人眼中，法学生的学习无非就是反复记忆法条以及准备司考。"背是难免的。但是学法律专业不应该只是背法条，这样人就变成了工具。我找台机器把所有法条输进去，我要任何法律一秒钟不到就能显示出来。"法学远不是机械地背诵与套用，学法要理解法律背后的知识，即法律为什么要如此规定，法律这样规定背后的利益衡量是什么，更重要的是研习法律的思维：概念思维、类型化思维、三段论逻辑思维。徐建强调要把事物变得明确和清晰，这才是法律人需要学习的。法条永远是用来理解的，案例也是需要分析的，死记硬背也许能通过司考，但绝不会孕育出好的"法律人"。

多坚持一分的"野人"

徐建的履历上不仅有傲人的成绩，更是写满了各式的职务，校团委、学生会、社团……他笑称自己什么都做过，但什么都不精通。和大多数本科生一样，徐建在大一时也面临过学习与工作的矛盾。笔者好奇他在学生工作和自身成绩如何保持平衡时，他只淡淡地说了"舍得"二字。"关键在于自己要有一个目标和方向"，他建议要早一点确定自己想做什么，认准大方向后再制订近期小目标，"一步步往你认定的那个方向靠近就行了。"大多数人难以平衡这对矛盾就在于不知道自己想干什么，于是什么都做却又不能保证做到最好。他认为，"大神"和专家之所以优秀，就在于这些人用心投入去做一件事情。"我可以保研，还可以读博士生，不晓得的人会以为这很厉害，但我要去跟那些发 SCI 等专注研究的同学比，还是要远逊色于他们。"徐建曾渴望综合素质全面发展，在大二时最多身兼七个不同的职务。不过他也承认人的精力有限，这对学习成绩的压力非常大，繁重的工作压力压得他几近崩溃，却也让他开始重新审视自己。合理分配时间从此成为徐建心中的第一要务。"我记得一件很有趣的事，以前我本科寝室四个人。课余时间他们在那打游戏，我就在那做工作，熬夜写策划看材料。有时候他们还没起床我早上就走了。"在徐建的眼中，平衡并没有什么秘密，就是要能付出和吃苦。

投入大量时间后，徐建的学生工作做得平稳、有序，课业也长期稳定在优秀的水平。然而徐建的学习生活也并非一直顺风顺水，自然也有遇到瓶颈的时候。在写本科毕业论文的时候，徐建认为："我们搞研究要有新观点，要有新创造。"他用一个比喻说明创新的重要性：写论文不能只是嚼别人嚼过的馒头。徐建追求要"在前人研究的枝桠上再长出新芽"，回忆当时的场景，"我记得有一个礼拜的时间，大概八九天，我当时闷在房间里面没有跨出门一步。床上书堆得到处都是，电脑也一直开着，吃饭都叫外卖，24 小时不关灯。这种生活真的很痛苦，但是到最后我终于理清楚了，并把自己的核心观点提炼出来"。他兴奋的表情溢于言表，"重新出门的时候我就像个野人，但是真的很高兴！"这种经历无疑是痛苦的，徐建也曾有过放弃的念头。"但是心里总有一个微小的声音，叫你再坚持一会，再坚持一会。"最终他凭借这篇论文获得本科专业里毕业论文的最高分。

边走边思考的"老党员"

徐建曾分别在浙江省高级人民法院、浙江省人民政府法制办和国家质量监督检验检疫总局等单位实习。他说到在省高院行政二庭近半年的实习，自己得到了专业技能方面的锻炼，也体验到了司法实务的纷繁复杂。"那里很多的法官业务水平很高，但他们要承担办理的案件也多，待遇与之十分不匹配。"他有些无奈地说。在省高院遇到的专业问题，他也会带回来与师哥师姐、导师一起讨论，而在国家质检总局局长办负责文书起草、沟通协调等组织工作，得到的更多是关于说话、做人、做事的感悟。徐建称之为"情商的训练"，这是必不可少的一步，在任何一个组织都需要快速熟悉并融入其中的工作模式，沟通交流的技能就显得尤为重要。

　　除了实习工作，徐建还为在校师生和社会弱势群体提供法律援助，并成立了组织。筚路蓝缕，初期他曾因为没有事先调查一个案例导致整个援助无法继续，至今仍记忆犹新。徐建将其归结为自己和同伴的"天真"，同时也坚定了他规范化组织的信念，明确责任，避免再出现类似的困境。现今徐建的法律援助小队已经走上正轨，成功帮助浙大的老师和学生解决了多起法律纠纷。

　　谈及自己的职业规划，徐建早有打算。作为一名"法律人"，并不志在当一名律师或法官，他更愿意投身公共管理事业，特别希望到中西部地区工作。说这话时，徐建这名"老党员"脸上满是自豪。这个想法是他经过深思熟虑的结果：在现在要求建设法治政府的大背景下，他坚信凭借自己的专业功底和学生工作的经验，一定能在中西部地区施展一番作为。"我们国家现在法律人才的缺口还是很大，所以你读法学一定要做精英，这样才能为社会做贡献。"徐建很感激自己的老师和家人，他们都很理解他的想法并且不遗余力地支持他，支持着他走到今天这一步。这也是他的幸运，为了不辜负这一份幸运，他也更为努力。

　　在细雨中与徐建道别，看着他走过一个拐角，消失在我们的视野里，觉得他就像这之江校区，藏于深山，却自有一番不卑不亢的君子气度。

（文／刘文博、胡舒旸）

学长有话说

　　希望学弟、学妹能好好思考自己的未来，不要"迁就"地选择自己的专业，更不要选择自己不感兴趣的专业，只有充分了解自己，才能在之后的道路上走得更远。

以创造抵御平庸

——访浙江大学第六届"十佳大学生"获得者王冠云

"世界的未来是人类的一件设计作品",王冠云将这个信念植根在心里。正是怀揣着这份拥抱缤纷世界的勇气，带着那最美的一部分深爱，他囊获了德国 iF 设计奖[1]3 项、红点设计奖 6 项。带着"设计无所不为"的信心，王冠云将生活创意化，将创意生活化，捕捉生活中的细节，思考背后的故事与意义，在"浙"里，诗意栖居。

王冠云，浙江大学计算机学院数字化艺术与设计博士生，麻省理工学院访问学生，浙江大学优秀共产党员。在学业科研、科技创新、社会服务方面均表现突出，两次荣获研究生国家奖学金、多次荣获一等奖学金；发表高水平论文 9 篇，获德国 iF 设计奖 3 项、红点设计奖 6 项，已授权发明专利 6 项。

初见王冠云学长，他正将自己关在曹光彪东楼的实验室里。这个实验室位于玉泉校区一个不起眼的角落，进去后却发现别有洞天。实验楼大厅的墙壁上有序陈列着历年国际大赛的获奖证书，周边的展架上摆满各式各样新奇的设计类作品。一楼的加工中心里放置着庞大的机床，甚至连加工中心的大门也被这些设计师雕刻上了图案，"这是我们自己做的门，图案是获得国际大奖的作品"，王冠云一一向我介绍，大方、温暖是他带给我的第一印象。

设计无所不为

"设计是创意的显现，设计有表达观念的力量。"

设计师是最会观察和享受生活的人。想法多，概念新，角度敏锐，是他们创作好作品的必要条件。"设计无所不为"这一句话突破了媒介的界限，自然的、现成的、人工的、电子的材料和媒介都可以用于创作。无论是可以传播疫苗的蚊子，还是会发光的皮肤，甚至是王冠云最得意的作品之一"细菌材料"，设计师们小心地打量着世界，努力地向其他学科的先进技术靠拢，触类旁通，并把这些理念嵌入自己的创意和作品中，他们是人和环境和谐关系的平衡者。

这种尝试，用王冠云的话讲，是"爱折腾"。

折腾是这样一个过程：首先找到有趣的方向，然后去动脑想象。从概念展示到设计过程中的脑洞大开，设计师们在观念、材料、样式和技术等方面的探索，是他们对生活的思考。"捕捉生活中的细节，思考其背后的故事和意义"，这句话很好地体现在王冠云的作品"会呼吸的衣服"上。

快速、批量化地制作纳豆菌生物膜，并将其与布料结合，通过这样的手段制作的衣服会呼吸，有生命。纳豆菌的奇妙特性——随着湿度变化，膨胀或收缩自身的体积，很好地被利用到了这件作品中。他向我展示了亲手制作的、精致的小茶包，涂抹上纳豆菌生物膜的花会根据茶水的温度开合，不仅能提示适宜的喝茶时间，又带来了新奇、有趣的交互体验。王冠云所在的团队在此理论基础上，结合全新的复合材料做茶包，做灯罩，做面膜，经过多次试验和讨论，最后拍板决定做运动服饰。当身体发热、出汗时，这种生物合成材料就能作出响应，一片片像鳞片一样的皮瓣开始卷曲。当湿度继续上升，皮瓣会完全打开，达到最佳的透气性。这样的创意概念不仅得到专家认可，获得各大新闻媒体的报道，更吸引了运动品牌New Balance 的注意，不久也许就会大批量地出现在市场中。

"做"观念比"想"观念更有力量

直面人性需求，并融入精密的技术，使生活更加便捷、巧妙，这些想法是推动设计不断前进的动力。但设计还强调"学习"、触类旁通，强调踏实的工匠精神，这是设计师们不能忘记的基本功。王冠云提到，一些外专业来实验室读研的同学，常常不能适应这种过渡性的变化。"你得自己找问题，自己去思考，自己去实践。"一切设备和资源都为大家开放，但把图纸和脑中的创意变成实物，"去做"才是关键。前卫设计师和制造工艺专家的标签就同时存在于王冠云的身上。从小就喜欢动手制作的他，亲自为实验室设计并制作了书架和吧台，学习并使用各种工具进行科技创造。

王冠云认为不能把做设计等同于单纯的工匠行为，但做设计首先是身体力行的，它总是与"手"相联系的。一个个修改方案、思考可行性的日子，做模型、探讨具体细节的日子，组成了设计师的生活。"你这个想法不错，但这里还可以再夸张一点"，王冠云一边向我介绍，一边指导着实验室的研究生。

浙江大学存在着很多仍待更新和设计的事物，给予它独特的理解和文化内涵尤显重要，而人文艺术的传播在其中起极大的作用。"浙大有丰富的校园文化，比如小小的路牌，就能融入浙大的求是风格，让人眼前一亮。"王冠云抓住一切实践的机会，设计优秀本科生纪念品，一个既简洁又展示浙大内涵的奖杯，成为不少求是学子难忘的回忆；积极设计并制作毕业季标志性雕塑，是毕业生提供合影留念的好去处；他还积极参与学校门户网站的修改工作……正是在这样不断思考、动手、交流和创造的过程中，他成长为一位踏实且极富创意的设计师、积极阳光的人文艺术传播者和热情服务师生的社会工作志愿者。

谈及未来，王冠云希望成为一名技术研究与市场应用之间的连接者。

"我对科研有兴趣，有热情，我希望用我的设计创意将技术巧妙地应用于生活中，这就是设计改变生活。"

人人都是设计师

设计师通过图像媒介和各种造型手段，提升人们的生活质量和生活品位。设计越来越平常，设计概念越来越容易被理解，人们对设计过程的参与性日渐高涨。

在麻省理工学院交流期间，他对交叉学科、平等交流和分享的合作精神印象很深。他的团队名叫"bioLogic"，项目成员来自美国麻省理工学院、中国浙江大学、英国皇家艺术学院以及美国 New Balance 公司。"我们的项目是跨界整合、学科交叉的成果，每个成员的背景都不同，有生物学家、计算机科学家、建筑设计师、交互设计师、时尚设计师，我是工业设计师。"王冠云介绍道，"我们每个人都从自己的领域出发为项目提出设计方案。"

他在整个项目中主要负责应用设计和制造，尤其是对 3D 打印制造平台的拓展。谈及此，他向我展示了正在打印的 3D 材料。王冠云开发了一套液体 3D 打印平台，不仅提升了这种生物材料的制作精度，也大大提升了制作速度。同时这也是他的毕业论文题目，他坚信这套打印平台将极大地促进生物液体材料及其他智能材料在设计领域的应用。

发挥每个人身上的创造性，生活本身就是创造。在这个实验室里，有很多本科背景与设计无关的学生。"其实我们特别欢迎不同专业的学生来到实验室，组建交叉团队，一起合作，发挥每个人的背景优势，激发潜力，启发灵感，让作品更加多样化。浙江大学拥有齐全的专业背景，也有鼓励跨学科合作，对于设计师来说有着得天独厚的发展条件。我记得很深刻，一位学文学的同学在我们的概念讨论中提出了礼仪文化的概念。我们最后就设计出一款操作起来很有仪式感的灯具，就像茶道一样。"在科研的道路中，他需要更多相关知识的支持，涉及不同的领域，王冠云便去寻求专业的帮助。"与优秀的人交流，也结识更多的朋友，是很有意思的事。"讲完这句话，王冠云就细细询问起笔者专业的学习模式。

"今天能成为浙江大学如此多优秀学子的代表之一，是对自己努力的肯定，也希望"十佳大学生"的荣誉能够给大家带来好的影响。"他多次向我强调，本科要打好基础，也要重视各式各样的活动。一有空闲时间，丰富的娱乐活动是不可或缺的。

"我去健身游泳，也去听人文报告讲座，参观同学创办的工作室。天天在实验室待着有时也会感到疲累，换一种状态、空间和场景后效率又高了。在活动中也能关注到有意思的细节，往往能引起我新奇、有趣的想法。并且和朋友们的交流，总是能碰撞出新的创意火花。"要学得开心，也要玩得开心，能在学中玩，就是最好的学习和生活状态。

现在高校的学科门类很细，同班一整个学期的同桌，也许到期末还没说上一句话。同年进校的同学，也会因为大类的不同对彼此十分陌生。但浙江大学为学生提供的互相交流、融合的平台，无论是传统素质和科研训练计划，还是各类社团和学生组织活动，其中推崇的团队合作精神和综合性思维，超越了司空见惯的教育模式，总是能给人以启发。

"世界的未来是人类的一件设计作品。"王冠云正在设计自己的未来，并着手去实现。"拒绝纸上谈兵，也拒绝生活平庸"，王冠云放大了声音，对着笼罩在他周围的空气。笔者惊讶于设计师们炽热的心肠，惊讶于他们拥抱缤纷世界的勇气。

(文 / 刘睿欣)

学长有话说

夯实基础，全面发展，创新创造，设计未来。

---

[1] iF 设计奖，简称"iF"，创立于1953年。该奖是由德国历史最悠久的工业设计机构——汉诺威工业设计论坛(iF Industrie Forum Design)每年定期举办的。德国IF国际设计论坛每年评选iF设计奖，它以"独立、严谨、可靠"的评奖理念闻名于世，旨在提升大众对于设计的认知，其最具分量的金奖素有"产品设计界的奥斯卡奖"之称。

心有猛虎，细嗅蔷薇

——访浙江大学第六届"十佳大学生"获得者秦晓砺

浙大学生状告昆明铁路局案，将秦晓砺推向公众视野。"总得有人要站出来，因为这是涉及公共利益的事。"回忆起初衷，这个消瘦的男孩温柔地说道。"热心人冷眼看世界"，他谨记心头，热切地关注社会，理智地处理问题，投身法治建设，投身志愿服务，求是求真，笃志前行。

秦晓砺，中共党员，浙江大学光华法学院2013级法学专业本科生，辅修竺可桢学院公共管理强化班。曾获国家奖学金、唐立新奖学金、优秀学生、优秀学生干部、五星级志愿者等。曾代理"浙大学生状告昆明铁路局案"。现任浙江大学学生会副主席。

　　曾很多次设想过见到 2013 级法学院学生秦晓砺的场景。自第一次在昆明铁路局案件中听说他后，总觉得这个敢于在这样的场合站出来的大学生，是带着一种严谨、克制的气质的，冷峻、严肃、不怒自威。但看照片中的青年穿着正装，消瘦，温和，却有一种别于他人的力量。

　　初见，他便以略带稚气的含笑的面庞打破了笔者对法学院高材生一贯的印象。笑起来眉眼弯弯的他，看起来亲近、和善。他穿着一件白色的浙江大学学生会会衫，跟笔者表达迟到歉意的时候谦逊而真诚。

　　在"浙里吧"橙色的灯光下，笔者就着咖啡的醇香聆听了秦晓砺的些许故事。他条理清晰的语言和极有亲和力的笑容令人印象深刻。从前在照片中感受到的那股力量，也渐渐在交谈中逐步明晰。

探寻，永不止步

　　初中用两年修完了平常人需要三年才能修完的课程，在不同的阶段比同龄人先一步行进在路上的他从来不停下探寻的脚步。他兴趣广泛，并乐意花时间和经历去做自己喜欢的事，更重要的是，秦晓砺总是那么勇敢和自信地迈出每一步。不管是丹青学园的辩论赛，还是大一暑假的西湖区人民法院实习，不管是在自己喜欢的学生组织中努力担起一份责任，还是在互联网上自己摸索，参与反病毒活动和帮助学校为校网排查漏洞，这些或许很多人都不会想到的领域，都有他尝试的身影和履迹。在浙大这片自由广阔的天地里，秦晓砺不断在实践中摸索着自己的兴趣和长项。

　　大二时，秦晓砺积极参加了竺可桢学院公共管理强化班（UPA）的报名，经过一轮轮的面试和筛选，成为其中的一员。UPA 关注社会公共群体的利益的宗旨、知识多元化的氛围，无疑与他的主修专业在一定程度上互相促进，巧妙契合。"在那里你可以认识很多优秀的人，还能感受各种思想的交融碰撞，而且每天都能接触到大量和社会相关的事，真的很有趣。"

　　他给笔者讲起大一时最喜欢的经济法通识课。经济法老师说一个人的笔迹是很难被模仿的，并在黑板上留下自己的签名，承诺说谁要是模仿得像就请他吃杭州最贵的大排档。也许是大排档并没有多少诱惑力，又或许模仿笔迹在很多人看来是比较无聊的事情，班里面几乎没有人把它放在心上。秦晓砺却颇花了一番心思去做这件事。经过不断地尝试，他巧妙地参照老师笔迹的照片，用粉笔在白纸上描出大概轮廓，最后在黑板上写出了达到"标准"的字迹。

"所以老师兑现承诺了吗？"

"当然啊，他还说我可以邀请几个人一起去呢。"

灯光璀璨之下，老师带领三五学生吃着大排档，谈天说地，兴乐之极。也许探索本身并不需要太多的理由和诱惑，他像是时刻保持着孩子般的敏锐，总是睁着好奇的眼睛，挖掘着生活点滴中的乐趣。

站立，当仁不计

"总得有人要站出来，因为这是涉及公共利益的事。"当笔者问及他对昆明铁路局案件的想法时，秦晓砺静静地说道。

"很多事情如果你总想着往后缩，如果每个人都这样想，那就没人做这些事了。"或许昆明铁路局的案子使得太多的目光聚集在他身上，以聚光灯之耀眼，人内心的样子又怎么能看得清楚呢？"虽然的确好像因为这件事吸引了过多的不必要的关注，但唤醒人们的维权意识的最初目的已经达成，也没什么了。"

四周静默，他想了想，开口说："就像我辅修的竺可桢学院公共管理强化班里面经常说的一句话'热心人冷眼看世界'，不是漠然，而是热心而理智。"

"先后为我校师生提供无偿法律援助 30 余次"，笔者想起简历上的这句话，心中默然。

一次，一位浙大学生骑着电瓶车载着他女朋友，出了校门，没走两步被交警拦下罚款 20 元，理由是电瓶车后座不能载人。但据那位学生所知，自行车后座是不能载人的，罚款金额为 20 元，但电瓶车也是如此吗？怀着疑惑，他便找到了秦晓砺。"自然是答应了啊，"秦晓砺笑道，"因为这虽然的确是件小事，但牵扯到的法律条例倒是蛮多的，和一直以来提倡的'依法行政'也有关系，便参与了进去。"但事情远比他想象的繁琐。"单是办公处就跑了三四趟。第一次去的时候，办公人员以不是工作日而拒绝受理；第二次倒是将材料递交上去了，却被告知等待处理大概需要 20 多天……费尽周章，事情却还是不出意料的，被办公处以'经详查，并无有违依法行政的行为'等寥寥几句理由盖过。"

"算下来，路费都不止那20块。"秦晓砺笑着说。但他依然感觉很值，认为自己收获了很多，"经历了这样一个过程，对一些具体的法律规定有了更深的认识，也了解了行政办事程序，更重要的是，做了自己应该做的事。"

在当代，法制建设越来越受到重视。无论是普通公民还是专门从事法律工作的人员，在这个时代大背景下都应该有自己的行动。我们谈起多年前的郝劲松案件。因为使用了地铁上收费五角钱的厕所，郝劲松认为收这五角钱不合理，于是把北京地铁公司告上了法庭。与很多正面观点不同，秦晓砺沉思了一会儿说："这种意识是非常值得肯定的，但在中国法制资源较为匮乏的时候，个人觉得还是应该把这些成本投入更加能引起社会关注、直指痛处的地方。"

"整体来看，我们社会的法制建设是向前进的，也很希望，在这个过程中，我能够贡献自己的力量。罪恶不会消失，但若是能抚平人心，我们的工作就是有意义的。于情感上极其不中意或难以接受的命题或主张面前，依然拼命想要去寻找或窥探其合理性与反驳者背后的动因。这应该是每个法律人应形成的一种意识。"灯光下的他面容平和，有那么一瞬间，周围的一切好像都静了下来，只停留在他大男孩般的笑容和随着语气变换做出的手势上。

细腻，诗意生活

去听过一次法学院专业宣讲会，他是代表法学院的主讲人。阶梯教室里满满的人，那么多双眼睛的注视之下，他依然温和、淡然，就像私底下和我们交谈一样。他耐心、细致地给大家讲之江校区的生活、交通、饭菜、景色。秦晓砺在PPT上给大家展示自己的购物经历，亲自拍的之江校区不同季节的风景，语气中满是热爱。没有对于专业排名、绩点排名、就业去向和发展前景的介绍，却依然吸引了场下每个人的目光。

他笑着给在场的人讲那封寄给美国同学的信，一次小小的意外，他窥见了法律的力量和玄妙。高考完的那个暑假，秦晓励发现自己寄给美国同学的信对方好久都没有收到。经向有关部门咨询后，他得知由于邮局的失误，那封信被遗失了。他先是收到了 8 块钱的补偿费。后来通过了解国际方面的相关法律，他发现自己的损失可以得到进一步的赔偿。于是，秦晓砺再次向有关部门反映和申诉，经过一段时间的等待，他最终收到的补偿费由 8 块到了 200。"净收益百分之两百哦。"他眼睛里闪过一丝孩子般的狡黠。那次事件后，法律的藤蔓就悄悄爬进他的心里并打上了结。"后来在选专业的时候我恰巧在住院，无法获得信息。所以就想，既然这样索性就选心之所向的咯。"在选择面前，他从对一种东西的热爱说起，从兴趣的本源说起。只是因为喜欢，没有什么特别的理由。

想起曾经有法学院的学生说起他对法学的热爱程度——他的手里几乎总离不开一本法条，时时刻刻都在翻法律方面的书。"在身边的同学中很少能看到有对自己的专业那么热爱和了解，对学术那么心无旁骛的人。"涉猎广泛，并能在自己研究的领域埋头钻研，秦晓砺自己也给我们描述过他忙碌的生活。校会事务和竺院辅修班课程都让他不得不在之江和紫金港校区间往返，但他总是有自己的生活小情趣在里面，热爱旅游的他经常在空闲时间去各地走走，"美食也是我的最爱！"记得他曾经欣喜地补充道。

想一想他微信朋友圈经常晒的各种美食，还有晚饭后夜游西湖的兴致，作为校会副主席不时会带校会的小朋友去看电影的情景，在交谈时会发各种萌萌的表情的样子，这大概是生活给予豪情满怀者的泰然吧，随清波婉转，赏风光霁月。

一晃神，才发现讲台上的他已经开始摆出一副严肃的样子对台下的学弟、学妹们说："学法学啊，还要接受一种残忍，即在对任何极化情绪与原始正义感保持警惕的同时，又时刻提醒自己，不要忘记所坚守与追求的价值和理想。"他一脸神秘。

心存猛虎，细嗅蔷薇。两两相对的人性本质的相互调和，正如他所热爱的法律与现实之间的调和。晓风之中那颗忙碌而远大的雄心，小心翼翼地靠近美好，生怕惊落了花蕊上的晨露。

（文／李怡、杜金）

学长有话说

这个社会会越来越好，只要我们每个人都是热心而理智的。

素质：
因智慧而闪光

一念执着，写就无悔青春

——访浙江大学第一届"十佳大学生"获得者徐奂

务实、执着、热情，是他的座右铭；认真学习、扎实工作、服务同学，是他对自己大学生涯的定位。正是在这种信念和规划的指引下，凭借着"认真对待每一件事情"的强烈责任心和"对学生党建工作忘我投入"的激情，徐奂很好地践行了浙大人的求是精神。

徐奂，男，浙江大学 2002 级生物信息学本科生，2006 级生物信息学硕士生，2008 级生态学博士生，浙江大学首届"十佳大学生"荣誉获得者。在校期间，曾获浙江大学优秀共产党员、优秀辅导员[1]、竺可桢奖学金，浙江省优秀共产党员、浙江省优秀毕业生、"挑战杯"大学生课外学术科技作品竞赛[2]优秀指导教师等；曾任浙江大学团委书记助理（挂职）兼科技指导中心主任、生科院团委副书记（挂职），长期担任生科院学生党支部书记、本科生党总支委员等职务。

他没有催人泪下的感人事迹，也没有令人羡慕的科研经历，但徐奂对待每一件事情的强烈责任心和忘我投入的激情足以让我们好好学习。"从我进入浙江大学开始，务实、执着、热情就是我的座右铭，一步一个脚印，使得我努力做好自己眼前的每一件事"，这也许正是徐奂在平凡的校园生活与工作中做出不平凡成绩的原动力。

徐奂是在紫金港刚刚建成的 2002 年步入求是园的。回望过去，他总是感叹时光荏苒，当年的紫金港已经发生了翻天覆地的变化，青春也随着四季变幻走远了。但是，回望过去，昔日的那份执着与坚持依然还在。那些年，在他自己走过的日子里，在他生命的旅程中，却都是无怨无悔的。"刚进大学时，心里有一种不安"，"紫金港太大了，同学们都来自四面八方，价值观五花八门，感觉朝哪里都可以走，但又不知道往哪边才是对的"，从小县城里走出来的徐奂拥有非常"正统"的价值观，儒家思想很重，并未能很好地适应所有的新鲜事物，"加上大学里信息也很多，不像以前能了解校园内的全部信息，这些都给我带来一种莫名的恐慌"。他笑着讲述其刚入学校时的心情与感受，"相比今天，那时候的生活条件可差远了啊"，"吃饭就一个食堂，过了点就没地儿吃了"，"学校外面全是等待拆迁的房子，现在都形成'小吃街'文化了"，在浙大紫金港校区待了十多年的徐奂实实在在地感受了这样那样的变化。

就这样，在午后的阳光下，我们品着醇香的热茶，坐在洒满斑驳光影的沙发上，聊着过去的事情，徐奂仿佛又回到了那段青葱岁月里。

成长的脚步之认真学习

徐奂的大学生活虽算不上五彩缤纷，却充实着每一刻的平凡。高考是他高中三年中考得最差的一次，这使得他与自己就读生物系的目标失之交臂。他坦诚自己对专业的选择并不是十分明智，在进大学之前对很多专业也了解得不清楚，"那时能得到的专业方面的指导太少了"。徐奂是单凭着自己对专业名称的理解填报的志愿，加上高考考得不甚理想，他以专业调剂的形式被浙江大学录取。

在大一的时候，徐奂总是想着转专业，并转到了生物信息学专业。但现在想来，他觉得自己当年的折腾是挺好笑的，"其实专业的好坏根本没有绝对的界限"。尽管对于专业谈不上非常喜欢，但是徐奂仍然在每个学期都能评上"校三好学生"、"校优秀学生干部"等荣誉称号，品学兼优的他每年都拿各种奖学金。

当被问及有什么锦囊妙计时，他说了这么一段耐人寻味的话："我的一大优点是对所要上的课几乎都有兴趣，虽谈不上'喜欢'，不过有些事情自己认真去对待之后就培养出兴趣了。学习也是一样，要想领先，只有先一步走在别人的前头，建立起一种自信心，然后就会有一种永远希望走在别人面前的信心。"但同时，徐奂认为这也是他的一大缺点。他是一个接受命令—完成任务的人，"很多和我接触的人都说我像军人。因为军人的天性是完成任务，而不是选择任务"。谈及此，徐奂认为自己的人生规划做得不够好，好的规划会让他的人生道路多几条捷径。他建议学弟学妹们在大学期间应该大胆地去尝试，争取做好离开校园时的第一道选择题，"在学校，主动权在你；离开校园，主动权在社会"。是的，多去尝试就会有无限可能。当然，徐奂做事认真的态度也非常值得我们学习。

成长的脚步之扎实工作

"本科阶段自己做得最有意义的事情就是做学生党建工作[3]，并且坚持下来了"，徐奂如是说。早在高中时期，徐奂就因出色的表现成为一名光荣的中共党员。出于党员的责任和认真踏实的态度和作风，并未参加其他社团组织的徐奂，在辅导员的指导下开始着手做学生党建的工作。彼时正值浙大开始实行学生担任党支部书记的政策，认真踏实的徐奂便成为浙大第一批学生党支部书记，而这一干就是八九年。

或许很多人会觉得这些事情是枯燥乏味的，根本比不上社团里的趣味

十足，但徐奂不这么认为，而且他把这份工作做得扎实又出彩。一开始，他也没有把这份工作放得太重要，只是比较认真负责而已。但徐奂清楚这份工作需要有强烈的责任意识，并且需要有足够的激情。同时，在实际的工作中，他逐步认识了党建的重要性，开始着实思考和探索。他意识到民主生活的重要性，通过各种各样寓教于乐、意义非凡的活动来丰富党内的民主生活，加强支部的思想引领。他意识到有些同学对党的认识不够，就在日常的学习生活中潜移默化地影响他们，让他们逐步认识党性的崇高和党员的先进性。他意识到榜样的力量，就通过总结不同类型优秀党员的先进事迹并为同学们讲解，力求让同学们更全面地了解党、了解党员，有效地提高了生科院同学的入党积极性。

持之以恒的付出，已使党建工作成为他的习惯。多年的工作也使徐奂积累了大量的党建工作经验。2006年中组部来浙大调研党建工作时，他作为唯一的学生代表参加了座谈会。对党建工作的那一份执着，使他的工作越发像他的态度一样"踏实"。徐奂认为他在做党建工作时那份难能可贵的坚持与执着放在现在的工作上也是一样的，"在一个行业潜下心来做，只要自己是积极向上的，自然会慢慢做出成就来"。是的，成功的人往往是执着于自己要做的每一件事情，哪怕是小事。

成长的脚步之师长的帮助

每个人的人生旅程中，总会遇到几个贵人，或师或友。他们在我们成长的道路上扮演着重要的角色。当谈起他大学时的辉煌史时，徐奂无比谦逊地说，自己只是幸运地跟对了导师，他们让原本迷茫的自己走出了属于自己的天空。

当别的同学在为本科毕业做准备的时候，徐奂还是盲目地不知道何去何从。直到大三暑假，他才确定了自己的方向。2005 的夏天，徐奂有幸碰到了刚从国外留学回来的硕士生导师陈新教授，陈老师刚好需要找个学生帮忙做生物信息学的研究。一个大热天，华家池畔一个多小时的交流，使徐奂确定了跟着陈老师做生物信息学的研究。不久，他就收获了硕果。硕士期间，徐奂以第一作者发表 SCI 论文两篇，其中一篇发表在 SCITOP 期刊上。

在踏实做科研的同时，徐奂也积极参与社会调研，并认真做好兼职辅导员与团干的工作，成为生科院的"骨灰级"学长，并在各方各面都取得了很大的成功。2007 年，他当之无愧地获得浙江大学"竺可桢奖学金"，他的名字被载入校史。在大学里斩获了这么多的荣誉，他都云淡风轻地一带而过。因为他认为获奖就像创业的第一桶金，第一次来得最难，很多时候迈出了成功的第一步，后面的就接踵而来。

风华正茂的年纪享受的不应当是结果，坚持拼搏的过程才是最重要的。"固执"的徐奂即使是在最忙碌的时刻，也从来不放弃他的原则：不逃课，不熬夜。总结自己的大学时光，他最欣慰的是在大学里做对了以下这些事情：保持健康规律的生活习惯，坚持锻炼身体，坚持多元化的思考，学会充分尊重身边每一个人。

坚持，是徐奂的态度，也是徐奂的品格。现在的他依然坚持锻炼身体，只要不下雨就骑车上下班，晚上小区里跑 2 公里走 2 公里。"以前觉得压力大，特放不开，凡事都想着"，"随着阅历的增加，现在对待压力的心态好很多了"。人的一生总是风雨兼程，在平坦的路上也会有坎坷需要跨过，笑着迎接挑战总好过愁眉苦脸。"学会丢掉压力的包裹，轻装上阵才是正确的选择"，这是学长给我的建议，也是给大家的建议。

一念执着，写就了他的无悔青春，他的世界里留下了奋斗的身影，没有刀光剑影般的喧嚣，以一种年轻蓬勃的姿态迎接了属于自己的别样年华，未留叹息。青春总是美丽的，有些人的青春在路上，有些人已经走过了，但每个怀揣着对青春或是期盼或是感怀的人，心里都藏着一个青春之梦：让青春独特，让人生无悔。

（文／刘鑫）

学长有话说

No.1：人生是长跑，身体是革命的本钱，坚持是成功的基石，"剩"者为王。

No.2：保持健康规律的生活习惯，坚持锻炼身体，努力让自己从单一应试思维中解放出来，逐步习惯多元化的思考，并且学会充分尊重身边每一个人。

[1] 浙江大学优秀辅导员的评选对象为经正式登记确认、从事辅导员工作时间满一年以上的在岗专职辅导员和两年以上的兼职辅导员，每年公开评选一次，评选出10人。

[2] "挑战杯"全国大学生系列科技学术竞赛，简称"挑战杯"。由共青团中央、中国科协、教育部和全国学联共同主办的全国性的大学生课外学术实践竞赛，竞赛官方网站为www.tiaozhanbei.net。"挑战杯"在中国共有两个并列项目，分别是"挑战杯"中国大学生创业计划竞赛和"挑战杯"全国大学生课外学术科技作品竞赛。两个项目的全国竞赛交叉轮流开展，每个项目每两年举办一届。

[3] 浙江大学发展党员工作程序（http://dwzzb.zju.edu.cn/show.asp?ArticleID=3423）：由申请人自愿向党支部递交入党申请书—党支部、院级党组织建立申请入党人员信息库—由党支部确定入党积极分子，并确定2名党员为其培养联系人—对已确定的入党积极分子，由党支部指导本人填写《入党积极分子考察表》—党支部培养教育—党支部、党小组、培养联系人对入党积极分子定期考察—参加党校入党积极分子培训班的集中培训—入党积极分子经过一年以上培养教育后，由党支部确定发展对象—党支部政审—院级党组织预审—确定介绍人，由介绍人指导填写《入党志愿书》—党支部召开接收预备党员大会—党支部填写支部决议，上报院级党组织—上级党组织指派专人谈话—召开院级党组织会议审批—院级党组织填写"审批意见"后并通知支部—党支部与预备党员谈话—预备党员入党宣誓—继续教育和考察—预备党员转正—转正审批。

明亮而温和的光

——访浙江大学第一届"十佳大学生"获得者姚明明

是自信，让坚硬的岩石变成浮雕；是勇气，使傲菊面对严寒绽放一抹金黄；是执着，使沧海变为桑田。"当我站在新的山峰上看之前的山峰时，就不再觉得它们是那么高不可攀了。"正是抱着这种自信、勇气和执着，姚明明这个不甘平庸的女孩，最终走向了更大的舞台，成为浙大历史上第一任学生会女主席。

姚明明，女，浙江大学 2003 级管理学院本科生，2007 年以"2+2"模式[1]保送为浙江大学研究生，2013 年赴英国剑桥大学联合培养[2]，2014 年获浙江大学管理学博士学位，优秀博士论文获得者，在国内外知名期刊发表论文十余篇，参与多本著作的编写。在校工作期间受学校组织部委派在团中央挂职工作一年，现为蓝田学园辅导员，即将赴青海挂职锻炼。曾任中华全国学生联合会驻会执行主席、浙江省青联副主席、浙江省学联主席、浙江大学学生会主席、浙江大学团委副书记（挂职）。浙江大学五星级志愿者，曾获浙江大学健美操大赛[3]第一名、浙江大学大学生中文演讲竞赛[4]冠军等。

浙江大学有史以来第一任女主席，全国学联驻会主席，剑桥大学联合培养博士生，优秀博士论文获得者，在国内外知名期刊发表论文十余篇，参与多本著作的编写，浙江大学健美操大赛第一名，多次的演讲比赛冠军，浙江大学五星级志愿者，文琴艺术团成员，率大学生代表团出访日本并受到前日本首相福田康夫接见，与校长共同主持浙江大学开学典礼……头顶众多光环的姚明明，却能做到不被光环所淹没，从容地维持着自己的平静。

回首来时之路

撇开各种各样的标签，姚明明的大学生活是从纯粹的兴趣开始的。怀着对舞蹈的喜爱，她欣然加入学生会文艺部，并在不断投入工作的过程中对学生工作产生了浓厚的兴趣。从大一的干事到大二的部长，从大三的校区副主席到大四的主席，姚明明的本科四年，一路风景伴一路坎坷。当初还略显青涩的女生，与学生会同学一起设计和安排了浙江大学校庆晚会、浙江大学主持人大赛、浙江大学校园歌手大赛等一系列大型活动，尚为稚嫩的肩膀，在挑起这些责任时也分明感受到了那份沉重。学习、工作和排练的任务一股脑儿涌来，姚明明也有手足无措甚至被压得喘不过气来的时候。"但挺一挺也就过来了"，姚明明向笔者讲述自己如何克服曾经的困难时，记忆中的"艰辛"已褪了些许的颜色，"当我站在新的山峰上看之前的山峰时，就不再觉得它们是那么高不可攀了"。

她坦诚地评价自己"资质平平"，而能够获得诸多成绩的原因不过是拥有超过常人的韧性。姚明明笑着对笔者说，自己就像只小乌龟，慢慢爬、慢慢爬，最终一定能够达到目标。担任学生会主席后自然少不了来自周围的质疑，然而她依旧顶住压力将一件件事情做好。"并没有所谓的诀窍，最重要的就是学会坚持"，姚明明如是说，而坚持也是她在学生会经历中得到的最宝贵的东西。她特别提及大一时，自己曾凭借一己之力将一块巨大的喷绘从碧峰搬到小剧场，纵使汗流浃背，她也咬紧牙关不曾求助任何人。在她看来，人在特殊境遇下可以爆发出非同寻常的力量，做到看似能力之外的事情，而最重要的便是性情中的那份坚韧。

追随内心所向

无论是从高中向大学过渡、人生观转型的阶段，还是在之后繁忙的学生会工作中，来自老师的帮助和关怀都给姚明明带来了深刻的影响。这段经历不仅给姚明明带来了乐趣、能力，也让一种期望悄然扎根于她内心——将来自己也能担任给予学生关怀和帮助的角色。2007年本科毕业后，姚明明以"2＋2"模式保送为浙江大学研究生，担任两年的辅导员工作，博士毕业后又再次作为辅导员来到求是学院蓝田学园工作。做出这样的决定，她也经过了深思熟虑的过程。她不仅通过了优秀博士论文答辩，显示出科研方面的造诣，也收到过来自全球著名咨询公司的邀请，在诸多诱人的选择前，她做出"成为一名辅导员"这一平静的选择。但姚明明很庆幸自己可以追随内心的指引。或许光环不再强烈，或许薪水不算丰厚，但能够像当年自己的老师一样，不遗余力地为学生提供帮助和关心，一直是她心中的理想。如今能够亲身实践自己的这份理想她倍感欣慰。姚明明认为自己不仅可以利用专业知识为学生提供科研方面的指导，也可以根据过去的学生会经历在学生工作方面提供建议，并不必担心才华得不到施展。

笔者面前的姚明明平和谦逊，既不以纷繁的荣誉自矜，也不因困难重重而失措，正如她的名字一样，散发不刺眼的光芒，宁静而又充满力量。

（文／孙东明）

学长有话说

有信仰、有信念、有信心。信仰是精神之本，信念是动力之源，信心是成事之首。首先要做一个有正确信仰的人。互联网的高速发展带来的信息无限共享，对三观尚未形成和完善的大学生是很大的影响。面对如此多的思想、见解和做法，要懂得甄别真假、善恶，从而形成自己正确的信仰。信念则是自己自始至终不变的人生追求，不应见异思迁。信心是源自内心的一种自信，是能够排除万难赢得成功的关键。

有常性、有韧性、有感性。生活有无限的可能，有机遇、挑战，也有困难、挫折。一味地抱怨，只会更加消沉痛苦；毫无目的地徘徊，只会更难决策前行。现在的学生所面临的机会和选择要比我们那时多很多，这是好事，但同时也是一种挑战。有很多同学会在众多的选择和机会中迷失自我，什么都想要却又什么都坚持不了。这就需要我们有常性和韧性，要找准方向，坚持不懈，总有一天，机遇会垂青有准备的人！而当我们忙着赶路和追求成功的时候，不要忘了停下来感受身边的美好事物，感受人间的温情常在。

要感谢、要感激、要感恩。我们要感谢那些不理解、不支持甚至不喜欢我们的人，正是他们给了我们改正和前进的动力；我们要感激和感恩那些支持、关心和帮助我们的人，正是他们让我们成长得更好。如果力所能及，我们也应该予以回报，不仅仅是对所要感谢、感激、感恩之人，还要对整个国家和社会！

[1] "2＋2"模式是学校辅导员队伍建设和免试研究生选拔相结合的一种方式，入选者先在学校担任两年辅导员工作，再进入相关学科攻读硕士学位。"2＋2"辅导员是我校辅导员队伍中的一个非常重要的组成部分，每年选拔15人左右。

[2] 浙江大学设有专项经费，资助博士研究生开展国际合作研究与交流项目，旨在利用国际科技与教育优质资源，联合培养能够掌握世界科技发展前沿，具有科技创新能力和国际视野的高层次拔尖创新人才。派出期限一般为3—6个月，派出时间为申请获批后半年之内。项目经费由学校与导师（或所在学科）共同承担，原则上按照6：4的比例承担，项目经费包括留学期间的奖学金、生活费和往返国际旅费。

[3] 浙江大学每年举办的系列体育比赛，有篮球赛、足球赛、乒乓球赛、羽毛球赛、网球赛、跆拳道赛、健美操赛，等等。

［4］浙江大学大学生中文演讲竞赛是校级学科性竞赛，至今已成功举办十届。凡在学校学科竞赛中获得规定等级奖，并在专业学制年限内能预期毕业的本科生具有推荐免试研究生资格，具体保研条件按学校推荐免试研究生相关文件执行。

侠心会故友，赤胆行医职

——访浙江大学第二届"十佳大学生"获得者褚涵文

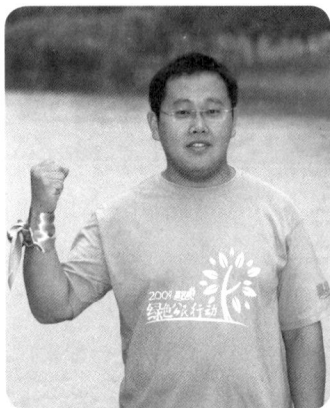

感谢、感动、感恩，褚涵文这样形容自己的大学生活。怀着一颗感恩的心，他将自己的淳朴、真挚融于其中，以怀揣鸿鹄之志行走"江湖"，凝一身正气结交志同道合之友。结识了一群一辈子的朋友，是他对自己大学生活最为满意的总结。而今，他坚守"医者仁心，侠者善举"，在医生的工作岗位上续写侠骨情怀。

褚涵文，男，浙江大学医学院 2005 级口腔医学（七年制）学生，现为浙江大学医学院附属第二医院口腔颌面外科医生。曾担任浙江大学学生会主席、浙江省学生联合会主席、中华全国学生联合会副主席、浙江省青年联合会副主席，团中央主办的中国大学生骨干培养学校[1] 第三期毕业。曾荣获浙江省优秀毕业研究生等省级荣誉 2 项、浙江大学优秀学生共产党员等校级荣誉称号 9 项、学业奖学金等各类奖学金 8 项、"挑战杯"科技作品等竞赛获奖 2 项。

大口吃肉，美酒会友；为国为民，侠之大者。武侠中的侠士，怀揣鸿鹄之志行走江湖，凝一身正气结交志同道合之友。褚涵文便是这样一位拥有"侠义"心肠的人，而他手中的"剑"只施展于不到五平方米的手术台上。

褚涵文是 2005 级医学院口腔医学的学生。他从高中的时候就坚定了自己的梦想——成为一名为病患分忧解难的医生。五年本科，两年研究生；四年半紫金港，两年半华家池。这是一段与"口腔"相伴的旅程。褚涵文确如侠士一般，反复行走于不同校区、医院。七年很短，一晃而过；七年很长，绵延的回忆剪不断理还乱。

侠义之路——"校园篇"

褚涵文不是一个安安静静的人，他喜欢尝试与挑战。从大学一年级虎头虎脑加入的医学院学生会，到医学院杏林艺术团[2]，再到党员之家[3]、校学生会、兼职辅导员[4]……"我现在还能记得那些活动，每个都能够说出来，不会忘记。"挚友与能力是他在这些社团组织中收获到的珍品，他将其小心翼翼地存放在心底。医学院艺术团萌生着他的闲情，他参与了艺术团从无到有的过程，白天上课晚上练习，他曾是声乐组的合唱指挥，也帮助技术组设计过舞台，"我在艺术团的第一个节目就是和一位学姐一起撑伞合唱呢"；把理论做成趣味是他在"党员之家"系列活动中所秉承的宗旨，他用两年的时间把难办的活动办得有思想，把逆境转化为顺境……褚涵文在回忆这些故事时，眼睛一直盯着前方，那些点点滴滴似乎像动画般，一帧一帧投射在他的视线中，循环往复。

"大学中，你的绝大多数时间都花在了社团上面，后悔吗？"面对这个问题，褚涵文没有一丝顾虑，斩钉截铁地说："不后悔，收获了朋友，得到了成长。"给予他最多的是启真人才学院，他与不同专业、不同思想的人相互交流，拉近彼此的距离，西二414，是他们的"革命根据地"，每天都会相约自习。大五搬至华家池校区后，他常常因为社团工作回到紫金港，到朋友那里"蹭"住已然成为他的习惯。他最喜欢的城市是杭州，因为杭城的九年留住了他最美好的时光，承载了他太多的纷繁杂绪。"毕业之后，我还和一群老人借了医学院当年开会的办公室，在那里聊天到通宵，回忆、吐槽，谈工作、谈理想，感觉真的很好，真的。"

他用"感谢"、"感动"、"感恩"来形容自己的大学生活，因为朋友、因为那些共同经历过的日子。褚涵文讲述完这些故事之后，把头靠在了椅座上面，他绞尽脑汁想要用一些通俗的词语来形容这份感情，但不知从何说起。感情太浓，言语承载不来；回忆太深，笔墨难以书写。

赤胆之路——"职业篇"

医者仁心，侠者善举。毕业之后的褚涵文直接进入了浙江大学医学院附属第二医院工作，目前正在进行住院医师规范化培训的临床轮转，他每个月要值班三次，一周内除了周二外都要开刀，五点下班之后工作到深夜也是常有的事情。"医生工作很辛苦，但选择了这份职业，就要对得起医生这个称呼"，苦虽苦，但能为病人减轻痛苦便是他追求的事情。他坚持将心比心地对待病人，不断提高自己的行医水平，将责任担在肩头。

褚涵文是个豪爽外向的人，他喜欢在手术台上"挥舞刀剑"的感觉。

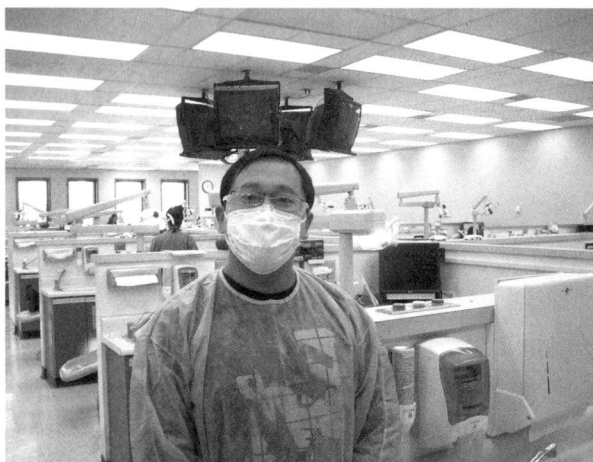

因为目前在规范化培训的内科轮转，没有上手术台实际操作的机会，在采访的前一天他抽调去做了手术，"真的很爽"，轮转期间做手术的机会相对较少，但是作为一个外科医生，真的"手很痒"。能解除患者的病痛，对每一个医生来说都是非常有成

就感的。

口腔肿瘤的病人术后的舌体、颊部组织的缺损，对患者的生活质量和心理都造成了极大的创伤，如今在浙医二院对于口腔恶性肿瘤患者术后的组织缺损，都采用手臂或大腿的带血管皮瓣进行舌体组织的再造，进行微血管和神经的再次吻合，这是学科发展的方向，也为恶性肿瘤患者带来福音。虽然这项技术的要求非常高，但褚涵文反复提到，作为年轻医生一定也要努力学好这项技术。他说，作为医生一定要时刻关注医学发展的前沿、练就精湛的技术，才能为患者解除病痛。

在巡房的时候，褚涵文经常会看到那些得了肿瘤的人疼得蹲在角落里，这一幕幕刺痛着他的心，他真的想帮助他们减轻疼痛。医者的个人力量是渺小的，但他不会放弃那一丁点的希望，只要是能够帮助病患的方式，他都会全身心投入去尝试。褚涵文也是固执的，他坚持的信念、认为正确的事物是不会被外界动摇的，他会为了坚持自己正当的疗法与病患家属反复沟通商量甚至争执，直至家属点头为止。行医之路漫漫，褚涵文不会有丝毫的动摇与退缩，他坚定地走着，实践着，努力着。

生活中的褚涵文是一个典型的"80"后青年，他熟练操控自己的网络社交，并使用实名制的微博来帮助网友解决口腔问题；半夜无聊时他会在微信朋友圈转载励志文章，或者是带有小情调的句子；忙碌的工作之余，他会抽出时间去游泳、跑步；他去过很多城市，但随着工作的不断增多，已经无法再承载一场说走就走的旅行。2007年参加香港大学医学院交流项目期间，他在人人网日志中写道："平时匆忙的我们是该停下脚步来细细地品味我们的生活，有时不需要走得很远，其实美景就在我们周围。"生活没有办法减速，但是就如他微博的介绍一样，"达人小胖"依旧可以"憨笑一生"。

"我跟启真三期最好的朋友有个约定，等我们事业有成退休之后，在西湖那边开个茶馆，大家有空就去坐坐，回忆以前读书时候的事情，唱唱我喜欢的越剧。"侠心会故友，赤胆行医职；事了拂尘去，谈笑山林间。这大概便是褚涵文的人生吧。

（文／占悦）

学长有话说

No.1：热衷服务，全面发展，助人为乐，成就自我。

No.2：做健康所系、生命相托的践行者。

［1］中国大学生骨干培养学校由共青团中央、全国学联于2007年5月正式组建，是实施"青年马克思主义者培养工程"的重要载体。学员为全国"211工程"学校校级学生会主席、研究生会主席，全国学联、省学联驻会执行主席。培养对象的确定须经过省级团委推荐、团中央核定两个环节。

［2］杏林艺术团是浙江大学医学院所属的一个艺术类学生社团，始创于1992年。

［3］党支部开展党员活动的场所，党员之家的活动室几乎每个学园的宿舍楼都有，通过事先递交申请表可借用。

［4］浙江大学实行专兼职相结合的辅导员队伍建设方针，鼓励和支持优秀教师和干部，特别是年轻的优秀教师和干部、优秀研究生党员担任兼职辅导员；鼓励和支持思想政治理论课教师担任兼职辅导员。

年少意气在，胸谷怀家国

——访浙江大学第二届"十佳大学生"获得者李凯

于李凯而言，对母校的感情是感恩，更是一种使命。他将自己比作在外的游子，却秉承"求是创新"的浙大气质，以"启而求真"指引自己追求真理，以"开物前民"指引自己勇于创新，以"无吝于宗"指引自己精诚合作，以"大不自多"指引自己戒骄戒躁。他以一篇《我在浙大，活得很好》来纪念自己的求是园生活。

李凯，男，浙江大学控制科学与工程学系 2005 级本科生，电气工程学院 2010 级硕士研究生。历任校学生会紫金港分会副主席，校团委办公室副主任，浙江大学研究生支教团成员，校研究生会主席。曾为第 26 届全国大学生运动会火炬手，浙江大学启真人才学院第三期学员。曾获得浙江大学第二届"十佳大学生"，"百人会"英才奖[1]，浙江大学优秀学生干部、优秀研究生干部、优秀团员、优秀社会工作奖学金等多项奖学金和荣誉称号。校研究生支教团团歌、青马学院院歌歌词作者。五星级志愿者，校优秀志愿者，赴四川昭觉彝族自治县志愿服务一年。现供职于中国建设银行总行本部。

在工作间隙抽身而出，从北京奔波南下，到杭城依旧神采奕奕，毫无疲惫之态。干练，这是我对李凯的第一印象。

成章乃达，若金之在熔

今年，是李凯离开母校工作的第一年——在此之前，他在浙大生活了七年，本科毕业时去了四川昭觉志愿服务（支教）了一年。很多人会惊异于他的选择，"当时是团中央选派的一个活动，起初并未想太多"，李凯回忆，"我们的主要任务是教育和扶贫"。四川昭觉当地情况非常复杂，支教团碰到了很大困难——其中一个困难是给学生的捐款不能交由家长保管，因为家长可能直接拿学费换酒。李凯说，当时令他最震惊的是那里的孩子把在餐馆端盘子都当成一个人生理想。"甚至我们都不能直接把钱给孩子，必须把钱打进饭卡才能真正惠及孩子。"李凯眉头微皱，语气里带了关切的担忧："成年人他们恪守传统，思想固化，很难形成长远影响。但孩子不一样，如果不正确引导他们的价值观，在餐馆端盘子都会成为重大的人生目标。"

笔者浏览过四川昭觉支教团的博客[2]，昭觉村小的孩子们穿着灰扑扑的衣服，身后背着厚重的大包，深秋的季节里还穿着一双凉鞋，和孩子们干净的红领巾、清澈的眼神、纯真的笑颜形成了极大的反差。照片旁边有行小字，简单却不失深切。"乡下小孩上课的纪律明显好于城里的孩子，他们跟着老师大声念那些他们其实根本不认识的生字，群情激奋，让我感到，那块斑驳的黑板就是他们全部的世界。"

对李凯来说，这次历时一年的支教经历是一次淬火磨炼，他看见了比想象中的更令人震惊的世界，更加直接地接触到最真实的"贫穷"，理解了比"贫穷"更可怕的"贫瘠"。然而正如校歌中"成章乃达，若金之在熔"之意，只有历经锻炼，才能脱胎换骨，才能更好地观照社会，明晰自我。李凯说，这次支教不仅仅磨炼了自己独立解决问题的能力，还让自己明白了责任感与使命感。"浙江大学的支教名誉牵系在我们手中，昭觉当地教育的表率也应当由我们来做"，这种责任感与使命感督促着李凯坚持把支教做下去，精进自我。更重要的是精神意义上的淬火——那篇博客中还说："如果你对生活失去信念，如果你觉得自己遇到了难以自拔的挫折，如果你抱怨命运的不公，如果你憎恨社会充满黑暗，那么请来昭觉县的这些小学校看看，你将重新找回自我，找回希望。"

大学之道，在明明德，在亲民，在止于至善

主修控制理论与控制工程，非典型浙大玉泉工科男，能流利地背出《大学》章句，"大学之道，在明明德……知其远近，则近道矣"。离校一年，李凯对于"大学"的含义有自己独特的理解。"浙大给了我很多"，李凯无不感慨，"浙大有三宝，校歌、校训和'竺公二问'[4]"。这"三宝"奠定了浙江大学独特的精神气质，也是每个浙大人最引以为豪之处。"大不自多，海纳江河"的旋律一起，每个浙大人都会情不自禁随之吟唱。校歌所承载的古今大道、学问之术、德操品行和宏愿大志，皆藏于其中。

"'启而求真'指引我追求真理,'开物前民'指引我勇于创新,'无斁于宗'指引我精诚合作,'大不自多'指引我戒骄戒躁","浙大'有文有质,有农有工',我们应该走在世界的前面",对于李凯而言,对母校的真情是感恩,更是使命。

李凯对校歌格外有感情,"求是创新"的校训也给予了他独特的"浙大气质"。"我身上的工科思维、踏实品质都是实实在在的'浙大气质'。竺老校长说,浙大人要做'服务和奉献的人,不做享受的人',这也是一种浙大气质。"当笔者提到竺老校长"公忠坚毅,能担大任,主持风尚,转移国运"的培养目标时,李凯点点头又笑了:"初出茅庐,这句话要默默记在心里。"

对于离校的校友来说,"浙江大学"这四个字的意义比在校时要深厚得多。李凯回忆校园生活,给学弟学妹们的话是"必须要读万卷书,谈一次恋爱","读书是启真班的一个学长教会我的东西,他推荐我看《大学》、《易经》";而恋爱,正如李凯自己写的,"喜欢很重要,而最重要的是不要被现实搞定"。这两者都是"成长的必经过程"。"学校是社会的一个半成品,可以学到经验,但不需要付出代价。"

李凯在毕业时写下过《我在浙大,活得很好》一文,文风犀利幽默,嬉笑怒骂,字里行间却情意盎然,让人捧腹又含泪。大学,兄弟,支教,姑娘,成长,漂泊,毕业,一字一句都是七年的回忆和情意。漂泊而奋斗的研三生活,七个兄弟组成的名为"葫芦娃"的团队,姗姗来迟的姑娘,"静而后能扯"的支教回忆,荒草丛生的紫金港新校区,初到浙大的89路公交车,镜头回放,记忆里的青涩与成熟交织,一点一滴全记载在时光里。

2013年,李凯毕业,独自踏上闯荡北京的征程。"世事总是诸多无奈,哪怕我们合体成葫芦小金刚,也斗不过妖一样的离别。"岁月带着轰轰烈烈的青春呼啸而去,而李凯挥挥手,和上一个七年的一切说再见,带着所有的笑泪,开始下一个七年。

附:李凯《我在浙大,活得很好》

"最近许多人在谈论中国梦,这个命题比较宽,作为一个还没进入社会的菜鸟,我一时间并不能描绘出梦想里今后的中国如何,有怎样的 GDP 或是如何的现代化。在毕业之时我能在梦里想到的是多年之后自己和浙大，还有那些可爱的人，能有多少缘分。不是年轻时可以不用太累，而是老去时可以不被现实所累；不是年轻时能有名表豪车，而是老去时能和依旧健康的兄弟们一起在毛像的草坪上谈论多年来的奋斗、冒险，一起唱歌；不是年轻时就能在北京有房，而是老去时有她还在身旁。如果每个人都能实现自己年轻时的梦想，那么中国梦应该也不远了。"

（文／楼闻佳）

学长有话说

作为一个非典型工科生，与大家分享我觉得有用的一套"GPS"系统：

1.方向：理想远大，视野开阔。——（1）尚亨于野，无咎于宗，树我邦国，天下来同。（2）人在江湖，心要比江湖大。后者语出学长廖胜。

2.路径：树立身边榜样，规划成长路径。——修身（格物致知，诚意正心），齐家，治国，平天下。语出《大学》。

3.历练：大学是练兵场，只给经验，不计代价。贵在谦虚实践，切忌眼高手低，真金还需火炼。——无日已是，无日遂真；成章乃达，若金之在熔。

4.方法：读万卷书：读史；行万里路：读人。——（1）惟学无际，际于天地。（2）以史为镜，可以知兴替；以人为镜，可以明得失。后者语出李世民。

5.校正：自立，自信，自省；败人两字，非傲即惰。语出曾国藩。

---

[1] 浙江大学启真人才学院是浙江大学党委学工部和团委共同领导下的浙江大学优秀学生骨干培养基地，其中汇集了大量浙江大学各学生组织中的骨干力量和各方面具有突出成就的学生，以"志存高远，厚德载物"为院训。

[2] "百人会英才奖"发起于2005年，2006年首次在北京大学、清华大学、吉林大学、复旦大学、上海交通大学、南京大学、浙江大学、武汉大学、南开大学、天津大学、四川大学、中山大学12所重点名校中设立，为用于奖励具有杰出领导能力、积极参与社会公益活动、积极服务社会、拥有出众学术知识的优秀研究生，以支持中国培养学养俱佳、德才兼备的新世纪精英，为国家的兴旺发达做出贡献。2007年在

原有的12所高校基础上，新加入电子科技大学和中国科学技术大学两所大学。"百人会英才奖"每年评选一次，每次每校评选2人，每人奖励10000元。

[3] 博客链接地址http://blog.sina.com.cn/zjuzjt。

[4] 浙江大学紫金港校区门口立着一块石碑，上面刻着老校长竺可桢的一段话："诸位在校，有两个问题应该问问自己，第一，到浙大来做什么？第二，将来毕业后做什么样的人？"竺可桢老校长的两个问题是每个浙大人都必须好好思考的！

追求卓越，不断成才

——访浙江大学第二届"十佳大学生"获得者万纬

"兼济天下"、"独善其身"是她的行为准则。正是在这种准则的指引下，万纬始终坚持帮助身边的每一个人。老师、同学、亲人、朋友，哪怕是不相识的路人，都是她热心帮助的对象。在她看来，志愿者活动是学校和社会间最好的桥梁，大学生可以通过这种方式了解社会，提升自己，同时也可以为社会做出自己的贡献。

万纬，女，2008 年进入浙江大学工科试验班学习，专业确认至控制科学与工程学系自动化专业，2008 级竺可桢学院工程教育高级班成员，浙江大学第二届"十佳大学生"获得者。在校期间，她努力学习，曾获得多项荣誉，如国家奖学金，浙江大学竺可桢奖学金、优秀学生一等奖学金、三好学生、优秀学生干部等；她积极参加学科竞赛，曾获浙江省程序设计竞赛一等奖、微积分竞赛二等奖，浙江大学机械设计竞赛一等奖、数学建模竞赛三等奖、过程工程实验竞赛三等奖等；她积极参加科研活动，作为负责人参加了 SRTP（本科生科研训练计划）、省创（浙江省大学生科技创新活动计划"新苗人才计划"）[1]、国创（国家级大学生创新创业训练计划项目）等，并进入过程系统工程实验室学习；她积极参加社会活动，曾担任浙江大学学生无极棋社社长，并被评为校级优秀社团干部。现于美国卡内基梅隆大学攻读 Ph.D 学位。

万纬，无疑是一个格外不平凡的姑娘，一个格外优秀的女生。

在她看来，一个优秀青年，应当特别注重提高自己的思想道德素质，而社会责任感就是这种素质的集中体现。在家庭和学校的培养教育下，她自幼养成了热情大方、乐于助人的性格，拥有广阔的胸怀，始终把"兼济天下"和"独善其身"作为自己的行为准则。

兼济天下，乐于助人

正是在这种准则的指引下，万纬始终乐于帮助身边的每一个人。在上课的时候，她借助着自己的工科背景，常常帮老师解决电脑以及投影出现的各种问题。在课下，她也经常为老师做一些力所能及的事情。曾担任蒋文华老师的博弈论课程助教的她，还利用寒假时间帮助童梅老师整理过一份《电路原理（甲）》课本的勘误表，也帮王慧老师做过《自动控制原理》新课本的校对……在 2009 年 10 月，机缘巧合下万纬认识了一位因不适应大学生活而想要退学的学妹。为了帮助她尽快恢复积极的学习和生活状态，万纬主动找她谈心，带她自习，给她辅导功课。即使在考试周中，万纬依然帮这个学妹解决各种各样的题目。半年之后两人已经成为最亲密无间的朋友。而最令万纬高兴的是，这个差点退学的学妹慢慢地适应了大学生活，在浙大快乐地学习着、生活着。时间来到 2011 年，万纬结识了一位因为"微积分 I"一直没有考过而无法毕业的大四同学。那一年的整个春夏学期，万纬一直坚持帮这位大四同学补习功课，她的微积分成绩最后达到了83 分，给老师和她的家人一个很大的惊喜。

与此同时，万纬还积极参加各种志愿者活动。自 18 周岁生日始，她便用义务献血来纪念自己的每一个生日。2008、2009 年的两个 7 月，她牺牲自己的暑假时间，在浙大招生办做义务的办公室助理，在繁忙的招生季热心地为老师和学弟学妹们服务。同时，作为蓝田学园 0830 班的团支书，她也多次组织志愿者活动，由她带队的敬老院之行和翠苑中学之行不仅得到了合作单位的好评，还获得了学园十佳主题团日活动的荣誉。在 2011 年的寒假，万纬选择了印度的 Baroda 来进行志愿支教活动，与那里的小朋友共度了两个星期的时光。同时她也背起背包，自己走遍了印度大大小小的十几个城市。在印度，万纬看到了贫穷与富有的强烈对比，也看到了贫困家庭小朋友们对知识的渴望。她清楚地明白自己还有很多很多的事情应该去做。

在万纬看来，志愿者活动是学校和社会间最好的桥梁。大学生可以通过这种方式了解社会，提升自己，同时也可以为社会做出自己的一份贡献。

爱党爱国，心系苍生

作为一名共产党员，万纬始终热爱祖国，拥护中国共产党。她是党史类书籍的爱好者，广泛阅读，精心收藏。她也是革命精神的传播者，作为百度红岩吧的吧主，录入过许多革命诗抄。曾有山东电视台的记者问她："如果有一天，祖国真的需要你像红岩英烈一样去为了祖国抛头颅洒热血，你会去么？"万纬的答案只有干净利落的两个字："我会。"如此的决绝，如此的不假思索，让在场的所有人都吃了一惊。但是这确实是万纬心底的话语。记者又追问为什么没有丝毫的犹豫就回答"我会"，万纬说："誓志为人不为家，跨江渡海走天涯。"是的，万纬的志向是"让矜寡孤独废疾者皆有所养"。在她看来，祖国的富强、人民的幸福都有自己的一份责任，她会努力做自己应该做的事情，而现实中的她也是这么在做的。

勤奋学习，致力科研

作为一名大学生，学业自然是最为重要的一部分。万纬立志于科研，立志于用自己的知识让整个世界更加的丰富多彩，所以在进入大学以来就一直努力地学习。对于基础课，她尽量去学高级别的课程，也会选择一些培养计划上没有但是她认为有用的课程修读，希望可以学到更多的本领。同时她也旁听过多门人文社科类的平台课程，例如"现代汉语"、"微观经济学"、"宏观经济学"

等，努力打开自己的视野，扩展知识，全方位地提高自己。也是为了学到更多的知识，拥有更扎实的工科基础，她报名辅修工程高级教育班，并成功通过了选拔，成为2008级工高班的一员。

在大一期间，万纬的所有课程平均绩点达到4.65，其中，"线性代数I"、"常微分方程"、"概率论"、"复变函数"和"数据结构基础"五门课程均为满分。这个成绩，在当时蓝田学园工科试验班2008级的1800多人中排名第10。因此她获得了2008—2009学年的国家奖学金。

步入大二，在保证专业课学习的同时，万纬更加注意自己视野的开拓和知识的积累，选修了许多计算机专业的课程，例如"计算机图形学"、"嵌入式系统"、"数据结构"和"高级数据结构"等。这些课程的学习为她之后在实验室的学习和工作奠定了坚实的基础。大二的一年，她的主修专业平均绩点为4.72，所有课程平均绩点为4.67。

早在高中，万纬就获得了全国青少年信息学奥林匹克联赛一等奖，并由此获得了保送浙大的资格。在之后的省选中又以山东省第二名的成绩进入省队，取得了山东省历史上女生的最好成绩。进了大学后，万纬更加积极地参加各种竞赛和科研活动。在预科期间，她就参与了国际大学生程序设计竞赛（ACM）[2]，由于不是正式学籍，没有竞赛成绩，但是在2008年暑假，她成功入选了浙江大学ACM校集训队参加集训。之后，她又获得了浙江省ACM程序设计竞赛的一等奖和最佳女队奖。同时，她还获得过浙江省微积分竞赛二等奖、浙江大学机械设计竞赛一等奖、浙江大学数学建模竞赛三等奖、浙江大学过程工程原理实验竞赛三等奖等。

但是万纬明白，竞赛毕竟是竞赛，离实际的问题和将来要面对的工作还是有一定的差距的。所以，从大二下学期开始她逐渐转型，进入了过程系统工程（PSE）实验室，并跟着陈曦老师做一些换热网络方面的建模计算工作，并作为主要负责人立项了浙江大学第十三期大学生科研训练计划（SRTP）"向对象广义析取规划建模与求解的C语言实现"。同时万纬也广泛了解系里的各个方向，并参与立项了浙江省大学生科技创新活动计划（新苗人才计划）"无线并网辐射监控系统终端设计"和国家大学生创新性实验计划项目"最优控制问题中的黎卡提方程并行嵌入式求解计算研究"。

在2011年的暑假，万纬参加了为期两个月的美国加利福尼亚大学戴维斯分校（UC Davis）的暑期科研交流项目，在这个项目中她跟随 Nael. H. El-Farra，完成了既定的项目，并将成果付诸论文"Quasi-decentralized Networked Control of Process Systems with Delay Time"投稿至控制界三大会议之一的 American Control Conference[3]。导师对她的研究成果非常满意，并给出了95%的评价。万纬说，正是这些科研的经历让她更加了解自己的专业，也锻炼了自己自主学习与探索的能力。

全面发展，全面提高

作为学生，万纬不仅努力学习功课，还有意识地锻炼自己的工作能力，全面提高自己的综合素质。在高中阶段，万纬就一直担任学生会秘书长。为了方便工作，她还开发了"学生会管理系统"。该系统在她的高中母校沿用至今，并在第八届济南市中小学电脑制作活动中获得高中组二等奖。

大学期间，她担任了许多的学生工作。作为浙江大学学生无极棋社的社长，对内，她努力在棋社里营造一种浓浓的家文化氛围，让越来越多的人在棋社中找到归属感，棋社也获得了校级的优秀社团。对外，她也主办过许多活动，三好杯双棋比赛、象棋争霸赛、迎新五子棋赛，等等。其中，万纬曾两次企划并主要负责了在杭高校棋类邀请赛，并把这个比赛发展成为无极棋社的品牌活动，《钱江晚报》、《今日早报》等多家媒体都对活动作了报道。作为蓝田学园工科试验班0830班的团支书，万纬工作认真，带领班里团员开展了丰富多彩的活动，其中她组织的团日活动和学雷锋活动都被评为蓝田学园十佳活动。在2008—2009年度的团内评优时，她所带领的团支部也获得了校级的优秀团支部。作为工高班的班委，万纬尽职尽责地为同学服务，并参加了2010年的工高班招生，让工高班又注入了新的血液。作为控制系0802班的班长，万纬努力营造一个温馨向上的班级环境。她会及时下达系里的通知，并反馈同学们的意见，也会在班里有同学过生日的时候，提醒大家为他送去生日祝福。在她的不断努力下，控制系0802班的同学很快便熟悉起来，并且成为一个很有凝聚力的集体。

在学习工作之余，万纬也一直在尝试着自己养活自己，因为她认为"经济独立是人格独立的第一步"。她一直做着两份家教，基本上达到了经济独立。

从进入大学以来，万纬就一直在各方面全面提高自己，以合格接班人的要求规范自己的行为，为了自己的目标、为了自己的理想而努力，这便是她成功的奥秘。

（文／王玢岩）

学长有话说

No.1：用最初的心，做最努力的事情。

No.2：微笑着，面对生活中所有的幸与不幸。

［1］为鼓励大学生开展科技创新活动，浙江省科技厅、共青团浙江省委、省教育厅组织实施了 "新苗人才计划"，每年在省内高等院校的在校全日制本科生或硕士研究生中择优选择项目，每个审批项目资助额度为5000元至8000元。旨在培养大学生科技创新意识、激发大学生科技创新潜能、提高大学生科技创新能力，培育一批具有一定应用价值、商业潜力的科技创新成果和高素质创新人才。通过验收的大学生科技创新成果，浙江省大学生科技创新活动计划（新苗人才计划）实施办公室将颁发证书，成果作为学生评优、推荐就业的重要依据，并适时组织成果展或成果交流会。

［2］ACM国际大学生程序设计竞赛（ACM International Collegiate Programming Contest，简称ACM-ICPC或ICPC）由美国计算机协会（Association for Computing Machinery，简称ACM）主办，是一项旨在展示大学生创新能力、团队精神和在压力下编写程序、分析和解决问题能力的年度竞赛，是全球历史最悠久、规模最大且最负盛名的程序设计竞赛。已有30多年的发展历史，赛事目前由IBM公司赞助。

［3］自动控制领域三大会议之一，较全面地反映自动控制各领域中理论与应用的最新研究成果。

莫问收获，但问耕耘；踏实做事，求是做人

——访浙江大学第二届"十佳大学生"获得者赵阳

从本科时期非典型的工科学霸，到斯坦福的硕士，如今又任职 Twitter、Uber 等大型公司的软件工程师，同时怀揣着创业的梦想，赵阳一直践行着"莫问收获，但问耕耘；踏实做事，求是做人"的态度，希望用自己的双手和智慧让人们的生活更加便捷、让社会更加进步。

赵阳，浙江大学生物医学工程及仪器科学学院 2008 级本科生，浙江大学竺可桢学院设计创新班[1]、求是强鹰俱乐部、武术队、首届对外交流大使团等成员。先后担任浙江大学跆拳道协会实战团团长、生物医学工程 0801 班班长等职务。曾获浙江大学"十佳大学生"、国家奖学金、优秀学业一等奖学金、研究创新一等奖学金、优秀学生干部、三好学生、德州仪器奖助学金[2]、蒙民伟香港大学交流计划奖学金[3] 等荣誉与称号。多次参与国际学术会议及国家级体育比赛志愿者活动。世界跆拳道联盟（WTF）认证跆拳道黑带一段，曾多次代表学校参加省级、长三角范围内比赛并斩获佳绩。美国斯坦福大学 2012 级硕士，毕业后在硅谷 Twitter、Uber 等公司担任软件工程师。

生活在自己的坐标系

从依靠自主招生的加分勉强够上浙大的分数线，到大一的三奖，大二二奖，大三一奖、国奖，大四的"十佳大学生"，赵阳的学习成绩在大学四年里实现了一次又一次的跨越，他的秘诀就是"生活在自己的坐标系里"。

大一刚刚进校的赵阳常常对自己的智商产生怀疑：为什么我周围的同学看上去平时都不怎么用功读书，可一到考试的时候却总是比自己考得好，到了竞赛更是比较厉害，甚至有同学大一就拿到了全美数学建模一等奖。而自己大一一年一直努力读书却也只能混到三等奖学金，这真的是因为自己很笨吗？后来，赵阳才知道很多进入浙大的同学高中时都是竞赛的尖子，大学里取得的很多成绩都是以前高中时多年积累下来的，自己怎么可能指望仅靠短短一年的时间轻易赶超呢？

意识到这一点以后，赵阳不再盲目地处处与别人竞争比较，"底子不同，只要和过去的自己比较就好了"。赵阳把学习上的竞争比作跑步比赛，别人早已领先 1000 米，自己即使奋力直追，赶上了 100 米，但始终还是难以超越。如果总是看到前面的人，难免会感到失落或挫败。但相反，如果是和昨天的自己比，你就会惊喜地发现自己又进步了 100 米，信心大增、热情高涨。

和昨天的自己比，赵阳有一个小秘诀：时不时改一改自己的简历。每写一份简历，就可以知道自己在过去的一段时间里又做了些什么，还欠缺些什么，哪里做的还不够好，这样就可以更有针对性地提升自己。

建立自己的坐标系就好比每天给自己画一条新的起跑线，每天进步一点，每天超越一点，生活在自己的坐标系里，拿今天的自己和昨天相比，即使没有最好的自己，也总会有更好的自己。

跆拳道黑带出身的工科学霸

为了提高赵阳的身体素质，赵阳的父亲从小就把他送去县城的业余武校练习武术。在武校的日子虽然很辛苦却塑造了赵阳的良好品格。每天凌晨起床越野十几千米让他懂得坚韧和毅力，跟着师傅习武教会他尊师重道的品行，和小伙伴一起练习动作让他养成戒骄戒躁、耐心锤炼的习惯。上了初中以后，因为对跆拳道高手那一袭白衣加上一条象征地位的黑带的打扮的崇拜，赵阳开始学习跆拳道。与他之前想象的"花拳绣腿"不同，作为一项拥有强烈道德规范的竞技运动，跆拳道的练习强调礼义廉耻、忍耐克己、百折不屈，这些品格在赵阳后来的学习、科研、工作中都发挥了重要的影响。

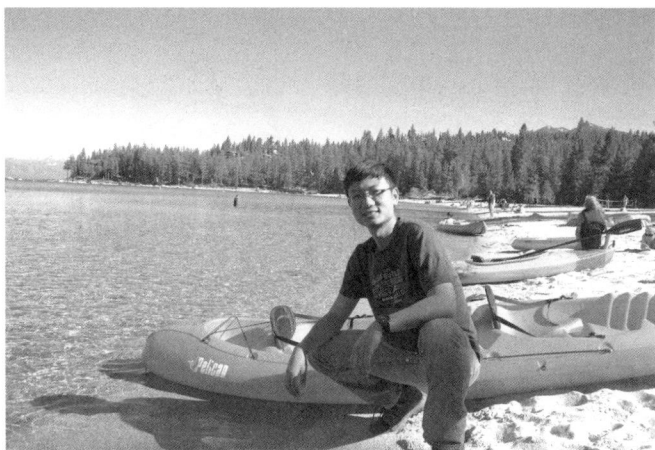

作为世界跆拳道联盟（WTF）认证跆拳道黑带一段高手，赵阳参加过大大小小很多体育比赛。在浙大期间，就曾多次代表学校参加省级、长三角范围内跆拳道比赛，四年内获得了四金、一银、一铜的好成绩。作为校武术队成员，两度代表浙江大学参与浙江省大学生武术比赛，斩获两铜、一个第四、一个第七的好成绩，同时也帮助浙江大学代表队拿到了团体第二的荣誉。"体育竞技不仅带给我忍耐和拼搏的性格，更是给予了一种价值观念，对每件事都要认真负责，总想做到最好——当然并不一定要比所有人都好，但至少自己应该用尽全力、无怨无悔。"

把每件事都尽力做到最好，并不是意味着要同时做好每一件事。兼顾体育比赛、课余活动和学习成绩，并不是一件容易的事。大一刚刚开始时，赵阳也遇到了同样的问题。但他很快找到了自己的节奏。"协调各方面的活动最重要的一点就是分清主次和轻重缓急，要学会分清哪些是紧急重要的，哪些事可以稍微放缓的"，赵阳在面对各种纠缠的事务时会根据事情的轻重缓急——排序，一件一件完成，"最理想的情况就是能把自己的时间划分成明确的时间段，强迫自己专心做好一件事。每做一件事时一定要专注，切忌一心二用"。

能折腾，爱倒腾，充实大学生活

"阳光普照（赵），做阳光的自己。"这是赵阳在"十佳大学生"答辩时的一句口号，他的身上充满着阳光的气息。

在赵阳看来，大学不光是一个传道、授业、解惑的地方，更是一个充满机遇与挑战的平台。大学的每一个机遇都有可能是改变人生志向的机会。对于赵阳来说，对外交流拓展视野、科研项目探索兴趣、设创辅修认识自我，还有更多的体育竞赛、求是强鹰、社会实践、志愿服务经历，不断地"折腾"和"倒腾"，"忙碌"成为赵阳大学生活的关键词。

世界给予每个人同样的资源，同样的机遇与挑战，而人与人之间的差别事实上就在于是否愿意去争取。大一的时候，赵阳就在偶然间看到了求是强鹰的招生信息，抱着试一试的态度报了名，结果第一轮笔试就被刷了。原因就在于一直在纠结那些繁杂的选择题，最后一道大的个人论述题没有做完。但赵阳凭着愈挫愈勇的性格，大二时求是强鹰六期再次纳新时又一次报名，有了第一次积累的经验，以及一年多的努力，一路过关斩将，从笔试到一面、二面，弥补了大一时的遗憾。

社会实践和志愿活动也是赵阳大学生活的重要组成。大一时，赵阳作为社会实践活动的主要发起人之一，和小伙伴一行 10 人坐了 20 多个小时的硬座，5 个多小时的山路颠簸，到达贵州黄平支教。在黄平的十多天里，大学生们给孩子上课，带他们一起玩耍运动，给小朋友们带去的不仅仅是知识，更是一种对知识的渴望以及对未来美好生活的向往；而赵阳从中收获的也不仅仅是孩子们的感激，更是一种助人为乐的快感。赵阳积极投身志愿者和社会实践活动，先后在"第 3 届国际蛋白组学会议"、"心脏学计算国际会议"、"中华人民共和国第 8 届残疾人运动会"等大型活动中担任

志愿者活动，累计志愿者小时数 100 小时以上。

"对比贫困山区求学若渴的孩子和残运会上身残志坚的运动员们，我被现实的巨大差距触动了。当我们为考试分数的高低大打心情牌的时候，他们还在为了生存，为了那些我们认为理所当然拥有的东西而奋斗。"在社会实践中看到的这些让赵阳更加懂得珍惜和感恩，"只能通过努力提升自己来更多地回报社会"。

在不断试错中寻找人生目标

年轻，不怕走错路，就怕不敢尝试。浙大有很多的机会和平台，本科生有太多的机会去尝试，了解自己真正喜欢什么、适合什么。比如做科研，本科生做科研的成本非常低，犯错也没关系，也不需要像 PhD[4] 一样拿五六年的光阴做赌注，即使体验过以后觉得自己不合适也没关系，还可以尝试一些工程项目或是创业项目，不断尝试才能找到自己真正喜欢的方向。

大学一进校，赵阳就有了自己的目标：毕业后出国深造。为了实现自己的这个目标，赵阳在大学期间一直关注各种对外交流项目。大二时，就凭借自己的努力取得了蒙民伟香港大学交流计划提供全额奖学金。在香港理工大学交换期间，赵阳努力争取在 Professor Daniel Chow 的实验室里工作，一开始只能做一些非常琐碎、枯燥的数据处理工作，但赵阳凭借出色的耐心、专心、细心的品质获得了教授的青睐，成功拿到了香港理工大学生物医学工程学院三位教授中两位教授热情洋溢的推荐信，距离实现留学深造的目标更近了一步。"在实现梦想的道路上一定会或多或少遇到困难，但也不用想太多，踏踏实实做事，努力打好基础，我相信在成功的路上抱着'莫问收获，但问耕耘'的态度，上天一定不会亏待努力的人。"

凭借出色的科研成果，赵阳成功申请到了斯坦福大学的录取通知。随着科研的深入，赵阳却发现自己可能并不适合科研的道路。"越到后来，我越觉得自己思维相对比较跳跃，想法比较多，但有时不够严谨，并不是太适合做科研。"赵阳意识到自己可能对做工程、创新创业项目更有兴趣，于是开始走上了工程师的道路。现在任职于硅谷一家著名的 IT 公司，担任软件工程师。除了正常上班以外，持续着爱倒腾的精神，也利用空闲时间做一些创业的小项目。

"虽然我现在的人生轨迹和大一时的想法不同，但我一直有着'用自己的双手和智慧让人们的生活更加便捷、让社会更加进步'的理想。无论是做科研，还是工程师，抑或是我未来的创业规划，我都希望能将自己的价值最大化。"

（文 / 叶盛珺）

学长有话说

莫问收获，但问耕耘。踏实做事，求是做人。珍惜你的青春，让自己的生活忙碌、充实起来。待到你毕业之时，蓦然回首，你定会为自己骄傲的！

[1] 浙江大学竺可桢学院设计创新班（Studio of Design and Innovation）是浙江大学国际设计研究院下属的唯一辅修班，拥有来自理、工、文、商、农等各个专业的同学。它以让不同专业背景的学生学习设计、前沿科技、操作技术、用户交互界面、用户体验、设计领域的商业领先策略和产品设计方案，培养创意才能和跨领域整合能力为定位。

[2] 德州仪器奖助学金，为德州仪器公司在浙江大学设立的激励在校学生勤奋学习、努力提升综合素质的外设奖助学金。该项奖助学金主要面向本科生，奖励标准为每位学生每年5000元。

[3] 蒙民伟香港大学交流计划奖学金，该项奖学金计划由香港"信兴教育及慈善基金"成立，旨在促进内地与香港大学生之间的交流及互动发展。该计划自2008—2009学年开始，六家内地院校每年各选两名全日制本科生赴香港院校学习一年，或每年互选不超过四名全日制本科生赴香港院校学习一学期；而六家香港院校也采取同样的方法，选派本科生赴内地学习。交换期间，学生的学费、住宿、生活

费及来回机票等，均由香港"信兴教育及慈善基金"捐助。该奖学金计划的交换具体内容包括，主修理工或工程类的全日制本科生，须为二年级或以上的学生，大学配对方法以"一配一"进行，信兴负责预先设定派遣学校及接待学校的组合，并每年轮换一次。参与该计划的12家高校分别是，清华大学、北京大学、浙江大学、上海交通大学、南开大学、南京大学、香港大学、香港中文大学、香港科技大学、香港城市大学、香港浸会大学和香港理工大学。

［4］PhD即Ph.D，指哲学博士学位，现泛指学术研究型博士学位，源自拉丁语Philosophic Doctor。Ph.D是与"专业学位"博士相对的学术型博士，高级学衔之一，是全世界公认的学历架构中最高级的学衔。

用奉献书写无悔的青春

——访浙江大学第三届"十佳大学生"获得者陆智辉

他是一位耕耘者，躬自厚而薄责于人。服务之道，始于基层，始于点滴。他是一名志愿者，真诚奉献而润物无声。背负希望，行走大山，践行理想。他是一个传播者，肩负使命而引领风尚。延展爱心，传递真情，戮力前行。志愿服务无止境，青春奉献无尽头，陆智辉用责任和奉献书写了自己的无悔青春！

陆智辉，浙江大学农业与生物技术学院2007级本科生、2012级硕士研究生，2011年作为浙江大学第十三届研究生支教团[1]团长，赴四川省凉山彝族自治州昭觉县开展为期一年的扶贫支教工作。本科阶段历任华家池校区学生会主席（兼），浙江大学学生会副主席等职。曾获得昭觉县优秀青年志愿者、浙江大学第三届"十佳大学生"、"十佳优秀青年志愿者"、优秀学生干部、优秀共青团员、社会实践先进个人等荣誉称号。曾获浙江大学社会工作优秀奖学金、学业优秀奖学金，光华奖学金[2]，圣雄奖学金[3]等多项奖学金。2011年8月，被选拔为深圳第二十六届世界大学生运动会火炬手参与火炬的传递。

陆智辉，浙江大学农学院 2012 级硕士研究生，第三届"十佳大学生"获得者。印象中拥有这样称号的人，往往是被称作"大牛"的个中高手，但陆智辉是个例外，他的故事很平凡很普通。

四年三地，全心全意

陆智辉与浙江大学的故事要从浙大的老校区——湖滨校区说起。在陆智辉的记忆里，儿时和父母去西湖游玩，总会经过浙大的湖滨校区。湖滨校区所在的延安路是杭州最为繁华的地段，也轻而易举地占据了回忆的深处。回忆里的他抬头看着湖滨校区的校门，听父母念叨"要是将来你能考到这里就好了"，然后在心里种下一颗小小的种子。

2007 年这颗种子开花结果，陆智辉由此开始了他与浙大新校区——紫金港校区的渊源。

陆智辉在初入浙大时，和周边的每个人一样，没有太多的人生规划，有的只是对大学生活的憧憬。每日按部就班乖乖地上课学习，像所有期待社团生活的人一样向学生会投递了报名表。也许唯一不同的是这张报名表之后，他与校学生会四年的故事。

"大学四年就是尝试、失败、收获、再尝试、成功。不同的尝试，只要用心去做了，就有不同的提升。"在校学生会体育部任干事的第一年里，"尝试"是陆智辉的主题。2007年的紫金港并没有太多体育类社团，大多数的体育活动都由校学生会承办。"活动一个接一个，做起来还是很辛苦的。"为了做好一个活动，冬天里五六点起床搬运物资、想方设法向店铺老板借用三轮车、组织活动现场、结束后进行扫尾工作，从清晨到

傍晚，辛苦但也开心。那时他有个头衔——"传奇三轮车小组组长"。

第二年荣升校学生会体育部部长，陆智辉的主题转变为"思考"。他说："我很喜欢思考为什么去做一件事，怎么做一件事。"也就是在这时，他提出了体育部的口号"引领全民健身的潮流"，"我们的目的是让大家'走出寝室、走下网络、走向操场'"。从篮球赛、足球赛，再到各类趣味体育活动，陆智辉的关注点从"活动是否成功举办"转变为"同学们是否乐在其中"。"这就是学生活动的魅力，能让你投入其中，享受过程，无论辛苦与否。"这是陆智辉身为部长的体悟。

之后的两年，升任校学生会副主席，站在校学生会全局的角度，他又在思考。"全心全意为同学服务"开始成为校学生会的宗旨，"做学校与学生的桥梁"也成为陆智辉的追求。浙大第三十次学生代表大会召开之时，作为大会筹备负责人之一，他在一个月里瘦了十斤。毕业前夕，他不慎鼻梁骨折，却推迟了治疗时间，直至主持完成新一届主席团的换届选举大会。

2009年，陆智辉与浙大的故事里又增添了华家池"水"的色彩。兼任华家池校区学生会主席的他经常早上跑紫金港、晚上奔回华家池，以牺牲娱乐时间为代价，一周往返多次。谈及华家池工作与紫金港的不同，他说："华家池校区的同学们主要以学习工作为重，我想做一些吸引大家的活动，让大家在紧张之余有放松和彼此认识的机会。"于是就有了"碧波荡漾"华家池划船大赛、"华池水，求是情"新年晚会两大活动。那一年是华家池学生搬迁回紫金港的前一年，新年晚会吸引的不仅是学生，还有老师和附近的居民，在满座的华家池体育馆里，大家共同怀念着华家池的时光。

四年校会，四年奉献。在

他的讲述里，你能感受到活动的盛况，也隐约能看到活动背后他奔波忙碌的身影。

一年不长，一生难忘

大学毕业之后，陆智辉放弃了直接保研的机会，选择赴四川昭觉县进行一年的扶贫支教。

如同所有支教故事的开端，初到四川昭觉县当地，陆智辉也经历了种种"万万没想到"。没想到的饮食习惯，连早晨的粥里都放着胡椒粉；没想到的水土不服，支教团队里大家轮流生病发烧；没想到的医疗条件，宁愿拖着也不敢前去看病……

不过更多的是预见到的现实：教室低矮而黑暗，没有所谓的讲台，只能容陆智辉侧身挤在黑板前；屋子里挤满了桌椅，只有靠窗的一边留一个窄过道；学校宿舍不够，教室后面就放几张高低床，上铺睡一个，下铺再挤两个。而最让陆智辉感到震撼的是"穷人的孩子早当家"。比起城里的孩子从小拥有五彩斑斓的梦想，昭觉县的孩子们未看到远方，却已认清现实，他们的梦想被套在一个固定的句型里——"我想要学什么，长大找一份什么样的工作，然后挣钱给爸妈"。

目之所见让陆智辉想到他来支教的初衷："我去的时候定位很清楚，我不是要去改变他们的人生或者培养几个人才，我只是他们生命中一个特殊的过客，如果我能给他们带去什么，让他们的人生有积极的改变，哪怕只是思想上、习惯上的一个改变，我就满足了。"于是带着这样的心境，陆智辉常常和他的学生说："我们只是在这里待一年，想要有所改变最终要靠你们自己。你们要自己走出去，成为有能力的人再回到这里。"

深圳第26届世界大学生夏季运动会火炬传递
Torch Relay of the 26th Summer Universiade, Shenzhen

陆智辉带的班级里有一个"爱心孤儿班"，是个很好管却又不好管的班。班里孩子多是父母患艾滋病后遗留的孤儿，这些孩子比其他孩子更成熟，对学习的渴望更强烈，很聪明也很上进，这让陆智辉平时授课轻松不少。但孩子们也很敏感，生物课讲遗传提及父母时，陆智辉总会故意讲得轻松随意一些。这些是他在去支教之前不曾想过的，但当自己真正站在讲台上，便必须花很多心思去考虑孩子们的感受。

陆智辉的支教有一个和其他支教不同的结局：在支教结束前，整个支教团队为当地学生募集了现金 70 万元，各类物资折现 300 余万元。面对这个让人惊讶的结局，陆智辉的说法是："一方面传承传统，一方面迎合时代又稍稍走在前面，于是我们就成功了。"当年新浪微博刚刚流行，"微公益"活动也颇受关注，陆智辉一行六人就在微博等网络平台上推出了"微暖计划"，号召大家"少逛一次街，少聚一次餐，为孩子们省下一年的学费"。他们的计划受到了《浙江日报》《杭州日报》等多家媒体的关注，影响力逐步扩大，最终呈现出令人欣慰的结果。不仅如此，他们还帮助当地许多孩子"结对子"，一个寄养在叔叔家里的女孩，获得了好心人的赞助，承诺如果她考上大学将承担其全部学费。

"他是一名志愿者，真诚奉献而润物无声。背负希望，行走大山，践行理想。"这是媒体给予他的评价，不过他自己说："有人觉得支教很伟大，而我只是在完成每个大学生都可能会有的支教梦，我只想用一年不长的时间，做一生难忘的事情。"

陆智辉的故事很平凡很普通，因为他的故事里更多的是"别人"。

（文 / 李小雨）

学长有话说

做一个全方位的"学霸"。

前不久正是今年的高考季，微博网友们晒出了每科一题，众高年级大学生们纷纷惊呼想当年英语、语文、数学、生物、化学等等无所不能，现如今"旧的去了，新的却没来"，堪称无能。学习永无止境，由不得丝毫懈怠，专业知识是今后我们多数人安身立命的根本，更不用说各类奖学金、荣誉称号、出国交流、免研等等都和学业成绩直接挂钩。做到以上部分，只能说你在"学霸"的道路上成功了一半，课外的阅读和知识才是体现与同龄人差距的"主战场"。读书使人知识渊博，读书使人头脑明智，读书使人颇有修养等等，读书的好处不胜枚举。为了在求是园奖学金拿到手软，为了使自己深邃而富有内涵，还犹豫什么，背上书包，挎上水壶，做一个可爱的"学霸"吧。

要善于"折腾"。

凤凰花开的六月，又到毕业的季节，多少人感叹自己的大学回忆平平，乏善可陈。很多人缺乏的正是一种"折腾"精神。"折腾"的含义有很多，把文档名"打死不改版"的论文再拿出来看一眼标题、格式、行文，而不是"随它吧，随它吧"就是一种体现。再比如去尝试各类学生组织，参加科技竞赛、志愿活动等等都是宝贵的经历。今日所经历的，明日都将成为人生的宝贵财富。2011年本科毕业，我选择了去西部支教，用一年不长的时间，做一生难忘的事情。一年的辛勤付出，磨炼了品格，提升了能力，带着满满的感动重新上路，比以往任何时候都走得更加坚定。在离开求是园之时，想要把自己打造成全能战士，想体验丰富多彩的青春，那就努力"折腾"起来吧。

找对"小伙伴"。

进入大学，我们周围的人仿佛一下就多了起来，再也不是中学时每天"熟悉的配方，原来的味道"。犹记得大一进校两个月，我的手机里就多了近200个号码。面对形形色色的人，交友问题迫在眉睫。一定要和带给你正能量的人在一起。举个最常见的例子，游戏，有多少男生为之茶饭不思，日夜颠倒，休学退学的也不在少数，而一个玩游戏的圈子，相互之间的影响正是滋生堕落的土壤。浙大校园里汇聚了来自全国的精英，绝大部分同学都是阳光向上的，找一群志同道合的朋友，一起做"学霸"，一起去"折腾"，走出校园也可以守望相助。认识一些毕业后在外创业的同学，最靠谱的合作伙伴必然是从校园一路走来的"小伙伴"。一个人可以走得很快，但一群人能走得更远，人生的远行，需要"小伙伴"的一路同行。

一分耕耘一分收获，多读好书，多"折腾"，多结交正能量"小伙伴"，今日种下的，必将在明日开花结果。这也是我给自己的目标和准则，与各位共勉。

［1］中国青年志愿者扶贫接力计划研究生支教团于1999年由团中央、教育部联合组建，浙江大学是最早一批响应该计划的高校。十多年来，派出了100多位学生分赴四川省凉山彝族自治州昭觉县、贵州省遵义市湄潭县、云南省景东县等地进行扶贫支教工作。

［2］光华奖学金由光华教育基金会捐赠，光华教育基金会由台湾润泰集团出资设立。此奖学金的目的是培养学生热爱国家，光大中华文化的传统，并借此鼓励祖国的大学生及研究生奋发向学，成为国家的有用之才。自1990年开始，我校先后有5943名研究生和高年级本科生获得奖励。其中本科生每人1000元，研究生每人1200元。

［3］圣雄奖学金由浙江圣雄集团有限公司捐赠设立，奖励浙江大学品学兼优的研究生、本科生，资助品学兼优、家境贫寒的本科生，奖励在教书育人中做出显著贡献的专兼职从事学生思政教育与管理的教师和管理干部。浙江圣雄集团有限公司出资人民币350万元，在浙江大学设立"圣雄奖学助学奖教基金"，每年以该基金存款利息作为奖励（资助）基金。其中奖学金3000元（50名）、助学金3000元（50名）、奖助金5000元（6名），共33万元人民币，奖教金为7万元。

拾　梦

——访浙江大学第三届"十佳大学生"获得者庞雨潇

　　一年修读 78 个学分，她却不是一个只会死读书的学霸；两年内先后导演参演五本话剧，她由此实现了儿时的表演梦。从勤奋中收获成功，优异的成绩使她摘取最高荣誉"竺可桢奖学金"；从兴趣里汲取力量，社团工作使她找到了生活的激情并坚持所往。庞雨潇就是这样一个将学业和兴趣同时出色完成的优秀女孩。

　　庞雨潇，女，浙江大学 2013 级经济学院金融学专业研一在读，浙江大学 2009 级外国语言文化与国际交流学院英语专业本科生，辅修金融学。本科期间曾任班长、年级学生会主席以及党支部宣传委员，外语学院学生会副主席、浙江大学梵音剧社[1]副社长等；多次获得国家奖学金，浙江大学优秀学生一等奖学金、学业优秀一等奖学金、三好学生、优秀学生干部、十佳学生社团干部、本科生优秀学长，南都奖学金[2]等，2012 年获竺可桢奖学金、浙江大学第三届"十佳大学生"；热爱学术科研，在英语专业与金融专业都进行过相关研究，参加 SRTP（本科生科研训练计划）、教育部人文社会科学研究项目，并在 SSCI 期刊上发表论文。

两年前，梵音剧社的话剧《称心如意》的场刊上，庞雨潇轻轻微笑，端庄美丽，图片下面写着"2009级英语"；今天，可以写的还有许多：免试攻读浙江大学经济学院金融学硕士，曾获竺可桢奖学金、浙江大学"十佳大学生"称号……成绩卓著，光环明亮，不免令人敬仰。她徐徐走来，温和亲切，全然没有预想中的骄矜。

来自山东，保送进入浙大，保送攻读研究生，这三个节点基本涵盖了庞雨潇在浙大的过去、现在、将来。理科出身的她保送进来只有英语专业一个选择，而本科四年，她探索了更多可能，追求自己念念不忘的梦。

"我们接受这么好的教育，占用这么好的资源，不好好利用是一种浪费。与其说为社会做贡献这种大话，不如将所学作为事业发挥出来，这是存在的意义。"谈及本科修读英语、金融双学位，庞雨潇如是说。这种"利用"在他人看来是疯狂而近乎可怕的——"大二一年我修了78个学分"。在竺可桢奖学金面试答辩的时候，评委曾一针见血地说，你修这么多学分是不合理的，不能保证每门课都掌握好，而你竟然还有时间参加社团工作。——这一年，她担任了浙江大学学生梵音剧社副社长。

提到话剧，庞雨潇眼神中的兴奋绽放出来，如同孩子一般憧憬："我从小到大的愿望就是做演员，所以我加入了剧社。"而家人不同意自己从事演艺事业，雨潇便专注于学业。大二，她进入梵音剧社。梵音剧社是庞雨潇实现梦想的地方，也是她迅速成长的地方；是她施展才能的地方，也是她体悟人生真谛的地方。她在2012年竞选"十佳大学生"时这样写道：

"在这里，我实现了儿时的表演梦，结交了一群喜爱话剧、喜爱表演艺术的朋友，更重要的是我在这里找到了生活的激情。从杨绛到萨特，从人艺到百老汇，从现实主义到荒谬派戏剧，我对文学、哲学、艺术都有了更多更深的了解，更是从这来源于生活又高于生活的艺术形式中体悟出自己对生活的理解和感动。在排练的过程中，我们不仅自己多看多琢磨，而且经常讨论交流、互

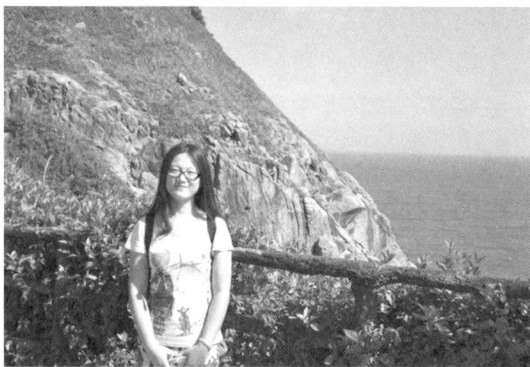

相驳斥，这样的过程大大激发了演员的创造力与表现力，也是我们之所以享受表演享受话剧最重要的原因。当然，撑起一台话剧演出的并不只是演员，还有庞大的后台和剧务，这些就是作为副社长的我需要考虑顾及的，尤其是跨校区跨城市演出时，所有的事务都要提前计划协调好，演出现场更是要打起十二分的精神，小心应对突发事件甚至是舞台事故。我在剧社的两年内先后导演参演话剧五部，在学校以及周边高校进行交流演出，促进校内以及周边高校的校园文化交流。"

梵音剧社，是诞生另一个"庞雨潇"的地方，是她蜕变的地方。她还曾经报名《中国好声音》的后台实习工作，因经验不足而遗憾落选。雨潇怀揣演艺梦想，却也令人生疑，金融是她的兴趣所在吗？

"其实最大的兴趣还是表演。学了这么多年金融，已经不知道还有没有兴趣了，于是把目标修改了一下，想在金融行业积累一些资本，再转行踏入娱乐界。"庞雨潇说，现在的理想是做制片人。

回忆起在剧社的日子，她用了一个词"唏嘘"，感慨道："那时的生活怎么可以这么美好。"剧社成员来自不同专业，因对话剧的热爱聚在一起，雨潇认为剧社最神奇的地方在于"敢想"。有时自己的想法被旁人认定为离经叛道，但在这里不必顾虑，"有'言论'上的自由，更有精神上的自由"。社团工作让她发现了自己的可能性，找到了自己的擅长与兴趣所在。

一年年脚踏实地，庞雨潇在大四获得了竺可桢奖学金和"十佳大学生"称号。而四年前初入浙大，一名获得竺奖的学长向她介绍竺奖的情况，那时的她从没有想过有朝一日自己也会成为光环下的人物。如今，回顾从前，她认真地沉思许久，实实在在地表示："这些奖项被光环化了。"

如庞雨潇所言，她明白自己是怎样发展的。能力强弱，目标远近，努力多少，能走到哪一步，她都清楚。荣誉和心血是分不开的，坚持付出，回报是理所当然的，但不能将荣誉光环化，更不能被名声与赞扬蒙住双眼，"它只能代表过去"。

她轻描淡写地述说自己的过去，声音不大，但字句透着坚定与睿智。然而，雨潇也有迷茫："我会给妈妈打电话，我说我特别累，我为什么要这么做，妈说她也不知道，'我和你爸都是闲散的人'。有时想想，我对自己要求太苛刻了，这不是好现象。"现在的庞雨潇常常思考社会期望的成功是什么，是否值得追求。虽然难以为它下定义，但她认为，无论成败，人具有能力就要将其发挥出来。"面对一个可得可不得，可努力可不努力的事情，我往往会选择争取。"这是她根本的想法。

"这样做来真的很辛苦。"

"习惯了就好了，做下来你终究会找到有意义、有趣味、能发挥能力的地方。"

如今她已经找到了，表演梦引导她前行。她坦言偶尔觉得学习枯燥、困难，但始终秉持一种信念：念念不忘，必有回响。采访结束，庞雨潇依然憧憬，真切地希望明年可以出演最后一部话剧，因她本科时最大的遗憾是"没有出演毕业大戏"。

"浙"里五年的青春，庞雨潇在拾梦。路途风光旖旎，一路走，一路收获。梦亦近亦远，雨潇始终追逐。

（文／张育源）

学长有话说

No.1：学会包容，它使你免于过多束缚。顺其自然发展，时常提醒自己接受变化的自我，接受他人。

No.2：接触不同的人，接触越多，收获越多。

No.3：寻求可能性，多探索未来，利用环境和时间塑造自己。

No.4：过于理想主义不易与社会相容，但要清楚自己的追求，坚持下去就是对的。

No.5：众声喧闹时，要分辨影响是否有益，不关心世俗舆论。社会标准和期望不一定是好的，要有自由的思想，清醒认识自己。

No.6：若你从所做中得到快乐，坚持下去，即使身边有偏见。旁人难以体会这种感觉，只按照世俗的标杆生活，没有自己的精神世界。学会遵从内心，心无旁骛。

No.7：固定于一个地方会形成思维定势。多外出感受不一样的东西，经历令人成熟。

No.8：做决定不要过于瞻前顾后，车到山前必有路，做自己最想做的事。自我是前后相继的，不能一味后悔而否定过往，相信当时做的决定就是最好的，对自己满意才能走下去。

[1] 浙江大学梵音剧社成立于2003年11月，是浙江大学学生自发组建并不断发展成熟的一个校园业余戏剧团体，曾多次被评为浙江大学十佳学生社团。"梵音"二字源于佛教，意即清净中的声音。以"红"为代表色的梵音剧社，正是在这一片清净的校园天地中发出了属于学生戏剧爱好者自己的独特声音。

[2] 南都奖学金是由南方都市报设立的，面向中国境内高校在读大学生（含硕士研究生、本科生、大专生）的专项奖学金，不限专业，不限年级。每学年评选一次，其中一等奖10000元，二等奖5000元，三等奖2500元，创新奖1500元。

追求灵魂与信仰

——访浙江大学第三届"十佳大学生"获奖者张璐

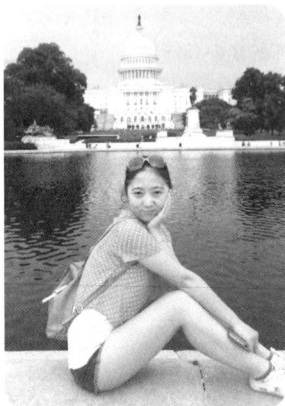

都说男生理工科强，而她却又一次证明了"谁说女子不如男"。张璐是一个用梦想铸就希望的女孩，一个用踏实努力超越现实的女孩，一个用积极进取赢得辉煌的女孩。做一名有灵魂的工程师，做一名会总结的学习者，做一名有信仰的领导者，这是张璐对自己的要求，亦是她一直努力奋斗的目标。

张璐，女，浙江大学2009级控制科学与工程学系自动化专业本科生，浙江大学第三届"十佳大学生"荣誉获得者。在校期间曾获浙江大学优秀学生一等奖学金、三好学生、优秀学生干部、优秀社会工作奖学金[1]，控制系仁爱奖学金、控制系中控奖学金、E＋H奖学金[2]、南都二等奖学金，控制系优秀共产党员等，申请实用新型专利两项。曾任浙江大学求是学院云峰学园分团委书记助理、委员、常委、副书记（挂职），控制系2009级本科生第四支部委员、副书记、书记，控制系本科生兼职辅导员等。

　　所谓"张"者，张弛有度，文质兼备；"璐"为美玉，柔和而恬淡的光泽，是张璐成长的颜色。

　　张璐来自山西太原，2009级自动化专业，现在在美国普渡大学深造工程硕士学位。张璐说："'十佳'的过程是一种积累和修行，源于我对梦想的执着，却永不止于一份荣誉的最终归属。"在浙大四年的生涯里，这所学校教会了张璐如何为人以及成为何人。

做一名有灵魂的工程师

　　大一刚入学，张璐和大部分新生一样，对一切都充满了好奇，对具体的专业选择也比较迷茫。但是她积极主动地和各专业的老师、学长积极沟通、交流，并结合自己的兴趣和特长，郑重地选择了控制科学与工程学系的自动化专业，作为其工程师之路的起航。

　　属于自己的核心竞争力，是每个工程师的灵魂之所在。张璐深深明白这一点，因此她在大学四年的学习上刻苦地钻研。

　　凭借着自己的勤奋、刻苦与专注，张璐慢慢地取得了学业上的一个个成就。在大学本科期间，她多次拿到学业优秀一等奖学金，优秀学生一等奖学金等。张璐在大二进入竺可桢学院的工高班[3]学习，在这里结识了一批优秀的小伙伴，在互相学习、共同进步的同时也结下了深厚的友谊。

　　张璐在科研方面也是满怀激情，尽心投入地去做。在大三，作为国创立项负责人，她看到自己团队设计的单腿机器人成型，心中的自豪和归属感难以言表。另外张璐在大四以"一种微波炉的加热腔结构"以及"一种带联动拉出装置的微波炉的开门结构"申请了两项实用新型专利。

做一名会总结的学习者

谈及大学四年的学习心得，张璐与我分享了她的秘密。

首先，最重要的是心静。"如果一个人的心静不下来，是做不好科研，做不了学问的"，只有把心静下来，我们才能专注于一个个难点，完成一次次挑战。

其次，我们应该要愿意付出，肯吃苦。你今日所获得的成就就是当初的选择在现今的体现，只有沉下心、愿意付出，才能有收获。回想起大学时候的学习生活，张璐说很多事情和细节也不是那么清晰了，但是有一个场景她却觉得就像在昨天一样。"那大概是一个大二的晚上，我十点钟开完分团委例会，骑着自行车，准备从紫云回到西区继续自习"，"很多学生这个时候刚好从西区回宿舍，我却和大家逆向而行"，"有些凉爽的风吹过耳边的发，带来阵阵的桂花香，那个时候的我并不觉得自己辛苦，也并不觉得自己好像在坚持一件很痛苦的事情，反而内心平静，心情愉悦，嘴角还是上扬的弧度"。现在的她回想起那时候的心境，也会被曾经努力刻苦的自己打动。漂亮的简历背后始终少不了日日夜夜辛勤的付出。

最后，我们要拥有团队精神。优秀团队的力量是无穷的。在学习和科研方面既要保证自己的独立性，也要拥有团队精神，让自己成就团队的力量，也让团队成就自我的价值。大学里不管是课程学习还是科研训练、比赛等，很多都是小组合作来完成的，"在团队中，成员们要相互学习，共同担当责任"。

做一名有信仰的领导者

张璐除了在学术上取得非常靓丽的成就之外，也积极地参与各种社团学生工作。她的目标也是成为一名有信仰的领导者。大学四年，从求是学院云峰学园到控制系，张璐历任了多个岗位。她是团建骨干、党建骨干和兼职辅导员，等等。凭借她在学生工作中的优异表现，张璐多次获得"优秀团员"、"优秀团干"、"优秀学生干部"、"控制系优秀学生党员"等荣誉称号。

学生工作的确能使我们的能力得到很大的提升，但有时候，学生工作中的枯燥、单调也确实让人心烦。对此张璐也谈到了对大学里学生社团工作的感想和看法。

"学生工作有时候是很烦，任务也比较重，但是你一旦用一种使命感完成了，坚持下来了，你就会发现自己很多方面有了质的飞跃。"张璐说，"这种感觉很微妙"。我想经历过的人都会明白这其中的成长。况且，我们周围各方面都有比我们优秀的人，时刻抱着一种学习的心态去欣赏那些比你优秀的人，我们的人生就会有更多种可能。

张璐也给我们分享了她在社团工作的小故事。回想起自己大一时做的第一份学生工作，张璐嘴角露出了一丝笑容。那时是大一军训刚刚结束，当时是年级开综合素质测评的培训会，张璐恰好是云峰学园团委综素部的一个小干事，因为部门人手不够，她就被分配到专门负责一个场次的一百多名学生。"我顿时感觉仿佛自己承担了一份光荣的使命！"张璐发材料，主持培训会，当她很认真地完成了这样的一个任务后，"我发现这样的事情我虽然此前从未做过，但原来我可以做，而且可以做好。就是这样的一件件小事给我累积自信和勇气，去接受一个个看似完不成的挑战，去攀登一个个貌似登不上的高峰"。正是在一个个社团工作中慢慢尝试自己从没有做过的事，慢慢去锻炼刚刚从象牙塔走出的我们，我们才可以慢慢地积累自信，强健自己的翅膀，使自己可以在更高的天空中翱翔。

有时候，对于一个大学生来说，如何做到学习和社团工作两不误，并且都做得非常优秀的确是个不小的挑战。而张璐正是这样一个优秀的例子。当我问到如何做到学习和工作的两全时，张璐说："其实我认识很多周围的同学两者都做得很好，我也并不觉得做学生工作就是阻碍好好学习的绊脚石，也并不觉得课程学习是放弃提高综合能力的合理借口，两者并不矛盾，有时还会相互促进，关键是处理好'度'，知道什么时候该做什么，而做什么的时候就一心做好什么，绝不三心二意、半途而废。"把握好"度"非常关键，在规定的时间学习就专心投入学习，在应该工作的时候那就全身心地投入工作，专心一致才能做得优秀。

大学四年青春非常宝贵，有时候就要做一些自己喜欢的、新奇的事情。在学习和工作之余，张璐积极报名参加茶艺班，并在去年通过了浙江省初级茶艺资格师考试，而且也积极参与各个新年晚会的主持，各个优秀剧目的参演等等。

在采访的最后，我也问道，如此优秀的张璐，在大学四年有没有什么后悔的事情呢？张璐说，"比较大的后悔的事情，就要算是跟学弟学妹交流的不够多吧"。其实她也遇到过很多优秀善意的学长给她提供过很多无私的帮助，她也非常感谢他们，同时觉得回报这种感谢最好的方式就是将这种帮助传承下去，让更多的学弟学妹少走一些弯路，少遇到一些磕碰。所以，把我们的交流记录下来，把张璐的经验写下来，希望对学弟学妹们的大学生活有所帮助。

（文／黄勇）

学长有话说

关于优秀的定义是多重的，希望大家不负青春，活出自己的精彩。

[1] 浙江大学设立单项奖学金，用于奖励在某一方面表现比较优秀且思想品德评价等级为良好及以上的学生，分学业奖学金、文体活动奖学金、社会实践奖学金、社会工作奖学金四种。每人所获单项奖学金不超过两项。其中文体活动奖学金用于奖励积极参加文体活动并取得优秀成绩的学生，评定比例为2%，奖励金额为1000元。社会实践奖学金用于奖励在教学计划外的社会实践活动中表现积极并取得优秀成绩的学生，评定比例为2%，奖励金额为1000元。

[2] 恩德斯豪斯奖学金，由上海恩德斯豪斯自动化设备有限公司（简称E＋H公司）出资设立。

[3] 工高班的全称是"浙江大学工程教育高级班"（Advanced Honor Class of Engineering Education，简称ACEE），是隶属于浙江大学竺可桢学院的辅修性质的特色实验班级，由竺可桢学院实施管理，建有班级网站http://www.zjuacee.org和内部论坛，创有班刊《工·高》。

青春，在路上

——访浙江大学第四届"十佳大学生"获得者纪盈如

年轻的时候，我们还有更多时间的时候，我们可以有时间去做一些改变世界的事情。"用一年不长的时间，做一件一生难忘的事。"这就是纪盈如的青春故事。她体验过不同的青春，却依旧在青春中；她走过别人走过的路，却最终走出了自己的路。她用行动和努力在追逐梦想的过程中享受着大学的精彩生活，更享受着予人幸福的快乐。

纪盈如，女，浙江大学2012级传媒与国际文化学院传播学专业硕士研究生。2011年毕业于浙江大学人文学院汉语言文学专业（国家基地班）和竺可桢学院创新与创业管理强化班（ITP）[1]。毕业后，作为浙江大学第十三届研究生支教团的一员赴浙大第二故乡——贵州省遵义市湄潭县扶贫支教一年。回校后，就读于传播学专业，一年内发表四篇学术论文，其中一篇被传播学顶级期刊《当代传播》所收录；是浙江大学传媒学院参加国际传播学会年会的第一位硕士研究生，并受邀做口头报告。曾任浙江大学学生科学技术协会主席，浙江大学"蒲公英"青年创业学院[2]第一期创业训练班班主任，传媒学院兼职辅导员等，曾赴香港、台湾等地高校参加交流访问。多次获得学校各类荣誉，获得2012—2013学年竺可桢奖学金与浙江大学第四届"十佳大学生"等荣誉称号。

什么是青春？

何谓青春？是无比自豪地亮出一张张镀金的奖状，是游刃有余地在各大社团扮演领导角色，是无比幸运地拥有一场校园邂逅……纪盈如说，青春就是做轰轰烈烈的事。

纪盈如来自黑龙江，一袭长发，一双明眸，偶一颔首，喜上眉梢。她没有北方人固有的高大，身形宛若江南雨巷撑伞的丁香姑娘。她的笑很美，眼神里充盈着如邻家女生一样的从容淡定，嘴边时常泛起如细雨波动湖面的浅浅酒窝。

她来到浙江大学是一次机缘巧合，招生办的老师亲切地指引让她对于浙大有了"家"的印象，也为她六年的杭城生活提前注入温暖。

大学一年级的纪盈如与普通学生一样，不知道自己想要什么，不知道自己的目标在何处。作为一名文科生，她选择了自己比较感兴趣的汉语言文学，并以优异的成绩进入汉语言文学专业国家基地班，她开玩笑道："中文嘛，万金油！"徜徉于人文学科中四年，为纪盈如之后的学术性研究奠定了基础。

与其他的学生一样，纪盈如也参加社团活动，浙江大学学生科学技术协会便是对她影响最大、最令她难忘的地方。大一进入科协、大三成为为数不多的人文学科出身的主席，纪盈如不觉得自己是"大神"人物，只是在学习与社团活动之间有明确的目标罢了。"阶段性的时间会因为学生工作变得很忙，但是我会在最需要我的时间内做最需要我做的事。"科协每年会组织蒲公英创业大赛，其中培训就有二十多场，工作量非常大，纪盈如在这段时间会全身心地投入到社团工作中，在其他比较零散的时间里"见缝插针"地学习。她知道，学习是一个长期的过程，社团工作只在某个节点有很多。做事单线程的她习惯在一段时间只拼一件事，并且将其做到极致。当问及"如何平衡社团与学习关系"这个"老掉牙"的问题时，纪盈如笑笑道："学习不能丢，社团也要做好，学会时间管理和自制。当然，我有时也会拖延，deadline 之前的爆发力是很强的。"

科协不仅给纪盈如能力上的历练，还为她指引了未来的方向。她大一时，科协的骨干在学习与工作间运筹帷幄，是非常能够"折腾"的人，他

们常常给纪盈如讲述热血的大学生活。"那是一种力量，一种绽放自己的热血青春的力量，我很喜欢这样的生活"，她从学长学姐的身上了解到大学应该如何规划，并且逐渐、不自觉地走上了和他们相仿的道路。

纪盈如进入竺可桢学院创新与创业管理强化班（ITP）便源于在科协的学长学姐的耳濡目染。大一时就曾有一位学姐兴奋激动地与纪盈如分享她所在的 ITP 获得全国十佳班级称号的荣耀。科协很多人都是 ITP 的成员，纪盈如很羡慕他们的氛围，被他们身上的精英特质所吸引。ITP 是让纪盈如成长最多的地方，她在那里接触了许多很有见地的管院老师，被他们为人的态度、为学的智慧所影响着，也遇到了至今关系甚好的挚友，包括即将成为一生伴侣的男朋友。"会有一群人大半夜的到草坪上去谈人生、理想与未来，你会在他们身上源源不断地获取前进的动力，他们都很优秀，他们也会和你分享，这也是一种推动力吧，推动你一直向前。"

一年的时间能做什么？

大部分的人在大学毕业之际会选择去实习、为直接工作做准备，或者是选择继续马不停蹄地修读课程，在现实压力之下，人难免会走得匆忙与物质。而纪盈如，选择在她青春且旺盛的一年，停下了脚步。

2011 年，大四毕业的她，踏上了去贵州湄潭支教的路，一去便是整整一年。谈及当时去支教的原因，纪盈如眼神里有一束坚定的光，让四月的下午都黯然失色。她说自己是一个很容易热血沸腾的人，青春就是要去做这些轰轰烈烈的事情，留下些难忘的经历。一年其实不长，她一点也不后悔放弃这个可以做更多实习、获取更多机会的一年，因为她知道，如果这次不去，以后也就再也没有机会去了，只有年轻的时候才有时间做自己想去做的事情。带着对这种青春故事的向往，纪盈如和她所在的研究生支教团在浙江大学的第二故乡——湄潭求是高中，播撒着奉献与反哺的种子。

求是高中的学生大多从小独自在家，由于父母常年在外务工，他们缺乏沟通的对象。纪盈如所在的研究生支教团开展了求是强师工程、求是心灵工程、求是彩虹计划，定期为这群孩子们提供心灵健康教育与辅导，为当地经济条件不好的家庭拉赞助物资、提供支持。

纪盈如有另一个身份——求是高中高一两个班级的语文老师，她每天至少有两节课，每周有四个早自习、至少两个晚自习，每天六点多她会准时到场督促学生的早自习。经过一年的接触，"纪老师"与学生们之间的距离近了，感情深了，并且两个班的语文成绩名列前茅。在"纪老师"结束支教、离开湄潭的前一天晚上，她的学生在其事先不知情的情况下为她办了一场欢送晚会。每个人都讲了想要对"纪老师"说的话，那个时候，她已经泣不成声了。所有人最后在教室里大喊了三遍"纪老师我爱你"，然后一路唱着《祝你一路顺风》将她送回办公室，学生们要求"纪老师"站在办公室的窗前，他们整齐地排成了课间操的队伍，对着窗前喊："纪老师你一定要幸福，纪老师我们爱你，纪老师要回来看我们！"讲述到这里，纪盈如的眼眶有些湿润了，"当你背上行囊卸下那份荣耀／我只能让眼泪留在心底／面带着微微笑用力的挥挥手／祝你一路顺风"，这首旋律似乎又在她的耳畔回响起来，那天的队列与呐喊，在朦胧的双眼里清晰可见。

"用一年不长的时间，做一件一生难忘的事"，纪盈如在离开湄潭的时候才真正理解了这句话的含义。支教之前，纪盈如的期待莫过于认为自己是去奔赴祖国的西部、壮志满满地做一件很伟大的事情；离别之时，她发现，自己其实没有那么的轰轰烈烈，但是，内心是充实的，被这一年点滴的幸福所装满，变得更有底气。再回到学校的时候，她有了与别人不同的身份，有了一群爱她、依赖她的学生，她身上的责任感、骄傲与自豪，不断地鞭策着她成为更好的人。"我没有成为所谓的壮士之类的英雄人物，但是在我123个学生中，我就是英雄，我为他们自豪。"离开湄潭已经两年了，那群学生还是会在QQ空间上给纪盈如留言，有时也会寄明信片，关注着她的一举一动。"纪老师"也会严肃地叮嘱他们，要专心学习，少上网。纪盈如与这群孩子有一个约定：在他们高考结束走出考场的时候，她会在考场外面等着他们。今年这些孩子们高考了，纪盈如准时赴约。

一年的支教承载着取代不了的情感，也让纪盈如明确了今后的目标——成为大学老师，继续教书育人的工作。"我做过很多事，社团、实习、创业，有丰富的生活，最后选择支教。我体验过很多种的道路，影响我最大的还是支教。我喜欢讲台，喜欢当老师，喜欢用自己的知识和智慧感染、影响别人，看着学生成长我很开心，我很喜欢那种桃李满天下的感觉，我会继续教育的事业，成为一名受学生尊敬爱戴的老师。"

竺可桢老校长曾经问过两个经典的问题："到浙大来做什么"、"将来要做什么样的人"。对于纪盈如来说，浙江大学就是塑造自身的过程，是明确自己未来目标的过程，她希望自己将来能够成为一个求真务实的人，感染、启发别人，自己又能敢梦敢想。

青春的图片应该是绿色的，有纪盈如随风飞扬的长发与甜美的微笑。她体验过不同的青春，却依旧在青春中；她走过别人走过的路，却最终走出自己的路。她开玩笑道自己是个伪文艺青年，有时又很"三俗"，擅长打牌打麻将，电影电视剧也喜欢；她喜欢知性的书，喜欢毕淑敏、三毛，在出水痘隔离的时候读完了《红楼梦》；她就读于传媒学院，但是不喜欢写稿，不想当记者；她上过浙江卫视《王牌谍中谍》，"嫌弃"电视把她拍丑了……采访之时，纪盈如正在准备去西雅图参加新闻传播界最有影响力的国际传播学会（ICA）[3]第64届年会，她的青春依旧在路上。

（文／占悦）

学长有话说

人生有很多个十年，但18岁至28岁就是一辈子，愿学弟学妹不负这最美的十年！

---

[1] 浙江大学创新与创业管理强化班（Intensive Training Program of Innovation and Entrepreneurship，简称强化班ITP），隶属于浙江大学竺可桢学院。每年从全校理工农医文史哲各个专业逾6000名二年级本科生中选拔，采取自愿报名、公开竞争、择优录取的原则，选拔60人（2010年起改为40人），在保证完成本专业的学习前提下参加历时两年的强化班学习。

[2] "蒲公英"青年创业学院（College of Dandelion Entrepreneurship）由浙江大学和杭州市余杭区校地双方筹建，2011年9月23日正式成立。"蒲公英"青年创业学院将通过建立科学、系统、全方位、全过程的教育培训体系，大力推动广大青年才俊的创新创业实践。学院网站地址为：http://www.cde.zju.edu.cn/。

[3] 国际传播学会ICA创建于1967年6月，是研究广播电视和传播事业现状和未来的国际性学术团体。学会创建目的是建立一个独立的国际学术论坛，交换、分析、研究有关大众传播特别是广播电视对社会、经济、政治、文化等方面的影响，以及有关法律、技术等方面的问题。

白璧一心，丰盈一程

——访浙江大学第四届"十佳大学生"获得者徐碧莹

"对爱情的渴望，对知识的追求，对人类苦难不可遏制的同情，是支配我一生的单纯而强烈的三种感情。"徐碧莹说，她深深感受到自己被这三种激情环绕着，并且始终努力寻求着这三者之间的平衡。她一直奋斗在对爱情、知识和人类社会的追求与关注中，凭借自己的努力换来了荣誉，也因此而担负起更大的责任与义务。

徐碧莹，女，浙江大学电气工程学院电子信息工程专业2010级本科生，辅修竺可桢学院工程教育高级班。连续三年获得国家奖学金，浙江大学优秀学生一等奖学金、三好学生荣誉称号，三年综合排名专业第一，是竺可桢奖学金、浙江大学"十佳大学生"、电气学院"十佳学子"荣誉称号获得者。热爱科研与竞赛，负责省创（浙江省大学生科技创新活动计划"新苗人才计划"）一项，曾赴阿尔伯塔大学科研交流，曾获大学生数学建模竞赛校赛一等奖、全国赛省一等奖、美国赛一等奖，德州仪器"芯锐"校园商业大赛"芯锐奖"，研究与创新一等奖学金。热诚为同学服务，曾任团支书、团总支委员、浙江大学学生跆拳道协会[1]副主席、校团委青年志愿者指导中心办公室副部长等。热心公益，是浙江大学"五星级志愿者"，"美丽中国"教育非营利组织[2]浙大校园主管之一，曾在第八届全国残疾人运动会中担任志愿者骨干并获杰出志愿者荣誉，曾担任哈佛交流基金会CSE"激励下一代"夏令营助教。

徐碧莹就那样彬彬有礼地站在 SRTP 的展示台前，耐心地为走过的每一位同学讲解她身为学姐做的 SRTP 项目——"用于 LDO 的低噪声超低温漂带隙电压基准设计"。她为每一位同学讲解电路的功能和设计思路、设计预期和设计结果，直到询问的同学完全了解为止。她还主动询问大二的学弟现在的项目是什么类型的，介绍做过相似项目的学长与他们认识、交流。

竺奖、三年国奖、十佳大学生，荣誉等身的徐碧莹话语亲切，细心负责，她谈起话来，是平平淡淡、实实在在的，却也蕴含着感染力。她最喜欢罗素的一句话，"对爱情的渴望，对知识的追求，对人类苦难不可遏制的同情，是支配我一生的单纯而强烈的三种感情"。徐碧莹说，她深深感受到自己被这三种激情环绕着，并且始终寻求着这三者的平衡。

持之以恒

"担任跆拳道协会的副主席完全是因为喜欢运动，还有对协会的感情。"徐碧莹这样说，她在跆拳道协会一待就是三年。她很欣赏跆拳道"忍耐克己、百折不屈"的精神，这种精神也支持着她走了很远。从社团招新时的初识，到后来每周四次的高强度训练，徐碧莹在跆拳道协会的日常活动中不断成长、进步。大二时，她破例成为协会训练部历史上第一任女副部长，带起整个协会，其训练质量日益提高。"协会是给我归属感的地方，在这里交到了许多真心喜欢这项运动的朋友。"徐碧莹回忆过去三年在协会的点点滴滴，训练的热血挥洒、比赛的酣畅淋漓、聚会的欢声笑语……那时即便是大三在玉泉，一两周还是会抽出一次训练时间付出给跆拳道协会。

志愿者服务也是她持久坚持的事情，她是浙江大学的五星级志愿者、优秀志愿者，仅大一大二记录在册的志愿者小时数就有 350 小时

之多，环保回收、雏鹰家教、残疾人运动会，徐碧莹做过的志愿服务不胜枚举。许多人对于志愿者服务一次两次就倦了，或是攒够两课分就止了，而徐碧莹却一直坚持。她是那一批永远从受助者角度出发、无私奉献的志愿者之一，她希望浙江大学能有更多真正投身公益的人出现。"学校里面公益的组织要把活动做得更好，让参加活动的志愿者受到启发，觉得志愿服务真的有它的意义。另外人们也应当因为志愿者本身的意义去服务，而不是因为其他的功利因素。"即使分析再多公益的正义性和双赢内涵，在徐碧莹看来，"都比不上看到别人真诚的心和灿烂的笑容，那是在所有理性之上的，最简单、也最有感染力的赤子之心"。

谨于学识

工高班是竺院历史最悠久，也是学生从大一下学期就开始的辅修班，每年会吸引大批的理工科学生前来报名，而最终入选的，总是那出类拔萃的 40 人。徐碧莹便是其中之一。当然，工高班并不是一个人们想象中的大神云集、每天昏天黑地做建模的地方，徐碧莹说，尽管工高班经常做比赛，但不存在竞争关系，同学们相互欣赏、感情十分要好。"这里有专注学术的人，想问题十分深入；也有广泛涉猎的人，在商科领域也有所成就。工高班拓宽了我大学道路选择的可能性。"徐碧莹回忆道。

徐碧莹举出了三点工高班令她深爱的原因："工高班的课程设置多元化，有很多设计创新的课程，让人乐在其中；不同专业学生的组建，使得不同思想得以汇聚；每个人都有闪光点，通过交流，互相感受启迪。""智能邮件系统"是徐碧莹和她的小组成员最满意的成品之一，通过创新设计、实践制作，他们实现了邮件送到报箱

时，房间中的花会摇晃、花瓶会发光的功能，以此来提醒老年人查收邮件。创意的设计闪着人性化服务的光芒，而这只是工高班林林总总的课程作业中普通的一项而已。

因为工高的原因，徐碧莹参加了四次数模竞赛，除第一次有些焦躁之外，后三次都十分开心。她笑谈有一次杭州公交车系统的建模问题，虽然熬得比较晚，但每个组员都乐在其中。"当你对一个比赛的内容真正感兴趣，而不是功利地去选择参加比赛，往往更能获得成功。"这也许就是工高班总是能斩获头奖的秘诀吧。后来在德州仪器校园"芯锐"大赛中徐碧莹和她的队友们也摘取了该比赛的桂冠。还是那句话，"打起兴趣做科研，做想做的、喜欢的项目，不放弃其他的时间，就一定可以做好"。

美丽中国

徐碧莹是"美丽中国"浙江大学的项目主管之一，平时参与举办校园宣讲会、招聘会和其他筹备工作。她是因为"美丽中国"的宗旨——"帮助每个贫困的孩子享受平等教育的机会"而被吸引去的。她希望可以在"美丽中国"的支持下，更好地将自己对这份理念的信守传递给更多的人，让更多有心人选择去改变中国贫困地区的教育状况。"'美丽中国'的每个成员都为这个集体付出时间和精力，这个集体的生命力很强。"徐碧莹介绍道。

"美丽中国"招收为期两年的山区志愿者，只是为了提供给山区孩子们最稳定的、最有效的教学。这虽然有悖于普通的"支教模式"，也会因此流失很多志愿者，却会筛选出那些真正有热情、愿意为贫困现状做出改变的学生。徐碧莹说："现在支教的现状并不是缺少教师，而是教师缺少对学生的关爱。大学生来了又走了，常驻教师也往往是为了养家糊口，满足经济条

件以后也会随时离开。美丽中国呼唤一批真心付出、有热忱的项目老师。"

徐碧莹讲述了在贫困山区发生的一些感人的故事，其中一项是"点亮眼睛"计划。一位教师在教课之余，发现上课坐在后排的学生因为看不清黑板学习很差，于是他借助"美丽中国"的资源，为班上后排近视眼的学生都配了眼镜。还有一位哈佛的女生，在西藏、云南走访的时候，为了使当地的牧民利用好牦牛的毛皮资源，教授他们收集毛发的方法、编织方法，让当地的牧民充分利用牛毛的经济价值，改善当地的经济状况。"很多国内的 NGO[3] 都依靠国外的组织获取资金，一旦现金短缺，NGO 也不得不停止运转。而公益创业可以实现双赢，也可以使机构获得经济上的自给自足。"徐碧莹很欣赏通过有心者的创业，真正为山区的贫困现状做出改变。公益心不是一蹴而就的东西，越持久就越显其光辉。对于徐碧莹来说，公益之路，才刚刚开始。

这在跆协的苦与乐、在工高的日与夜、在科研上的精进与收获、在志愿服务上的大爱和真情，构成了徐碧莹珍视的四年。"十佳大学生"的美誉，只不过是精彩四年生活之外的荣幸而已。

大学四年有很多选择，专业课、社团、辅修、科研、志愿者，很多人在选择中迷失、忙碌、不知所措，甚至一无所获，徐碧莹的四年却过得格外清醒、明智、井然有序，令人羡慕不已。笔者好奇地询问她是否有像传说中马冬晗那样紧锣密鼓的日程表，徐碧莹笑笑说没有。她只是"在忙不过来的时候适当舍弃，把时间花在最想做的事情上"。诚然，领悟得越早，就越能感受生活的馈赠。一心一意，就越能接近自己追求的事物。

风可以吹走一张白纸，却无法吹走一只蝴蝶。

"因为生命的力量在于思想和意志。"徐碧莹这样解释道。

（文／李恒沙）

学长有话说

诚恳待人，认真做事，热爱生活。

---

[1] 浙江大学跆拳道协会成立于2000年11月，由浙江省跆拳道队总教练韩国平担任协会总教练。现有新老会员（包括本科生、研究生和博士生）2000余人。

［2］美丽中国（Teach for China，原名中国教育计划），是一个发起于2008年的专业型教育非盈利项目。

［3］Non-Governmental Organizations，简称NGO，即非政府组织。

凡心所向，素履所往；生如逆旅，一苇以航

——访浙江大学第四届"十佳大学生"获得者钱力言

"凡心所向，素履所往；生如逆旅，一苇以航"，说的是一个人对梦想的执着追寻，也是浙江大学第四届"十佳大学生"获得者钱力言的座右铭。从本科生到硕士生，钱力言在"浙"里七年，用自己独特的方式在求是园中留下了专属于自己的印记，且听他将7年在"浙"里的逐梦生涯娓娓道来。

钱力言，浙江大学2008级信息与通信工程专业本科生，2012至2013年参加中国青年志愿者扶贫接力计划赴四川凉山支教一年，2013年进入信息与通信工程研究所攻读硕士学位，浙江大学第四届"十佳大学生"获得者。曾任校团委宣传部助理、新青年传媒负责人，信电学院研究生与博士生会主席。曾参加"唐大威优秀生"项目[1]赴港交流，代表浙江大学参加中国高校传媒联盟年会与主编培训营。参与国家科技重大专项与浙江省自然科学基金项目2项，发表EI国际会议论文1篇，申请专利3项。曾获评浙江省优秀志愿者，浙江大学十佳青年志愿者[2]、求是服务之星[3]、研究生三星奖学金[4]、优秀社会工作奖学金、优秀研究生干部、优秀团干、三好研究生、优秀研究生等。

不一则不专，不专则不能

如果要用一个词来概括钱力言的大学生涯，非"专一"莫属。这里的专一并非指不尝试、不试错，相反，钱力言在大学中尝试过很多，科研、组织工作、社会实践、爱好没有一样落下的，只是并非要样样拔得头筹，而是有重点地选择。"一个人在同一个时间只能做一件事，并且要把它做好"，这是钱力言对专一的解释。其实进入大学，会有很多选择摆在你面前，你可以选择学习，也可以选择社会工作等其他的事情。但是一个人的精力毕竟有限，如果什么都想要，最后可能什么都得不到。"我认为在保障好其他最基础的方方面面之后，可以把重心放在自己喜欢的事情上进行发展。毕竟一个人不管他再牛，在同一个时间只能做一件事。"钱力言如是说。正如苏轼所说"不一则不专，不专则不能"，如果不能把精神集中于一件事情就不能专心，不能专心就不会有所成就。钱力言的这种做事甚至处世态度，正是他取得成功的关键之一。

明艳背后的汗水

正是因为专一，所以在一件事上可能会花费更多的时间来保证质量，但是大学中有很多事是没法选择，必须要做的，就比如学习、科研。然而每个人的时间只有有限的 24 个小时，时间的安排就成了一个问题。在采访过程中，了解到钱力言会为了组织工作工作到很晚，然后接着学习。"你有听说过一句话吗？'你有看过洛杉矶凌晨四点的日出吗？'就是这样，想要做得足够好，你就需要足够努力。"可能就是这样，正如冰心所说："成功的花，人们只惊羡她现时的明艳！然而当初她的芽儿，浸透了奋斗的泪泉，洒遍了牺牲的血雨。"人们往往嫉妒别人的光环，却忽视了光环背后的汗水。钱力言诸多的成就背后

并非是优于常人的天资，而是他超过旁人的努力。

服务就是付出

在学术氛围浓郁的浙大，钱力言可能算不上是一位"学术达人"，但是是一位名副其实的"服务达人"，曾经获得过"求是服务之星"的荣誉称号。"所谓的服务就是付出了"，钱力言对服务的解释如是。"其实我觉得我能够得到这个荣誉，主要是因为我之前跟随研究生支教团在四川凉山彝族自治州昭觉县支教过一年，做了许多志愿者服务工作。还有就是我在学院的研会做工作，把研会的工作在前一届的基础上拓展了很多面向学生的活动，给研究生相对无聊、枯燥的科研生活加入了一些放松身心、展现特长的机会。我觉得这两点对我的评选加分很大。"钱力言很谦虚地说道。其实钱力言所做的服务远远不止这些，就拿支教来说，他从大一开始就跟随团队前往西南地区进行支教，虽然时间很短，但是当地的生活状况、文化教育、民俗风情给了他很大的震撼，更是在他心中埋下了一颗支教的种子，之后的三年，他跟着不同的团队去进行支教或者社会实践，时间或长或短，但是所去的地方无一例外是西南地区。当被问及被很多人看作是"蜻蜓点水"的支教的意义时，钱力言如是说："从始至终，我认为支教的受益人都是大学生自己，多去看一看、了解一下西南地区，或者其他一些较为贫困的地区，当你经历、了解了这样的生活环境之后，你之后的职业和社会认识会有一些改观。还有支教对于支教地区的学生来讲也未必是一个过场，就拿研究生支教团这个项目来说，它具有一定的延续性，每年都会有研究生过去，并且都是在同一个区县范围内，虽然不能说有特别重大的意义，但是肯定是对当地的学生有所帮助的。""就拿我自己来说，我当时去的时候，由于当地的民族中学缺数学老师，于是安排我去教高一的数学，从某种程度来说，我教得还不错。"他又接着说道，语气带有些许的自豪。服务的范围很大，言语的解释显得有些苍白，但是钱力言用他的实际行动很好地诠释着这个词。

顺其自然，态度使然

钱力言认为自己去支教是顺其自然，担任研博会主席也是顺其自然，因此笔者询问他是否从未有过规划。面对唐突的提问，钱力言倒是没有介意，坦言自己和很多同学一样在刚刚进入大学的时候是很迷茫、懵懂的，也没有能力去规划好之后的道路，能做的就是做好眼前的事，但他认为："当你全心全意地去完成目前从事的学习、工作时，做着做着，你就会发现别有洞天。不光是兴趣上还有能力上都会有很大的改观。而很多事情都是相通的，你做好了一件事，在做其他很多事情时就左右逢源了。"正如学长所提到的"一万小时理论"所说，当你在一件事情上花费了一万个小时后，你会发现你已经成为这件事上的大师，所谓的成就也就随之而来。所以说顺其自然并非是消极处世，而是用一种专一的态度去对待值得对待、想要对待并且能够对待的事，学到深处，诸多成就也就"顺其自然"地接踵而至。正所谓"命是弱者的借口，运是强者的谦辞"，能够在顺其自然下取得满满的成就不仅仅是运气那么简单，更是态度的支撑。

凡心所向，素履所往；生如逆旅，一苇以航

"凡心所向，素履所往；生如逆旅，一苇以航"，最早看见这句话是在七堇年的《尘曲》中，觉得它刚则刚矣，但是在这个浮躁的年代这样的逐梦历程未免有些另类，甚至有些悲凉。没想到在查找钱学长的资料时再次见到了这句话，当被问及这是不是他的座右铭时，学长毫不犹豫地承认了。只是他的理解略有不同，少了一丝孤独，多了一丝坚定和执着。"其实你说的浮躁，每个

人都会有的，只是由于兴趣、背景、能力等不同，每个人浮躁的领域不一样，有些人可能表面看上去整天吊儿郎当，但是可能人家天资就比较聪颖，只需要少量的时间就能够得到和普通人一样的成就。"钱力言自认为没有这样的天资，总觉得自己做得不够好，所以认定需要更多的努力去弥补，"所以你没有必要去在意别人有没有和你一样努力，更没有必要因为人家没有同你一样努力而觉得孤独"。事实上，钱力言的言行也很好地诠释了他的这句座右铭，在七年的浙大生涯中，他一步一个脚印地尝试了许多事情，原本内向的他在学习、工作、实践中结交了许多志同道合的同学、朋友。

（文／张丽颖）

学长有话说

追求幸福人生的道路有很多条，不要在意眼前的得失，要执着。

[1] "唐大威优秀生项目"即"浙江大学唐大威优秀生赴港实习计划"。该项目是香港聚大行董事长唐学元先生和其子唐大威先生，为支持浙江大学教育事业发展，于2007年捐资设立的。项目由浙江大学教育基金会和就业指导与服务中心共同组织。该项目的实施，进一步拓展了浙江大学与香港地区的交流，推进实习教学走出校门，不仅增加在校学生对香港的了解，亲身了解实习企业的管理模式、市场意识、创新机制，为培养综合素质高、创新能力强、具有国际视野的优秀拔尖人才奠定基础。

[2] 浙江大学十佳青年志愿者，是浙江大学为激励广大青年进一步弘扬志愿精神，积极参与志愿服务事业，引领时代新风尚，践行社会主义核心价值观，针对在志愿者活动中具有突出贡献的青年志愿者个人设立的奖项。参评条件为学校注册志愿者，累计志愿服务时间达到150小时以上，在志愿服务活动中贡献特别明显，成效特别突出，且是浙江大学优秀青年志愿者。

[3] 浙江大学研究生"求是服务之星"表彰在社会工作、社会实践或志愿服务方面有杰出成就的研究生。参评"求是服务之星"，要求学习勤奋，严谨踏实，勇于进取，模范遵守学术规范；要求在浙江大学读研期间，在党团活动、班级工作、社团工作、社会实践、挂职锻炼、志愿服务活动中无私奉献、成绩显著，有广泛的影响力。

[4] 三星集团为推动浙江大学教育事业，加强校企之间的联系，鼓励在校学生勤奋学习、刻苦钻研的精神，设立"浙江大学三星奖学金"，三星奖学金包括一般奖学金和专业奖学金。一般奖学金用于奖励成绩优秀、品行端正的在校全日制学生；专业奖学金用于奖励成绩优秀、品行端正的信息类相关专业学生。

保持求知的欲望，相信努力的力量

——访浙江大学第四届"十佳大学生"获得者周继红

校歌有言，兼总条贯，知至知终。在浙江大学这个宽广而又兼容的平台里，周继红度过了丰富而又充实的六年，在谈到浙大给她的最深印象时，她说道："没有人是你的对手，没有人是你的敌人，每个人都是你的老师，会带你走进很多不同的领域，这就是浙大的魅力。"

周继红，浙江大学农学院2010级茶学专业本科生，现为农学院茶学专业博士生。曾任浙江大学学生会副主席、农学院学生会主席，曾获浙江大学"十佳大学生"、浙江省优秀毕业生、全国"挑战杯"银奖等荣誉称号。2014—2015年从全国高校众多申请者中脱颖而出，荣获"百人会英才奖"。同时被央视节目组邀请作为青年代表参与中央电视台中国首档电视青年公开课《开讲啦》节目录制。曾作为学校代表参与"清华·顶新"两岸领袖生计划赴台湾地区五所高校交流。热心公益，志愿服务，曾参与第八届残疾人运动会、社区基层挂职等志愿服务项目，获得"五星级志愿者"荣誉称号，曾前往浙江大学定点扶贫县——云南景东挂职农业服务中心副主任；成绩优异，本科期间综合成绩列全系第一名，多次获得优秀学生奖学金、庄晚芳茶学发展基金[1]学业优秀奖以及浙江大学优秀学生干部、优秀团干部等荣誉称号，主持完成SRTP、省创等科研实践项目。

在浙江大学这片璀璨的星空中，想要成为一颗耀眼的星星可能并不是那么容易，但是周继红依旧在诸多星辰中熠熠生辉。从本科到博士，她将自己最美的青春留在了"浙"里。

规划与变迁

大学区别于之前的学习阶段的一个很大特点就是多选择性，每一位同学都需要面对众多的选择。都说选择是留给有准备的人的，所以想要抓住机会就需要提前做好准备。但是时光情境的变迁往往又使得很多准备竹篮打水一场空。职业生涯规划和时光情景的变迁之间的矛盾似乎总是让人为难。对于这个问题，周继红如是说："关于规划和变迁之间的矛盾，我想最好的态度就是顺其自然，这里的顺其自然不是指听天由命不去努力，而是指平和接受因努力而带来的任何结果，或成或败，然后调整方向，重新开始新一轮的努力。"也就是说，找出当下所有的可能性，分析利弊，做出选择。在大学期间想清楚自己未来想做的事情并坚定地为之奋斗并不是一件很快就可以完成的事，这种情况下，学会不要轻易拒绝任何的可能性，主动学习周围吸引自己的人和事，充实和提高自己，寻找合适的契机，找到方向和动力，把握好机会。规划是要有的，但是也要有接受变迁的心态和调整适应的能力，所谓的"顺其自然"的背后是一种态度、一种心态，安然接受现实，不怨天尤人，方能在这不断变化的世界中保持真我。

放弃与执着

周继红曾作为青年代表参与近20期中央电视台中国首档电视青年公开课《开讲啦》节目录制，其中有一期，她对于张杰逐梦历程的评价"十动然拒"十分巧妙地运用了汉字文化的博大精深，同网络文化有所连接，引起了现场与场外的一致好评。在现场，周继红曾说如果当一个人的梦想不能给他带来快乐时，带给他的只有压力和压抑，为什么还要去追逐这个梦想？当被问及快乐的生存状态和梦想的追逐孰轻孰重时，周继红说道："所谓梦想给你带来了很多痛苦，要么是因为付出与梦想不匹配，企图用有限的付出换来可观的回报；要么是因为相关的外因太多，你的努力无法撼动这些不可控的因素。至于该怎么做，我想每个人面对的情况不同，自然也无法给出确切的答案，但是无论选择咬牙坚持还是抱憾放弃，都请不要抱怨，最可怕的事情就是有些人对自己选择的道路感到后悔后将所有的愤怒倾泻于他原本向往的梦想上，他们认为理想抛弃了自己，继而便变本加厉地背弃理想，甚至憎恨理想。""选择快乐生存或是追逐梦想并无'高下'之分，仅为'左右'之别，不管怎样都可以过得精彩，即使与梦想失之交臂，拐角遇上'无心插柳柳成荫'的惊喜，也不失为另一种收获和人生乐趣。"周继红又补充道。就像周继红所说，在逐梦之路上，会出现诸多困难、坎坷，是放弃原来的梦想再作打算还是执着于最初的愿望，这只是个人的价值观不同，没有所谓的好坏之分。最重要的是能够对自己的选择负起责任，无怨无悔，方能有终。

与茶学的情愫

有这么一张照片，周继红一袭白衣正坐于古色古香的檀木桌后，手持茶壶，微笑着将茶倒入杯中，安然恬静。进入大学以来，周继红与茶学结下了不可分割的情缘，在受访时，字里行间饱含着对这个专业难以割舍的感情。茶学是一门具有悠久历史的传统学科，亦是一门涉及自然科学和人文科学的现代学科。都说饮茶修身养性，而茶学专业在很多人的印象中是一门文艺性十足的专业，事实并非如此。"这是一个不折不扣的理科专业，平时做的也都是枯燥、单调的科研实验，比如成分检测、功效研究，还有细胞实验、动物实验等。"周继红如是说，"当今世界，约60个国家或地区

种茶，30 个国家或地区能稳定出口茶叶，150 多个国家或地区常年进口茶叶，160 多个国家和地区有喝茶习惯，全球约 30 亿人每天在饮茶，中国茶也正跟随着全球化的脚步风靡世界，希望通过不断研究，更加科学地饮茶，更加全面地认识茶。"周继红如此评价她所热爱的专业，洋溢着满满的自豪。不仅仅是在学业上，周继红还将这一份热情带到了她愿意付出努力的各个方面，而这便是她取得众多成就的主要原因之一。

斜杠青年的多元生活

周继红在浙大从本科到博士，不仅在学业上兢兢业业，颇有成就，在学生工作和其他方面也是让人钦羡。在 2014—2015 年度"百人会英才奖"评选中，周继红更是脱颖而出，一举获得该荣誉。"百人会英才奖"用于奖励具有杰出领导能力、积极参与社会公益活动、积极服务社会、拥有出众学术知识的优秀研究生。在被问及能够获得这个奖项的主要原因时，周继红并没有直接从正面来回答，而是用最近流行的一个概念进行阐释：斜杠青年。这个概念来自于英文单词"slash"，是说当下众多年轻人选择拥有多重职业和多重身份的多元生活，这些身份在作介绍时会用斜杠来区分。很多优秀的人都是这样的"斜杠青年"，比如有些人既是学霸又是资深摄影师。在此，突出的学习能力尤为重要，信息时代高速发展，工作经验已经不是大学生不可逾越的发展限制。在这样的形势下，只要肯学，要入门任何领域都不是难事。总之还是需要多学多做，思考并不断学习，提升各项能力。当然，这其中又涉及几者之间的统筹问题，当被问及是如何协调学业学术、学生工作、公益实践几方面关系时，周继红说道："我从没感觉到时间上有冲突，也从没觉得协调学生工作和课程学习有什么压力，当你真心想做一件事情的时候，一定可以挤出时间的。""真心"是一种态度，想要这种态度的人很多但是真正做到的却寥寥无几，而周继红却很好地做到了。

在浙江大学这个宽广而又兼容的平台里，周继红已经度过了丰富而又充实的六年，在谈到浙大给她的最深印象时，她说道："没有人是你的对手，没有人是你的敌人，甚至没有人有义务帮助你，但每个人都是你的老师，会带你走进很多不同的领域。""浙大的确是一个优质的平台，但是不要错把平台当本事，很多人会觉得考上浙大之后就自带名校光环，或者觉得认识几个大牛的学长和老师就有了优质的人脉资源。面对这些光环，我们应该分清楚，哪些是浙大这个华丽舞台打下的光芒，哪些是你自身发出的光芒，舞台的光芒在散场后会便会消失，唯有自己发光才能长远。"周继红的补充令笔者眼前一亮。是啊，我们的确永远享有着由前辈构筑的母校的光环，但如何能为这光环增加新的光亮，却是我们每一代求是人的不懈使命。

（文／董宏斌）

学长有话说

别抱怨，别牢骚。相信努力的力量！

[1] 庄晚芳教授是我国著名茶学家和茶学教育家。他是中国茶树栽培学科的主要奠基人之一，同时对茶叶历史及茶文化的研究作出了卓越的贡献，在国内外茶学界享有崇高声誉。2008年，在庄晚芳教授诞辰100周年之际，为了纪念和弘扬庄晚芳教授的茶学精神和崇高品德，促进我国茶学人才培养和茶学事业的发展，浙江大学以庄晚芳教授的名义成立了"庄晚芳茶学发展基金"。"庄晚芳茶学发展基金"用于资助热爱茶学事业、品学优良的贫困学生完成学业，奖励业绩优异的本科生、硕士生、博士生和年轻教师，支持茶学学科建设与人才培养等有关项目。

你从一片茶田中走来

——访浙江大学第五届"十佳大学生"获得者张蕾

"如果可以，我想要做茶文化的宣传者，让茶遍布中国的大城小镇"，怀揣着这个小小的梦想，她勤学苦练，好学不倦。"一路走来得到过太多帮助，终有一日我愿将所有善意回报社会"，感怀着这个社会浓浓的善意，她饮水思源，先人后己。她，就是张蕾，亦如她的名字一般，清新可人，魅力初绽。

张蕾，浙江大学农学院2012级茶学专业本科生。曾任浙江大学戏曲协会[1]会长、浙江大学无我茶社[2]社长、农学院团委组织部副部长。曾获三好学生、优秀学生干部等荣誉称号。曾获庄晚芳茶学优秀学生奖学金、唐立新奖学金、优秀学生一等奖学金等多项奖学金。归岭茶叶长期合作茶艺师，著名茶叶研究员助教。2014年参加凤牌滇红杯全国大学生茶艺技能大赛获个人赛冠军，并获国家高级茶艺师职业资格证书。

在那一个多小时的访谈中，我认识了一个与茶有关的姑娘：一个名叫张蕾，就读于浙江大学茶学院的大三学生。

初次联系张蕾，当我说明想要采访她的意图时，她爽快地答应了。采访以前，我的想法同所有人一样，都以为浙江大学的"十佳大学生"浑身都应散发着"学神"一般可望而不可即的气质。可结束采访后，我愈发觉得如名字一般，她像是一朵在阳光沐浴下待放的花蕾，活得开朗与自在。

一些成就，满是感恩

唐立新奖学金、优秀学生一等奖学金、三好学生、优秀学生干部、庄晚芳茶学优秀学生奖学金，这些荣誉让她身边的同学们都赞誉其为"学神"，她却抿嘴笑了笑，"其实我并不是学神，很多荣誉的获得，也都要感谢指导老师和同学们"。

谈及学习，她提到了自己关于职业生涯的规划。张蕾以一个大方向来衡量自己所付出的努力是否值得，"只要是朝着这个方向走，即便是走过几条弯路，却也是值得的"。很多人以为一个人在一生中走过的弯路是没有必要的，可是她却不这样认为。"在专业的方向上，每一个人都做过新手，难免有很多循环往复，可是我正是从那些重复中找到适合自己的规律，从而给自己一个在未来指引我的指南针。"张蕾对自身有着明确的要求，从大一入学时积极参与各类社团活动，了解并确定自己今后的社团活动方向，之后她便只将精力花在一两个她所热爱的社团中。大二期间她将更多的精力投入专业学习中，制订自己的学习计划，按时完成。大二明确且高效的规划使她取得了很好的学习成绩，这也成为她获得众多荣誉的基础，在大三的时候，这些付出的艰辛化为丰硕的果实。

"一路走来得到过太多帮助，终有一日我愿将所有善意回报社会"，她在"十佳大学生"的答辩中用了这样的一句话来展示她自己。在她想起这种种荣誉时，脑海中就会浮现同学们帮她模拟答辩过程、老师们帮她修改展示文稿的时刻，她想做些什么，哪怕只是做一些小事来回馈同学与老师们给予她的善意。"如果可以，未来我想要做茶文化的宣传者，让茶遍布中国的大城小镇。"

　　她的社团经历同样丰富，她曾任浙江大学戏曲协会的会长，浙江大学无我茶社的社长。在社团里面，她收获了许多社团工作的经验与一群志同道合的朋友。大学中困扰许多人的人际交往的难题似乎在张蕾这里是不存在的，她从不为这感到困惑。"也许我看得太开了，有时候没有领悟到别人的意思。又或者是我真的很幸运，碰见的都是那么棒的人。"她笑着回答。学习与社团的平衡，她似乎没有考虑过这个问题，可是她无意识中在这一块平衡木上却把握得很好。我问她缘由，她回答我也许是因为过于开朗。她说，过分乐天有时候并不都会带来积极的影响，可永远保持乐观的心态，自己才会过得自在。即便她与笔者见面不过几十分钟，可谈到这里，她毫不避讳地大笑出来。

茶与她的生活

　　古人讲茶要静品、茶要慢品、茶要细品，唐代诗人卢仝在品了七道茶之后写下了传颂千古的《茶歌》，他说："五碗肌骨清，六碗通仙灵，七碗吃不得也，唯觉两腋习习清风生。"她喜好绿茶，常在寝室里泡茶喝。"无论是我的专业还是在我的生活中，茶已经成为不可或缺的一部分。"

　　缘于茶，她认识了多位从事茶研究领域的老师。"有几位老师年纪已经80多岁了，可他们看着却很年轻，很活泼。他们也没有'三高'的健康问题，长期正确的饮茶习惯确实能对一个人的身体状况带来积极的影响。"

　　源于茶，她如今是归岭茶叶长期合作的茶艺师，2014年代表浙江大学参加"凤牌滇红杯"全国大学生茶艺技能大赛。茶艺表演作为茶文化精神的载体，已经发展成为一种独具特色的艺术形式，因而也逐渐走进人们的视野中。张蕾在其中领悟到的茶艺，不仅止于表演层面，更在于精神层面。练习茶艺的时候，对于一个人的心态有着很高的要求。若是过于浮躁，是无法完成茶艺表演的。在全国大学生茶艺技能大赛前的一个月的集训期间，她和她的参赛团队每一天都在进行紧张而又繁复的练习，"那一个月的练习真的很累，但是收获到的比付出的更让我坚信这些付出是值得的。"那一次大赛的最后，张蕾荣获个人表演的金奖。

　　她常常梦想以后的自己会成为一个怎样的人，她笑着说："也许未来在中国的茶行业，会出现一个名为张蕾的教母级人物。"张蕾对于生活的开朗超出我的设想，她从不把社团工作里的任务看成负担，她珍惜着所有实践的机遇，她把每一个生活中碰到的人都想得那样美好：她的三位可爱的室友，她背后支持她的同学们，辅导过她的老师们……

我原以为作为一个'十佳大学生'，张蕾会对于生活中的小目标有着极高的掌控力。可她却告诉我，有时预期没有达到时，她也可以迅速接受它，思考下一步该如何选择才能更好地达成下个目标。"如果一开始期望不大，就不会有太大失落。可是也不能没有期望，万一对自己追逐的目标麻木了，就会少做好事情的动力。"张蕾在求学路上就一直鞭策着自己，鼓舞着自己，她把失望与伤心放在昨天的角落里，把明天想成最好的明天。

打开固有思维模式，去外面见见可爱的世界

"我原来有很多固有的观念，那些我以为不可能改变的观念，但是我现在却发现在实践以后，很多想法都改变了。一旦我迈出脚步了，我才发现我原有的思维模式太老套了，交流改变了这一切。"张蕾从未与同学们起过争执，即便是在意见不合的情况下，"我与别人交流的时候，从来不直接批判别人的想法。即使我们的观点有出入，我也愿意听完对方的想法再表达我自己的观点，这样交流更能使我获益。毕竟，我多收获了一种想法"。她想的总是多汲取一些，多收获一些。

去年的暑期她曾和一位室友结伴去澳大利亚。原来她以为，寄宿在陌生人家里做一个沙发客的行为太危险。可是走出去她才知道，自以为胆小的她也能够做一名"沙发客"。在澳大利亚，张蕾第一次觉得自己的视野开阔了许多。在30多天的旅途中，从黄金海岸到布里斯班，从悉尼到霍巴特，从塔斯马尼亚州到墨尔本，如同最近流行的网络语言一样，世界那么大，她想出去看看，并且她真的迈出了她的步伐。两个女生，凭借着她们自己的双脚，度过了一段极富冒险精神的旅途。

她提到她曾与室友站在路边，举着一个纸牌想要搭一趟便车，她说那是她从没有想过的事情，但就是那两个多小时的等待，她看见了一个更富有耐心的自己。在一个没有家人可以依靠的环境下，她去认识路边的指示牌，去规划着未来几天的行程，去异地的图书馆，去异地的大海边……将自己局限在一个小环境里面有时候会让一个人的意志变得消沉，可她是愿意从她的小圈子里跳出来的那个人。在那一段旅途中，她还与她的伙伴遭遇过很多特殊的情况。一次寄宿家庭的外出使得她们原来的安排落了空，那一晚她们不得不另寻住处；一次她的伙伴飞往了另一个城市，她独自一人在未知的城市里度过了几日……

不久前发生的尼泊尔地震，张蕾也有在关注相关新闻报道。当她看见中国政府的救援直升机、医护人员都在第一时间奔赴尼泊尔参与救援的时候，她感慨于祖国的强大。她认为这是一个大国应该有的风范，有这样一个坚实的后盾在，作为一个中国公民，她感到由衷地自豪。

新的夏学期，她承担了农学院团委中的学生工作，负责关于学生党员工作的相关事项。新的夏学期，她和茶学班级里的同学一起每天在西田径场一起晨跑……她的脚步从来不曾停歇过。

在澳大利亚，因为受到了太多当地人的帮助，她认识到背着背包去旅游有时更像是陌生人之间传达善意的一种方式。"即使素未谋面，我却打心底里感谢你的信任。"这个暑期，她将和室友结伴去欧洲。这一次，她想做一件不一样的事情：她们计划邀请不同国家的人用中文诵读《茶经》[3]中的若干句话，通过后期汇总剪辑做成一本国际化的《茶经》，把茶带入她的旅途中。

生活假如能被局限，那局限它的人就是我们自己。张蕾从未想过自己的生活会被现有的环境所束缚，她想的是如何再过得精彩一些。可她不止于想，现在她正在为她的下一个目标努力着。没有疑惑，没有抱怨，她始终是那一个行走在路上的开朗姑娘。

（文／陈侠）

学长有话说

人生需要一个大方向，然后朝着这个方向走，即便是走过弯路，也是值得的。

［1］浙江大学戏曲协会，前身是原浙江农业大学戏曲协会和杭州大学阳光戏曲协会，1998年浙江四所大学合并成立新浙江大学后两协会进行了资源整合，联合成立了浙江大学戏曲协会。浙江大学戏曲协会设有专门的越剧表演培训班，由专业青年演员担任教师，常年活跃在学校各种舞台，为全校师生所熟知。

［2］浙江大学无我茶社，前身为浙大华家池校区馨雅茶社，依托茶学系建立。"无我"源于国际无我茶会，意为人人爱茶，人人奉茶，人人敬茶，以达到无我境界。茶社定期组织社员观看茶道表演，讲授有关茶的知识，并成立茶道培训班，由茶学系茶艺师指导。

［3］《茶经》是中国乃至世界现存最早、最完整、最全面介绍茶的第一部专著，被誉为茶叶百科全书，唐代陆羽所著。此书是关于茶叶生产的历史、源流、现状、生产技术以及饮茶技艺、茶道原理的综合性论著，是划时代的茶学专著，精辟的农学著作，阐述茶文化的书。该书将普通茶事升格为一种美妙的文化艺能，推动了汉族茶文化的发展。中国是茶的故乡，汉族人饮茶，据说始于神农时代，少说也有4700多年了。直到现在，汉族民间还有民以茶代礼的风俗。

田野里的奔跑与呐喊

——访浙江大学第五届"十佳大学生"获得者王钊文

屡次奔赴祖国各地进行调研支教的王钊文，最喜欢的书是《小王子》。正如小王子将忧伤给了蔚蓝的地球，将纯真给了玫瑰花。王钊文把忧伤根植在远离城市的广大乡村，把纯真给予了生活。这个瘦小却坚毅的男孩，在田野里一直奔跑，一直呐喊，保有纯真，保有热情。

王钊文，曾获唐立新奖学金、国家奖学金、优秀学生一等奖学金，暑期社会实践先进个人、优秀学生干部等。曾任班长，浙江大学学生三农协会社会调研中心主任。自 2013 年入学以来刻苦学习，GPA 达到 4.71，名列工学大类第一名；积极参加社会实践活动，曾赴贵州黄平、浙江龙泉等地进行调研、支教活动，乐于参加志愿者活动。

在紫金港校区小剧场二楼的讨论区，笔者见到了王钊文。他身着蓝色短袖，后背蓝色书包。与笔者在网站上所见到的他不同的是，现实中的他似乎更瘦也更加神采奕奕，嘴唇上方的两撇小胡子依旧黑亮。

心之所爱

眼前这个略带艺术气息的大男孩其实工科出身，主修专业是电子信息工程。谈到自己的专业，王钊文兴致勃勃，平静的语调也微微上扬。他认为工科院系的专业都充满趣味，对自己的专业更是表现出极大的喜爱，"我们专业真的很有趣，不仅要提供理论，还要造出模型"。他在电脑上绘制PCB电路图，也焊接过电路板。整个动手过程让他感到非常兴奋。最近他参与了一项国创项目——"无电解电容的LED驱动电源"，正忙于为这个项目设计电路。他提到，"市面上大多数的LED驱动电源都是有电解电容的，部件很容易损坏，如果我可以设计出无电容的LED电源，那么LED的寿命将提高十倍"，他认真地说道，随后语气又明显轻松起来，"我们老师开玩笑对我说，如果我这东西真的设计出来的话，一批一批的LED灯只能埋在地下了，因为一个LED灯的寿命提高到十年，那么销售量在十年内绝对会大幅下降。"说完，他笑了笑。

心之所忧

对本专业的真挚热爱，成了他在无数日夜的刻苦钻研中也依然乐此不疲的强大动力。而除了学习这片领域，他的汗水和热血还真实地洒在另一片广袤的土地上。

王钊文在大一时加入了浙江大学学生三农协会，现任协会的社会调研中心主任。加入协会之后，他在各方面的工作中都表现积极，参加了许多大大小小的社会调研、志愿者活动。在众多活动中，有两次活动令他印象深刻。

大一寒假，他和伙伴去了浙江省龙泉市的一个小山村。此行的目的是制作一份老人生活现状实录，他们希望以老人的视角来展示这个村子的兴衰。据他介绍，这个村子的老龄化问题十分严重。很多年轻人都已经外出打工，村里剩的基本上就只有老人。有一个 50 岁的人竟自称是村子里最年轻的人，面对这样的说法他也只能无奈地笑笑。让他感到担忧的是，龙泉市本是龙泉青瓷的主要出产地，因为近年外出的年轻人越来越多，继承青瓷制作手艺的人变得越来越少了。"村里出名的手艺人都到了市中心，整个村子逐渐地凋敝了。"说着，他双眉微微地皱了皱，沉思片刻后他又讲述了一个老奶奶的故事。那位老奶奶患有青光眼，经常头痛、耳鸣，两侧太阳穴处的神经一到夜晚就紧绷着疼，最后因为没钱治疗而失明。他说："虽然老奶奶有农村医保，但是她只能在农村使用，而当地的卫生院并没有条件为她做手术。"其实之前来调研的小组成员也讨论过要不要将老奶奶送到外面的大医院去医治，但令他没想到的是，老奶奶竟以"一坐车就头晕"的理由婉拒了这一请求。他能理解老奶奶的心境，也着实为她感到惋惜。"他们这里全是盘山公路，老奶奶坐车肯定头晕。但我想，她应该是考虑到孙子的学费问题而做出了这样的选择，从某种意义上来说，她自己放弃了治疗的机会。"他神色凝重，阳光透过小剧场的玻璃在他瘦削的侧脸投下一片明灭的阴影。

他深深地知道中国的贫富差距，他觉得大学生真的应该多出去走走看看，他想只有真正地到了那些地方，真正地见到了那些场景，才会感同身受。

另外一次令他感触颇深的经历是贵州雷山支教。在那里，他第一次收获了早上走两小时山路上学的宝贵体验，也第一次接触了留守儿童这个特殊的群体。"那些孩子走两小时山路上学，我也陪他们走了，真是很累啊！有些小朋友都没钱吃早饭。还有就是留守儿童，他们真的很可怜的，爸妈不在，爷爷奶奶只管吃住。我觉得他们的心理问题还是很严重的。"他的眼里泛出些许忧虑。他的小组成员曾经采访过一个小朋友，问他希不希望爸爸妈妈回来，小朋友竟回答不希望，再继续追问他为什么，他再也无话可说了。他由此感觉到留守儿童和父母之间亲情缺失的严重。留守儿童的生活状态更令人揪心。在那里，没人管的留守儿童很容易被高年级的同学欺负或是被班上同学孤立，并且有些孩子家徒四壁，异常贫穷。

山区条件艰苦，学校没有多余的空间提供住宿，他们只能把凉席铺在教室的地上，晚上就住在这里。女同学也只能睡在男同学用一张张桌子为她们拼凑的"床"上。贵州的天气炎热而潮湿，志愿者们只能咬牙挺过。"贵州的那个太阳简直销魂，因为气候潮湿，被子摸起来都是湿的。我们的洗漱就到附近一家宾馆完成。"他补充道。但条件的艰苦并没有让他面露难色，他反而乐在其中。他还十分习惯以辣为主的贵州饭菜，觉得挺不错。更令人想不到的是，他在短短的两星期内和山里的大妈们建立了深厚的友谊。大妈们都很热情，临走前既请他去观看杀猪，还邀请他到她们家去做客包饺子。说完这一切的时候，满意而清澈的笑容挂在他的脸上。

这些难忘的经历让他再一次思考中国如何才能摆脱这样的现状。他认为贫困地区没有太多发展潜力和条件，因为没有连通的公路，资源无法从外部输入也无法从内部输出。"依靠那些地区居民自己的力量根本不可能摆脱贫困。真正要让他们摆脱贫困，还是得靠国家、社会的帮助。"他希望大学生能依靠社会实践活动引起社会关注，另一方面还要在大学练就真才实干，以便将来作为工程师的他们能够尽量让"科技带动生产力"帮助国家实现"先富带动后富"的目标。

心之所悟

当被问及加入三农协会之后自己是否有变化时，他笑着坦言："我感觉我没什么变化，还是像高中那样'天真'吧。我觉得有些同学进入大学之后整个人都变了，丢失了以前的童真，而我没弄丢。"笔者也忍不住笑了。在他看来，自己最大的变化是比以前更加阳光开朗，更愿意和人交谈。以前的他有时会因为环境限制而装出"阳光"的样子，而现在他所呈现的是真正的"阳光"。他是三农协会里出了名的"好人缘"，大家很喜欢和他打交道，他老是被人夸。但他并不因这些赞美而感到沾沾自喜，反倒有些顾虑，"因为他们老是夸我，从来没人批评我，这样我就不能知道真正的我究竟是什么样的"。但他真诚地感谢大家，感谢三农。在这里，他得到的不仅是能力上的锻炼，还有在思想碰撞中收获的友谊。"我的副主任是学哲学的，和她讲话真的很累啊，随时都要担心你话中的漏洞被她抓住，她和我的观点总是不太一致，但是从她身上我学会了用另一种角度看问题，所以我们的关系也越来越好。"他如是说道。

在谈话快结束时，王钊文偶然谈到自己最喜欢的一本书是《小王子》。而笔者觉得书中的小王子和此刻的王钊文竟有种莫名的契合。他们有各自的纯真，有各自的忧伤。小王子的忧伤给了蔚蓝的地球，纯真给了玫瑰花。而王钊文把忧伤根植在远离城市的广大乡村，把纯真给予了生活。他在田野里一直奔跑，一直呐喊，等待终究降临在这片土地的阳光。

（文 / 郑钧尹）

学长有话说

保有童真，保有热情，练就真才实干，依靠科技带动生产力，为这个社会的进步奋斗！

弓马何须忌红妆

——访浙江大学第六届"十佳大学生"获得者刘丽雅

"这是我的信仰，无关金钱、利益、诱惑。"凡心所向，素履以往，倔强而直爽的刘丽雅说，"做军人，就是我的价值所在。"多次的失败并没有摧毁她的梦想，反而更加坚定了她的内心。"双剑夸巧，不让须眉，弓马何须忌红装"，作为浙大国防生中稀有的"女将"，她立志为自己钟爱的事业奉献一生。

刘丽雅，中共党员，浙江大学在校国防生、遥感与信息技术应用专业硕士研究生，2008年9月从地震灾区绵阳考入四川农业大学，同年12月参军入伍。2010年12月退伍返校复读，用3年时间修完4年本科课程，2013年9月以专业第一名的成绩保送浙江大学攻读研究生，2014年6月在校选拔为国防生[1]。多次组织和参加感恩社会、奉献社会实践活动。2014年11月国务院总理李克强视察浙江大学时，作为优秀国防生代表参加座谈发言。

初见刘丽雅，环资大楼外正下着大雨，她脚步匆匆，身上还挂着雨珠。丹唇外朗，皓齿内鲜，这是个有着飒爽短发的漂亮姑娘。但当她坐下，双手合十，弯着腰解释时，眼神中间有着一股军人特有的坚定。

孩提之志

刘丽雅出生于军人家庭，有着浓厚的军人情结。她的爷爷曾跟随贺龙将军解放大西南，父亲、堂兄等也都是在军营里历练成长的男子汉，一家三代中七个男儿有五个军人。但从刘丽雅的讲述中可以了解到，父亲对她并不严格，她从小接受放养型教育，故而养成了她随性、自由、豪放的性格。她说，小时候父亲经常带着她外出，用手指着远处给她讲军队的故事。在家庭的耳濡目染下，她对部队有一种特殊的情感，她认为穿军装的人最值得敬佩，从小就立志像自己的家人一样，做一名军人。

2008年的汶川地震再一次坚定了她成为一名军人的信念。"那算是一个契机"，刘丽雅说，那一年她正在重灾区之一的绵阳读高三。当亲身经历灾难、在绝望中挣扎的时候，她看到了坍塌的房屋、无助的眼神、流离的人们，她也看见了冲在第一线、不怕牺牲、一心只为救助灾民的铁血男儿。心中那颗小小的种子在那一瞬间疯狂地发了芽，她告诉自己一定要成为一名能为国家、为人民做贡献的军人，穿上那抹亮眼的绿。

2013年，当听到雅安地震的消息时，刘丽雅立即组织了志愿者小分队直奔灾区。可当时为了保证救援可以正常实施，除了部队军官，任何个人组织都不得进入灾区。"我内心很急切，我想回去了解灾情，我想帮助那些无助的人。"在高速公路入口，看着解放军奔赴灾区的英姿，刘丽雅的梦想更加坚定了。

失之交臂

在刘丽雅眼中，高校只分"军校"和"非军校"两种。高中毕业后她立志报考军校，成为一名光荣的军人。面对严格的军检和体能素质测试，她没有退缩和畏惧，并且全部顺利通过。但受地震影响，当年四川高考录取政策有所调整,她的军校梦并未实现。看着军人梦无比接近时又突然落了空,她第一次体会到心碎的感觉。"我当时就对着高考志愿表,眼泪流个不停,老师看了很是心疼却也没有办法。"

高考后,刘丽雅最终进入了四川一所 211 高校就读。当得知大学生可以入伍参军时,她毫不犹豫地投笔从戎。在旁人看来,休学参军并把自己最宝贵的青春献给军营需要很大的勇气和决心。然而刘丽雅却没有丝毫的犹豫和退缩,"因为这是我的理想"。

刘丽雅认为军营里的生活并不枯燥,反而令她感到温馨。一起扛枪、守夜的兄弟姐妹们是她最信任的人,虽然日子很苦,但想起来却十分充实和快乐。"一起同过窗,一起扛过枪,这些人是在战场上,你可以放心把自己后背交给他们的人。"她捋了捋头发,笑道。

时光匆匆,参军第二年,刘丽雅毫不犹豫地参加了部队的考学,但由于当年计划安排,她所在的单位只招收一名女兵,总分稍低的她再次与军校擦肩而过。刘丽雅说着说着,头低了下来,慢慢叹了一口气,似乎至今还有那么一丝遗憾和不甘。

无奈之下,刘丽雅再次回到大学校园。两年的军队历练,让世界观和价值观日益稳固的她更加珍惜时间,为了弥补两年的学习空白,她下定决心要在三年修完四年课程。在仔细研究培养方案后,她把自己的课表排得很满。"周一到周五都是满课,从早上八点上到晚上九点甚至十点。"她用手指从上到下比划着,"周六还要做实验。"起早贪黑的刷课经历使她失去了悠闲的课余时光,但她不后悔。"目标成功后的满足感是令人幸福的。"她将军人的刻苦和坚持用在了自我学习之中,最终成绩优异的她以专业第一的成绩保送进入浙江大学攻读硕士研究生。

浙大:新的起点

来到浙大,刘丽雅很快就投入研究生学习之中。但她从未放弃过她的理想,她在准备着,寻找再次实现理想的机会。她在与他人的交谈中了解到浙大的国防生制度之后,心中的军人梦又浮现了出来。国防生大多是本科生,研究生去当兵是一件很少见的事。在老师、朋友的眼中,与她能做的其他选择相比较，部队或许并不是她最好的选择。但在刘丽雅看来，"这是我的信仰，无关金钱、利益、诱惑"。凡心所向，素履以往，这个倔强而直爽的女孩说："做军人，就是我的价值所在。"之前的两次失败并没有摧毁她的梦想，反而更加坚定了她的内心。为了实现军人梦，她每天都去田径场等待选培办的老师，终于，她的诚心感动了老师并顺利通过了在校选拔国防生的一系列考核，成为一名国防生，终究圆了她一直以来的梦想。

再次穿上绿装的她，比谁都更珍惜这次机会。

军队里的训练很辛苦。即便是烈日、暴雨，只要一声令下就必须行动。2014 年 11 月，刘丽雅同她的战友们参加了在解放军理工大学举办的"精武 2014"国际军事项目对抗演练，对抗演练包括徒步行军、战术基础、水上自动、战伤救护、手榴弹投准、轻武器射击等多个科目，演练采取 24 个小时连贯动作方式。刘丽雅回忆道："当时天气很冷，下着暴雨，所有人衣服都湿透了，而且赛事的食物供给有限，到了后期大家都是饥肠辘辘。然而在这么艰难的环境下，到了最后的关头，我们团队十个人，唱着军歌相互鼓劲，一个都没倒下。"说话时她似乎回忆起了当时的情景，嘴角不自觉地上扬。在刘丽雅看来，这种部队里的归属感是哪里都找不到的。同年 11 月，李克强总理视察浙大，刘丽雅作为优秀国防生代表参加座谈。听到刘丽雅立志从军报国的愿望后，总理鼓励她好好学习、报效祖国。在他人眼中，她就是一个"花木兰"式的女神。刘丽雅的一位学弟告诉笔者，刘丽雅不管在学习还是体能训练方面都十分优秀，是自己的标杆，她在人生面前宠辱不惊的态度，更值得全体国防生学习。

另一片天空

在生活上，刘丽雅始终保持着一个军人该有的朴实、简单姿态。她不同于一般的女生，不喜欢逛街、看电影、看韩剧，而是将自己的空闲时间用于补充人文方面的知识。她尤其喜欢看历史方面的书。她说读史可以明智，因为她学的偏理工科，在人文知识方面涉猎不深，希望通过多读书来了解这方面的知识。军歌是刘丽雅生活中的一抹亮色，她最喜欢的军歌是《当那一天真的来临》。在笔者的提议下，她虽有些不好意思，但也哼唱起来："这是一个晴朗的早晨，鸽哨声伴着起床号声，但是这世界并不安宁，和平年代也有激荡的风云……"她说这首歌很契合现在的时代背景，"现在是和平年代，但作为军人，我们更要居安思危。我们肩负着让祖国人民放心的责任"。交谈时，刘丽雅一直保持着笔挺的坐姿，眼中闪着坚毅的光芒。

虽然平时科研比较忙碌，她不能参加所有的训练。但两天一次的健身习惯让她时刻保持着良好的体能，依然能在测试中拥有优秀的成绩。她是学校健身房的常客，每隔一天都会去一次。"健身能让一个人的身体素质提高，是很好的锻炼方式。"

在感恩回报的路上，刘丽雅也在努力做出自己的贡献。她用自己的奖学金资助了一名川藏兵站部因公牺牲干部的子女，刘丽雅向笔者介绍，"川藏兵站部经过 318 国道，地势极险，那里的战士都特别伟大"，话语间满是对战士们的敬佩。刘丽雅现在还会和那个小姑娘互通消息，鼓励小姑娘认真学习。在她眼中，这是很自然的事，"我小时候家境不好，多亏了党和政府的帮助，才一步步走到现在，成为现在的自己"。

对于"十佳大学生"的荣誉，她非常意外，刘丽雅谦虚地笑道："我觉得可能我的运气比较好吧，哈哈。"她笑起来十分干脆，毫不遮掩，声音洪亮有力。这是属于军队女子的爽朗和干净。

刘丽雅很庆幸浙江大学能有这样的一个平台，让她可以再次拾回自己的梦想。虽然一个人独自在外地求学当兵，但刘丽雅认为自己并不孤单。她认为，遇到志同道合的人是一件非常幸运的事，然而，在部队里、在校园里，总能找到这样一些人，在他们之间，她找到了自己的归属感，像家一样的感觉。

"你有没有想过以后毕业了做什么呢？"

"我希望可以再次回到军营，在军营寻找到一个适合我的平台，为我所热爱的事业奋斗一生。"她立马回答道，"当然，要服从组织安排！"在她眼里，笔者看到了一个军人打靶时的坚定。

（文／胡娉、徐希）

学长有话说

在祖国最需要我的地方，贡献青春。

[1] 浙江大学在校选拔国防生，根据教育部高校学生司、总政治部干部部的相关规定进行，以理工类男生为主。研究生从一、二年级在校生中选拔，本科生从一年级在校生（含退役复读）中选拔。报名者需具备一定的条件，如政治考核、体格检查必须达到相应标准要求，专业课程各科成绩应在良好以上，必修课应全部合格。参加选拔的本科和硕士、博士研究生，按规定学制内毕业时分别不超过24、29、34周岁；退役复学大学生士兵、少数民族学生、五年制本科生年龄可适当放宽1岁，但不得累计放宽。预科生、体育艺术类（特长生）、专升本学生、非全日制统招生、已婚本科生、定向生，独立学院、中外合作办学、降级留级或受过学校纪律处分的学生，不予列入选拔范围。

玉兰花香，香飘紫金

——访浙江大学第六届"十佳大学生"获得者彭紫嫣

在花样的年华里，她沉醉在公益之爱的芬芳里，一双手捧出心中的暖意，她的付出与坚持把欢愉与温暖编织在更多人的生活里，她的执着、善意与受助者的幸福相交汇，融成彼此生命中一道道美丽的彩虹；在公益的路途上，有欢笑也有泪水，但她始终笑语嫣然，用良善予爱四方，让公益余香袅袅。她，就是第六届"十佳大学生"获得者彭紫嫣。

彭紫嫣，浙江大学经济学院 2012 级本科生，浙江大学启真人才学院第十期学员，曾任浙江大学红十字会学生分会[1]会长。积极组织并参加志愿者活动，定期参与关爱聋哑儿童活动，组织策划"情暖浙江，关爱空巢老人"志愿者服务项目，项目最终被评为浙江省红十字优秀志愿者项目。2015 年 5 月，被推选为浙江省红十字青少年会员代表，赴北京参加中国红十字会第十次全国会员代表大会。

　　和着一树玉兰的芳香，春日的暖阳徐徐入窗。窗里那个明眸皓齿、巧笑嫣然的倩影与窗外那一树繁盛玉兰的明丽于窗儿透明的玻璃中重叠。一如不畏风雨、不惧苦寒、灿烂绽放、花香摇曳的玉兰一般，彭紫嫣也在用清澈的内心，以爱的灵魂，将公益之爱的袅袅芳香一路予人，她说："不忘初心，不畏艰难，我只愿挽起袖子将公益进行到底。"

聚爱之河，潺潺入海

　　"心里有一颗种子慢慢发芽，然后长成一片绿荫庇护来往歇息的倦客。"
　　现在的彭紫嫣已经大四了，上个星期刚刚完成了自己的毕业论文答辩。经济学院本科四年的学习锻炼了她思考问题的逻辑思维，培养了她分析事件的理性、应对困难的淡定从容。身为经院高才生的她却让人有些惊讶地将公共政策专业作为自己出国以后的学习方向。问及原因，"我将来想进入国际公益组织，去帮助世界各地的人们"，她脸上露出一抹恬静的微笑，"其实我对金融领域并不感冒，但我仍然会严格要求自己在课业上做到最好。一开始我并不太确定以后会做什么，但至少现在所做的一切会拓宽我的发展道路，成为有利的先天条件"。"做志愿者这件事其实是一个契机，它让我看清了未来的道路。"说到公益，她双眼弯弯，盛满笑意。
　　大一入学时，彭紫嫣加入了学校的红十字会，尽管当时的她还没有深刻理解公益的意义，但就在那一刻起，一颗关于公益、关乎爱的种子已经埋进了她的心间，在浙大肥渥的土壤中，这颗爱的种子获得了破土而生的力量——一年后的她已走在这个优秀志愿者团体的最前面，将来自团体内外一声一息爱的告慰、一点一滴爱的力量，汇成爱的江河，默默关爱与帮助弱势群体。不止在红会里，紫嫣的经院毕业论文里也含着她对公益、对社会民生的脉脉温情。她的毕业论文正是在当今社会人口老龄化背景下，研究政府、社会及家庭如何更好地避免长寿风险，解决养老问题，做好民生工程。她将在浙大经院所习得的专业知识和技能娴熟运用，利用国内外研究的人口死亡率模型，结合我国特色国情，将统计数据与案例分析结合在一起。对我国人口死亡率变动做出拟合与预测，定量研究我国养老保险体系中的长寿风险和逆向选择成本，以期为我国养老制度发展工程添砖加瓦。正如她自己所说的那样:"我在本科所学到的专业知识对我在这方面的研究很有帮助呢。"在她那篇《在老龄化的社会背景下致力于帮助老年人更好地理财规划》的毕业论文里,本科四年的所学所得化作一片沃土,让那颗孕育其中的公益之爱的种子不断成长,让紫嫣可以竭尽所能地庇护更多的倦客。

拳拳之心,日月可鉴

"无论是接受赞美,还是面对诋毁,坚持公益的人们,都是无冕之王。"谈及做志愿者时的难忘记忆,彭紫嫣微微停顿,轻抿一口热饮,向笔者风轻云淡地诉说了这个故事。

2013年4月20日,雅安发生7.0级大地震,举国上下为之悲恸。浙江大学红十字会迅速做出反应,积极响应国家抗震救灾的号召。当许多浙大学子苦于缺乏帮助灾民的渠道时,红十字会的成员迅速行动,在浙大掀起一股捐献物资的风潮。借助红会这一平台,心系灾民的学子们纷纷将衣物、药品、牛奶等物资捐出。考虑到这段时间杭州的绵绵阴雨,红会会长明文规定不接受拆封过的食物与药品。但谁也没想到,这个原本为防止受潮物资因没有安全保障而影响灾民的规定,竟将红会推上了争议的风口浪尖。浙大cc98论坛上对红会的讨伐声一片,声势浩大。论坛上的网友们指责与质疑红会的这一次活动,有人说红会这个规定是不尊重捐赠者的爱心,所谓的志愿活动只是在作秀,在如此危急的时刻怎么能对捐赠物资挑三拣四?一时间,红会里所有奋战在为灾区打包和邮寄物资一线的志愿者们百口莫辩。发生的这一切被当时还只是红会干事的彭紫嫣看在眼里,尽管委屈,但她没有退却,仍旧默默地帮助灾民、递送物资——无论面对怎样的质疑,她也从未动摇本心。

"当我看到人们在灾难面前如此团结时、看到灾民们的坚韧时,心里的感触极大。我当时只有一个信念,那就是竭尽所能地去帮助他们,让他们不再受难受苦!"彭紫嫣轻声地说,但这句话里的每一个字都掷地有声。她将当时红会会长红着眼眶说的这句话铭记于心——"我们没有必要反击所有质疑的声音,也没有必要进行自我辩白,只有那些接受了我们帮助的人的笑脸才是我们所在意和追求的"，并在自己就任红会会长时更进一步理解和践行了这句话。

脉脉柔情，照亮夜空

那时，浙大校园里的志愿者社团和组织纷纷兴起，与此同时，同学们当中也掀起了一股关爱空巢老人的热潮。"你们知道离浙大不远的三墩镇敬老院吗？那个地方是一批又一批的志愿者前往的目的地。当我们到达敬老院时，老人们问我们是不是下一次就不会再来了，他们生气地说像我们这样的志愿者不过是在完成什么任务罢了，今天来一批明天换一批，还不如不来呢！"谈起敬老院的老人，彭紫嫣微微蹙起的眉中流露出无限的心疼，眼底似有一抹化不开的温情。"因为我从小是跟着奶奶长大的，所以会对老人多一些亲切感。那次从敬老院回来后，我就组织干事们招募更多的志愿者，将三墩镇敬老院作为长期进行的定点项目。这样，至少我们可以确保老人们在三四个月里接触到的是同一批志愿者。"她认为，人是需要长期陪伴的生物，而不是被观赏的动物，生活在敬老院中的老人们需要的是子孙后代时时刻刻的惦记与关怀。"曾经他们护我们长大，现在我们陪他们到老。"

"对于那些深陷于困境，周遭一切黯淡的人们来说，志愿者们就是黑暗中的发光体。"

在交谈过程中，从她和善的面容、暖漾的笑容和轻松活泼的语调里，笔者看到了一个积极乐观、性格开朗的彭紫嫣。她仿佛永远没有烦恼和忧愁，又或者说她懂得很好的调节与化解。被问及在做志愿者时是否遇见过令自己很压抑、难过的事情时，彭紫嫣晃了晃手中的热饮，抬起头向笔者讲诉了另外一个故事。

这是她第一次接触到那些带有残疾的孩子们。就像折翼的天使一般，他们有的生活在无声寂静的世界里；有的被困在无边无尽的黑暗中；有的不能够在烂漫孩童时期和伙伴一同蹦蹦跳跳；有的只能生活在独属于自己的秘密花园。作为志愿者的彭紫嫣，像出现在他们充满苦痛的暗夜里的星星，默默散发着光芒，驱走黑暗，带来光明——她帮助他们阅读和写字,将这个世界的缤纷——为他们讲述。她的笑容依然温暖,语气依然温柔,只是内心一片苦涩和心疼;与他们告别后,她所感受到的是空前的压抑和难过。"我才不会让这种压抑的情绪困扰我自己,我将它化为一种帮助他们的力量。我想让更多的人体会到这种压抑,这样更多的人会像我一样去更好地帮助他们。"彭紫嫣的情绪转化得很快,她一脸狡黠地说出她的想法。回到学校后,她开始着手策划一场特殊的体验活动——开展残疾体验营。她精心设计着每一个项目的流程,尽力组织和安排好每一关卡的志愿者。体验者们或带上隔音耳机尝试跟人沟通交流,或坐上轮椅从宿舍前往教学楼,或蒙上双眼行走,"可是就算是让他们提前熟悉了黑暗,引导着他们走过月牙楼前的空地,但仍然很少有人会很勇敢地迈开腿,他们大多走不了多远就放弃了"。说起体验者的窘相,彭紫嫣忍俊不禁。由此我们亦可感知,在我们世界里那些所谓的理所当然,到了残疾者的一方天地里时,已变成了不可能的奢侈。而正因为如此,我们需要更多像彭紫嫣这样的志愿者作为驱散他们生命中黑暗的发光体!

"其实,每一次帮助了需要帮助的人后,我都会很感恩。"彭紫嫣真诚地说道,"我为他们能给我帮助他们的机会而感恩;也为自己拥有的健康身体和完整家庭而感恩。而在帮助别人的同时,我自己也成长得更加成熟。"

"不知道是因为喜欢一件事,才喜欢上与之共事的一群人;还是喜欢这一群人,才喜欢上这件事。"

对于志愿者工作热爱的开始,紫嫣也不太确定自己究竟是始于对与己共事的伙伴,还是对此满腔的热情。她说:"也许有人一开始在加入组织时就带着不单纯的动机——为了所谓的志愿者小时数或是为了漂亮的履历。但无论是什么,最终在他们作为志愿者为他人提供的过程中都会被感化。我们终究会'殊途同归'!"她坚定地看着笔者,仿佛从笔者身上看见了昔日与她并肩工作的伙伴们。她在怀念亦在展望,这一切都沉默在她安静的微笑里。

什么时候开始,人们标榜"爱心"、"公益",将他们换算成名誉、敲门砖?郭美美事件曝光之后,爱心捐款的弊端开始暴露,人们开始质疑公益、诟病慈善家。可是慈善、公益、志愿者,他们是不可被分开谈论的群体,尽管机制需要改进,但他们的爱心与善意不容置喙!"人之初,性本善",

我们有理由去相信，善良是上天赋予人类用于初见时相互交换的最珍贵的礼物。

在紫嫣所述的每个故事里，都有一段珍藏心头的光阴，都有一群渴求关爱的人们，他们和那些故事一起在彭紫嫣的心中沉淀，或迷惘或欣喜，或平静或缤纷。在花样的年华里，她沉醉在公益之爱的芬芳里，一双手捧出心中的暖意，她的付出与坚持把欢愉与温暖编织在更多人的生活里，她的执着与善意与受助者的幸福相交汇，融成彼此生命中一道道美丽的彩虹；在公益的路途上，有欢笑也有泪水，但她始终笑语嫣然，用良善予爱四方，让公益余香袅袅！

（文／吉星宇一、赵一帆）

学长有话说

在帮助他人的时候，我们才能成长得更为成熟。感谢公益，让我成为一个幸福的人。

[1] 浙江大学红十字会学生分会成立于1960年，是全国高校中最早成立的红十字会组织，也是浙江大学首批的两家五星级社团之一。社团遵循红十字会"救死扶伤、扶贫济困、敬老助残、助人为乐"十六字方针，发扬"博爱、人道、奉献"的红十字精神，踏踏实实开展各项工作，敢为人先地引领了"提倡无偿献血"、"推广卫生讲座"、"编写高校健康教材"等多项活动，还建立了校级红十字会网站，并且较早地开展国际、国内交流，是浙江大学校内外最有影响力的社团之一。

人素如兰，心素如简

——访浙江大学第六届"十佳大学生"获得者范丽凤

范丽凤在诗作《春风玉兰》中写到，"绿风未染枝乍暖，蓦地飞来蝶万千，春色不知何所起，一往而深花木兰"。而她，本人，正如紫金港盛开的玉兰，束素亭亭，芬馥袅袅。在"浙"里四年，她笃志好学，勤思善辨，热衷公益，乐于挑战。她用自己的经历回答了竺老校长的两问，"来浙大学着做人"，"做一个立体的对社会有益的人"。

范丽凤，中共党员，浙江大学数学学院统计学专业2012级本科生，辅修竺可桢学院公共管理强化班。曾获竺可桢奖学金、唐立新奖学金、国家奖学金，NSEP[1]校二等奖，数学建模校赛[2]一等奖、美赛二等奖，浙江省统计调查方案设计大赛本科组三等奖等；任中国扇博物馆[3]讲解员，获志愿者讲解大赛银奖；曾参加PEER[4]暑期项目、哈佛Crimson夏令营[6]等；曾任班级生活委员、浙大启新团办公室副主任、统计学人宣传部副部长、学园辅导员助理、理科大类学生会学术文化部干事等；在CAD国家重点实验室研究学习；赴美参加UCLACSST暑期科研交流，结题答辩获"Best Presentation Award"。

生活不止眼前的苟且，还有诗和远方的田野。

——题记

套用知乎上的标准提问句，"在浙大当学神是一种什么样的体验？"

范丽凤如是回答："浙大有很多很厉害的人，他们非常优秀，我是其中一个小小存在，并没有那么神。"她手指搅动着衣角，语气中带着谨慎，没有提及她曾获竺可桢奖学金、国家奖学金以及其他冠冕的傲人成绩。

紫金港夜色泼如墨，西区教室灯光璨如星，范丽凤用温柔的嗓音勾勒出她心中的生活、诗和远方。

人生知否柳明暗

范丽凤从小对学习就不排斥，属于自觉学习的那一类学生。她的家长也不采取高压态势逼迫她，甚至在家不谈成绩。她在成绩上一直很优秀，小升初全校第一，中考全县第一，高中也是常居第一，直至高考失利，她压分数线进了浙大。

浙大学生间一直戏谑着"考败来浙"，但范丽凤有她自己的看法。"考差时有发生，在浙大的资源足够让人成长"，高考失利反而让她把浙大生活当作命运赠予她的一份礼物，交由她小心翼翼地守护着。

范丽凤坦言，刚上大学的那段时间一直是自己的低谷期，她有些自卑，但目标简单：心思单纯，精力集中，好好学习，好好毕业。

在大一上的寒假，她考取理科大类第二名，惊讶之外她的信心开始萌生，如像太阳初升般充满斗志。"原来我不差劲，我可以做得很好。心里面有底气很多，不再那么怀疑自己。"她虽懂得知足，却不止于安逸。大一下范丽凤愈发刻苦学习，带着自信，带着微笑。

起初，她选择了金融试验班。"一开始班上有很多活动，讲座、晚会……班上的同学口若悬河，侃侃而谈，而我比较内向，不擅交际。"格格不入的氛围让她重新思考了自己的定位。最终，她提交了退出的书面申请书。

后来，范丽凤选择自己真正喜欢且适合自己的专业——统计学。这是一颗高中就种下的种子，当时她从聊天中得知一位老师的学生在学统计知识，她开始对统计学产生了兴趣。她还说道："当你迷茫的时候，要尽可能去了解，去搜集资料，去尝试。把所有的信息都写在一张纸上，分析每个选择的利弊，这样既直接客观，又能最迅速地看到自己内心最渴望的东西。"于她而言，她性格内向，但这种内向偏向于凡事求助于自己，很少依靠外人。范丽凤自认数学天赋一般，于是选择了一个既具备应用性质又能结合数学大背景的专业。她认为，统计学与大数据相结合是一个很前端的学科方向，虽然在国外这种模式趋于成熟，但国内才刚刚起步，有着光明的前景。

"我一直觉得人应该追求成功，而不应逃避失败。"范丽凤将垂下的额发撩到耳后，目光坚毅。

报世界以歌

"有人说大学最难的一节课不是'微积分'，而是时间管理。"范丽凤深知时间的宝贵，她有着严格的时间管理计划。在事前先做计划，写在时间管理本上，按部就班。"时间表让自己对学习和生活做到心里有数，不会因为一些突如其来的事情而手足无措，也不会在截止日期前仓促交差。我一直用时间管理本调节自己的生活，松紧结合。"

时间管理本不仅让范丽凤在大学里成为一个学霸，而且将她的课余生活规划得缤纷多彩。即使学业繁重、身兼数职，她也没有错过任何一个精彩的活动，数学建模、SRTP、CAD国家重点实验室研究学习……她参加了哈佛Crimson夏令营,UCLACSST暑期科研交流项目。在国外，她遇见了很多在学术方面杰出的人，在伟大与平凡的交织中坚定了她未来读博的决心，范丽凤开始遐想未来几年她会在哪里，会干什么，成为什么样的人。

大二暑假，范丽凤带着满满热情参加了"PEER挚愿者"支教项目。这个项目是一种与当地学校建立长期支教关系的公益组织，在工作结束之后，他们还会与学生进行线上的联系，也有定期的回访。不仅如此，范丽凤还介绍其教育理念很特别，秉承博雅、人文与素质教育的理念，进行类似于大学里的通识教育的模式。

"当时有人教博弈论、性别探讨、女权主义、社会学等，我教授积极心理学。因为这种研讨课学生人数少，只有9个人，所以对于课堂内容设计要求高。"范丽凤在备课时下了很大功夫，为了上一节关于拖延症的课，她要事先看一本关于拖延方面的书籍；为了加强课堂的互动性，她参考很多网络视频，自己设计课堂游戏，制作ppt，写教案等。最忙的时候，她还会睡在办公室，第二天一大早又直接去上早自习。在为期一个月的活动中，尽管范丽凤付出很多，但是她谈得更多的还是收获的那些沉甸甸的爱。

在湖南支教的那些夜晚，范丽凤常常与学生并肩散步、聊天。

她和一个苗族小男孩聊天。男孩是留守儿童，因为父母长期在外面打工，他几乎忘记了父母的样子，心里有些怨恨父母。她悉心开导，讲自己的故事，焐化坚冰，慢慢地改善男孩对待父母的态度。

她和一个很内向的男孩聊天。在挚友之家的所有活动上，这位男孩基本上都是一个人坐在角落。范丽凤尝试给他讲积极心理故事，慢慢敲碎男孩心中与外界的障壁。男孩在晚上总结反思讨论的时候主动说话，大声地说今天是人生的转折点，他要坚持每天做出一些改变。男孩父母得知自己孩子的喜人变化，专门过来感谢范丽凤。

她和一些小女生聊天。范丽凤和她们成为好朋友，帮她们解决闺蜜之间的小矛盾，帮她们解决成长中的烦恼与困惑。

感情的维系从来都是双向的，不仅仅是范丽凤在输入，从那些朝气蓬勃的生命中，她也感觉自己心态变得更加年轻和积极。这种交流带给她无尽的快乐与勇气。

工作结束后，范丽凤认真地总结，"我们通过建立长期的友好的关系，不断地去输入，潜移默化地影响孩子。我们想传递给他们一种多样化的人生理念，人生可以是什么样子的，你可以做什么事情，而不是根据其他人的路走，你可以有更多的选择，鼓励他们去尝试，去外面的世界看看。这不是一种鸡汤式的正能量，而是传达观念，如果他们想干这件事，我们会教给他们一些途径、方法、技能以及如何进行素质提升，而不只是站在一旁大喊加油"。

这些经历，这些人都是她生命里的花，开放过又凋落，但藏在风里的故事永远在心里。

诗和远方的田野

刚入学的浙大人都会被问及竺老校长的两个问题——"到浙大来做什么？将来毕业后做什么样的人？"毕业在即，范丽凤对老校长的这两个问题颇有感触。她戏谑地说："对于这两个问题，有人说来浙大就是'混'，毕了业就是'混混'。这么说也没有问题，关键是看你怎么定义这个'混'与'混混'，不可否认，也有很优秀的'混混'。"

范丽凤很认同梁启超"进学校为的是做人"的观点。她认为现在的教育存在的问题是，它只是让你努力将自己的成绩单变得好看些，在第一层的知育上大费周章。而在更高层次的情育和意育上面太欠缺，没有启人深思，没有成人教育。

范丽凤想要成为一个立体的人，而不是一张单薄的纸片。除了专业知识以外，她很乐意去接受一些其他领域的知识，培养自己独立自主的人格和自由的精神。她用自己的经历定义了成功，回答了老校长的问题。

范丽凤时常觉得自己是一个很奇怪的人，她说一些很矛盾的东西都在自己身上体现。她十分理性：学习上一丝不苟，做项目时几天没有上床睡觉，纠正数学教材上的错误，对人生的每一次机遇有详尽的利弊分析，善于发现和利用手上的资源，看名人自传……她十分感性：看见春花、秋雨、初雪，会写古体诗，在空无一人的室内，一个人弹着钢琴，每每看见精彩的电影，都会深受震撼，看王小波、卡尔维诺的书，思考人生……

"很多人觉得我很拼，但那就是我要的生活啊。"夜风吹动，门吱呀呀作响，玉兰花香溜进，将她柔柔的嗓音拉长。

"用高晓松的'生活不止眼前的苟且，还有诗和远方的田野'来说吧，有的人活着只是为了自家吃口饱饭，即使再富足也只是苟且，百年之后不是一场空吗？而有的人活着会有更高的觉醒，即使他也追求高品质的生活，但是他可以超出仅仅满足于饭饱的层次追求。"

范丽凤觉得自己一直在追求这样的状态，不矫饰自己的所谓高尚，只是一种单纯的喜欢和理想。

乍暖还寒时候，晚风犹重。在西区的一间教室里面，一个人上演着内心的春暖花开。就像范丽凤在诗《春风玉兰》中描述得一样，"绿风未染枝乍暖，蓦地飞来蝶万千，春色不知何所起，一往而深花木兰"。紫金港的玉兰也早就绽开。

这便也是一年春好处。

（文／邓丽君、汪文景）

学长有话说

> 人应该追求成功，而不是逃避失败。

[1] NSEP即经济困难生教育实践项目。本着"教育和资助相结合"、"以实践求发展"的发展性资助工作理念，浙江大学从2005年起推出经济困难生教育实践项目（NSEP：Needy Students Education Project），支持以经济困难生为主体开展的教育实践活动，为经济困难生了解社会，回报社会，锻炼组织与实践能力搭建平台，取得了较为显著的成效。项目选题要求尽量具体，有针对性，有现实意义，并注重项目的可行性。

[2] 浙江大学为了培养大学生运用数学理论和方法、利用文献、计算机等工具分析和解决实际问题的能力，培养学生的创新思维，合作精神，每年举行一次浙江大学大学生数学建模竞赛。竞赛设一等奖、二等奖、三等奖等。

[3] 中国扇博物馆是由杭州市政府出资建设的三个国家级专题性博物馆（中国刀剪剑博物馆、中国伞博物馆、中国扇博物馆）之一。馆址位于浙江省杭州市拱宸桥桥西历史文化街区，西临规划小河路，东至桥西直街，南至通源里，北接同和里（三大场馆位于同一位置）。博物馆功能定位主要为宣传和弘扬我国悠久的扇的技艺，发掘和保护传统的手工艺，同时兼顾展示和收藏。中国扇历史悠久，扇博物馆提供了几乎所有和扇子有关的知识和话题。

[4] PEER即毅恒挚友（Peer Experience Exchange Rostrum）。PEER是致力于促进中国城乡教育公平、改善中国欠发达地区教育资源，并发展博雅、人文与素质教育的非营利组织。PEER于2007年成立，2011年于友成企业家扶贫基金会设立专项基金，2015年于北京市民政局正式注册为民办非企业单位"北京毅恒挚友大学生志愿服务促进中心"。截至2015年8月，PEER在湖南、贵州、陕西、甘肃、广西和湖北的14所初高中累计举行了41次暑期项目、6次冬季项目，共有超过2600名中学生从中获益，挚愿者共计达到700多名。同时，PEER开展了4期长期项目，并在湖南的三所高中设立了多媒体社区中心"PEER空间"，致力于最前沿的人文素质教育实验。PEER毅恒挚友的使命是让每一名中国欠发达地区的青年人有机会选择优质的人文素质教育。

[5] 哈佛Crimson夏令营创立于2004年，是由哈佛大学香港校友会发起的文化交流夏令营活动，并以"Crimson(枣红色)"——哈佛大学的代表色命名。该活动旨在加强世界优秀青年人之间的沟通，鼓励青年承担社会共同责任，增强合作意识。

用一口气，点一盏灯，亮一人生

——访浙江大学第六届"十佳大学生"获得者王地

"念念不忘，必有回响，有一口气，点一盏灯，有灯就有人"，王地始终将这句话作为自己的座右铭。从7岁到21岁，他在武术这条路上，拼搏14载春秋。这份坚持，源于他对中国传统文化的热爱和追求，更是他作为一名武术人对于求是求真精神的深刻解读。

王地，浙江大学2012级民族传统体育本科生。曾获2015第十三届世界武术锦标赛南拳冠军，2014仁川亚运会南拳南棍全能冠军，2013年至今全国武术套路锦标赛中多次包揽男子南拳类项目金牌，2014—2015学年国家奖学金获得者，学年综合绩点专业第一。

篮球场上球员运球、传球的动作配合着鞋底摩擦地板的声音，让夜晚的体育馆显得格外有活力，不禁令人想起体育场上淋漓的汗水、激烈的比赛与胜利的荣光。在一片声响中，王地静静地领着记者走到一旁的长凳，拍了拍长凳，示意记者一起坐下，露出一个灿烂的笑容。

与武结缘

王地与武术的缘分，如同天定。20 世纪 90 年代，香港武侠片流行。电影所刻画的恩怨江湖，不仅在影史上留下浓墨重彩的一笔，也在许多孩子的心中埋下一个大侠梦。出生于 1993 年的王地，便是深受武侠电影影响的一个普通孩子。王地的父母都从事与法律相关的工作，但王地小小年纪便为了圆自己的武侠梦而选择了与父母职业相去甚远的体育道路。那时的王地心中有一个普遍却并不普通的梦想。

王地 7 岁离家，进入陈经纶体育学校训练。还是个孩子的他，刚进体校时并不能承受高强度的训练，被教练责罚了，也会任性地哭着喊不想练了，甚至一度选择了逃避。他曾与队友一起找了借口逃避训练，偷偷躲起来，希望父母能来把自己接回家。离家的王地面对高强度的训练已心生悔意，但正是从事法律工作的父母，在此时坚定地站在他身后支持他，告诉他一旦开始，就要走下去。

在父母的鼓励下，王地慢慢在训练中爱上了武术，可年幼时的叛逆因子依旧存在。进入省队后，王地相继换过两个教练。彼时的他，成绩并不突出。一个教练带一支队伍，其训练重心自然落在了更有希望的队员身上，并不十分重视王地。一面是对教练如此区别待遇的不满，一面是不断膨胀的叛逆心理，这些因素在王地心中慢慢发酵，最后使他下决心不听教练讲解动作。老师教了一道题的解法，王地偏要用另一种方法去解。任性总是要付出代价的，不听教练的课，王地要完成训练项目就只能自己用各种办法训练。而更糟糕的是，王地练南拳的上一批师兄已全部退役，他无人请教，只能依靠各种录像，跟着画面中的人来学，用他自己的话说就是"偷学"。这样的情况一直从 2011 年持续到 2012 年。回忆当时，王地自己也说："那可能会毁了一个人。"在那一年里，他感到迷茫，以至于产生了放弃的念头。这一次，依旧是父母让王地坚持下来。

在王地的回忆里，童年是灰色的，青春则与无休止的训练画上等号。为了备战 2009 年的全运会[1]，王地过年也没有假期。他每天晚上从宿舍步行一千米到训练场开灯加练，直到九点，关灯离开。训练场里只有他一个人，和他的影子。而第二天一早，迎接他的又是一整天的辛苦训练。即便每个动作都谙熟于心，也要力求完美，修饰好打出的每一拳。王地说："训练与学习互通。学习上，老师只是交给学生基础公式，仍需要学生自主练习才能熟练掌握；练武术，教练只给计划，若只跟计划走，当不了冠军，必须自己练，每日反省才能定位好自己的现在与未来。"

这份坚持，终于让王地自认为"灰色"的童年与青春有了鲜活的意义。

花开结果

转机出现在 2013 年的全运会上，王地获得男子南拳南刀南棍全能亚军，此后在武术界大放异彩。

在此之前的一次比赛，王地观察到教练一直牺牲与家人在一起的时间陪着队员，看到他为团队操心而日渐斑白的鬓角，他被教练所感动，觉得即使是为了教练，也应该拼一下。2013 年，本想退役的王地，放下心中多年的纠结，决心放手一搏。2013 年的全运会，王地如愿获奖。当偌大的体育场上响起王地的名字，他不顾记者的采访，第一个拥抱了教练。在王地看来，教练放弃陪伴家人的时间，和队员一起训练，很不容易。王地的教练曾私下告诉王地父母，想在中国出成绩，单凭个人是不够的，需要一个团队，而团队重点不在于王地，要做好心理准备，但他不想放弃王地。这点，教练从未与王地提起。

王地幽默地分析，这是出于男人的尊严。"虽然他很严厉，但他还是个好教练。"

2013 年后，王地在各种大赛中屡获佳绩。最让人振奋的是在 2014 年仁川亚运会男子南拳南棍全能比赛中，王地以 19.55 分获得金牌。当被问及站在领奖台上的感受时，冠军王地笑说当时没有太多想法，在思考手势有没有放对，眼神有没有错。这个冠军圆了王地的侠客之梦。

未来之梦

获奖之后，王地对自己的要求变得更严格，出掌时，连五指摆放的位置也更加讲究。而不变的，是那一颗初心。他说，自己的成就也离不开学校文化课老师的教导。老师们常常督促王地不要因为一时的荣誉而骄傲自满，失去本心。他也确实做到了。他时常反省自己，让自己始终保持谦虚的态度。王地说："来浙大后，接触的人多了，发现优秀的人太多太多，我算什么，自己太渺小。"他觉得自己虽然有了一点成绩，但这还远远不够。"浙大有很多创新创业的优秀人才，是非常值得我去学习的。"浙大对王地来说不只是一个学知识的地方，更是人生、事业的起点，也是人格修炼的起点，他希望从"浙"里出发，创造更大的自我价值。

王地常把"我说话很没有逻辑"放在嘴边，却早已确立了人生的逻辑。对于自己的将来，王地表示："我觉得最理想的状态是在自己所学方面进行创业。"王地瞄准了我国健康产业，并称："体育产业这一块蛋糕很大，现在正在慢慢发展，还没切到中心点，希望我们这一代是能赶上这个时代的人。"而关于未来中国武术产业的前景，他则认为武术范围的广阔性与种类的丰富性使得武术产业潜力非凡，但同时也会造成人们的选择困难乃至错误。而武术除了"竞技"与"健身"之外，更是一种传承千年的文化，正如王地心中梦想的国术馆那样："一群志同道合的人在一起，泡茶，交流武术，一起切磋，这是最理想的阶段。"

光环背后

摘下世界冠军的光环，生活中的王地则是一个随和的大男孩。随和的性子让王地交到了许多朋友。"一路走来，一批队员经过集训，从陈经纶（学校）到省队，重新从不认识到认识，最后像亲兄弟一样。但集训结束了，最后只会剩下十个人，慢慢又有人淘汰离开，剩下六个人，这六个人又因为伤病等等原因有人离开，最后一起的只剩下两个人。"虽然在成长路上，许多曾经熟悉的人因为种种原因暂不能陪他一路走下去，却"像亲兄弟一样相处"。曾看过受伤的队友坚持比赛，也曾为了好朋友每晚坐一个多小时的车陪他去临安上课。虽然陪伴在身边的人会随着时间的流逝而渐渐变少，但那份情谊却缓缓沉淀下来，深埋于心。

喜欢旅行、冰激凌、动漫，闲时信手涂鸦，忙时不忘眺望窗边风景。王地的兴趣与平常的大学生似乎并没有什么区别，但王地却一直认为自己的人生应有更多的追求。因此王地常从训练、学习与比赛的紧迫时间中抽出空来，去贫困山区支教。"看到孩子的笑脸我很开心"，王地如是说。他的侠义风骨正应了电影《一代宗师》中他所钟爱的那句话："念念不忘，必有回响，有一口气，点一盏灯，有灯就有人。"

对于"十佳大学生"，王地则有自己的看法："我觉得评选'十佳大学生'不仅仅是因为你多优秀。十佳（大学生）是你对周围人产生了什么影响。你为这个学校、这个社会创造了什么东西，除了优秀之外，你能做什么。"王地想做的就是要展现武术人的风气与精气神。

体育馆里有许多前来锻炼的孩子，在老师的带领下，嬉笑着拍着篮球，四处跑着。王地的眼睛含着笑，看着那些跑动着、跳跃着的身影，似乎想到了什么。或许是童年自己的身影，又或许是未知的将来。篮球馆砰砰的球声下，灯光明亮，王地微微弓着身，肌肉蓄力，嘴角挂着自信的笑，仿佛便要上场，摘取荣光。

（文／梁程宏、金漪佳、姚鸣宇）

学长有话说

坚持，会让你收获不一样的精彩。

---

[1] 全运会，即中华人民共和国全国运动会。全国运动会是中国国内水平最高、规模最大的综合性运动会。全运会的比赛项目除武术外基本与奥运会相同，其原意是为国家的奥运战略锻炼新人、选拔人才。全运会每四年举办一次，一般在奥运会年前后举行。

心若存意，潜味相知

——访浙江大学第六届"十佳大学生"获得者彭畅

　　在戏剧与舞蹈中，她收获了文艺的真诚；在创业与实践中，她懂得了纯粹与沉淀；在公益与关爱下，她实现着价值与梦想。而面对荣誉，她浅浅一笑，谦虚地说道："我觉得我最大的特点就是爱折腾。"她，就是第六届"十佳大学生"获得者，彭畅。

　　彭畅，中共党员，浙江大学外语学院2013级本科生，辅修创新与创业管理强化班，成绩优异。学习舞蹈16年，琵琶八级，热爱话剧，生来为舞台的精灵，热心公益，创新创业成绩突出。曾任梵音剧社社长，校团委文体中心副主任，外语学院党支部组织委员等。曾获"暨阳杯"全国演讲比赛三等奖，浙江大学普通话大赛冠军、第十三届主持人大赛一等奖、法语演讲比赛一等奖，多次获校级学业奖学金、优秀学生、优秀学生干部、文体奖学金，2014年获唐立新优秀学生干部奖学金。

清风如橘，暖阳相映，午后的时光一如沙漏般凝淀。

奶茶的淡甜混着咖啡的微涩，她伴着一束阳光，向笔者走来，笑点亮了四面风，轻灵在春的光艳中交舞着变。

小荷初生添才艺

"其实很多事情一开始并不是真的有兴趣，没有像神童那种天分，而是在爸妈做好选择之后，在不断深入了解的过程中，找到了自己真正的兴趣点，并且坚持了下去。"

从小性格开朗，有时带着男孩子气的彭畅，从民族舞到古典爵士，从书法到琵琶，她不断学习，不断改变，对不同的领域保持着同样的热望。用她的话来说，就是"从小开始，就希望只要自己做的事，就要努力做到最好"。少年宫是她儿时的舞台，她热爱舞蹈，五年级便被评为"硚口区十佳"、"武汉百名好少年"，也曾有幸登上湖北电视台一展才艺。舞蹈让台上的她有了张力，收放自如，也渐渐成了她宣泄内心情感的一种方式。

在谈起自己儿时这段学习经历时，彭畅认为是爸妈的开明观念让她得以从小便选择正确的成长道路。"妈妈是我最好的朋友，她对我帮助很多"，在彭畅眼中，妈妈是一个非常懂得生活并且热爱生活的人，她感激妈妈能够使自己的人生活出精彩，由此传递出的乐观向上精神潜移默化地影响着她，也塑造了她一直以来积极、开朗的性格。从儿时起，妈妈便教育她"女孩子要活得精彩"，对彭畅的要求也比较严格，但她从不以一个长辈的身份去压迫孩子，而是站在朋友的角度为彭畅出主意，分析权衡利弊，让她清楚当下最重要的事，鼓励她独立做决定。是爸妈自始至终开明的教导，让她能在正确的人生道路上行得更好更远。

初生小荷，广添才艺。于此，她起步。

且听梵音心拳拳

"这里就是我在浙大的家，与大家相处起来很轻松，很快便相互熟悉，我真的很喜欢，也很愿为它花心思。"

天生适合舞台的彭畅在大一刚入学时，根据自己的兴趣爱好，在众多社团中寻找着自己的归属。她一直热爱舞台、喜欢表演，"百团大战"时，报名了梵音剧社并顺利通过了面试。从《殊途》开始，从台前排戏到台后制作，她享受着在这里的点滴并不断为之付出。在不到一年的时间里，彭畅成为梵音剧社的新一任社长，并将带领着社团向更好的方向发展。

由于小学开始就一直是主持人，经常与观众互动，注重彼此交互的体验，这也成为她在剧社的个人特色。大一刚入校不久，她被选为新生代表，成为军训大合唱活动的主持人，在舞台上施己之长。"有很多时候，自己只是抱着尝试和体验的态度，但是就得冠军了。"大一时的彭畅同时主持两个节目，还参加了普通话大赛，大二时的她在准备法语专四考试同时，一边参加主持人大赛、做"红色的天空"制作人，一边搞欧莱雅义卖，尽管忙碌，她依然坚持努力做好每件事，并且在同时面对很多困难任务叠加时，内心变得更强大，潜能不断得到激发。"我就是在这样不断逼自己的过程中提升自己的能力的"，彭畅说道。

且听梵音，心尚拳拳。于此，她进步。

实习硅谷有所思

"这次经历坚定了我以后要去美国读书的想法以及要创业的念头。"

去年暑假，彭畅有幸去美国硅谷做一些实习小项目。在浓厚的创业气息里，她一边做自己团队的 ITP 项目，一边接触到更多创业牛人，更加明确了自己未来的规划方向。由于硅谷的孵化器和国内的有所不同，彭畅和她的团队也尝试模拟了一些有趣的项目。有健康无油的空气炸锅，也有通过中医疗法的食疗、针灸等帮助糖尿病人降低对胰岛素的依赖，控制血糖的项目。从前期调查，写创业计划书，进行路演到与厂家公司取得联系进行深度合作，整个过程都由他们亲历完成，此中也结识了许多高精尖的创业者，更加坚定了她心中创业的想法。

在硅谷，彭畅见到了无数创业者心中的"教父"凯文凯勒，以及在硅谷做风险投资项目的前腾讯副总裁吴军。在她看来，"硅谷是个牛人聚集地"，有带领他们做项目的清华老板，也有协作举办活动的浙大校友会。谈到牛人，彭畅也讲出了自己对未来的人生规划。"目前的规划是去美国或法国读研，在国外能有两三年的工作经历后，我可能会选择回国发展。"而对于创业，彭畅也有自己的方向与打算。她不打算把才艺当作事业，而是选择去开演艺公司，喜欢话剧的她并不要做一个专门的演员，"等以后自己有能力了，希望能尽己所能在文化领域上，帮助他人，投资一些好的话剧或者帮助一些有话剧梦想的人实现自己的梦想。"有所坚定，相信她终会有所得。

实习硅谷，有所思定。于此，她积步。

心系恩施存热爱

"那一个月的经历对我来说真的很棒，就是让我觉得自己生活得真的很幸福，所以以后会更加珍惜每一天的时光。"

高三时彭畅曾和自己的好朋友一起去恩施支教，"因为一直没有接触过世界灰暗的一面，所以对这些事情会格外关注"。每天坐校长家的面包车上山教课，学生、老师总能把车挤得满满当当；给孩子们教折纸，却没想到他们对纸如此珍爱而舍不得用；英语课上孩子们从她那里学会了 26 个字母，体育课上他们一起踢毽子、砸沙包……彭畅和她的朋友为恩施的孩子们带去了不一样的色彩与快乐。"现在觉得支教是一个很正确的决定，改变了我的很多想法。"

尽管很多人都曾抱怨公益难做，彭畅依旧努力想通过创业去做一些真正能够帮助别人的事情，像一个魔法师一样让乡村孩子们的生活过得更好一些。高中时她就曾通过举办义卖将课本和笔记分享给学弟、学妹，并把义卖所得用于资助其他学生的发展成长。支教之后的彭畅一直心系恩施，大四下学期她计划有时间重返支教的学校，"彭老师，好想你啊"，看到曾经教过的学生长成了三、四年级的大孩子，回忆起每个地方留下的美好记忆，她心中做公益的最终目标也愈发坚定而清晰。

心系恩施，续存热爱。于此，她跃步。

"我觉得我最大的特点就是爱折腾"，彭畅这样形容自己。在戏剧与舞蹈中，她收获了文艺的真诚；在创业与实践中，她懂得了纯粹与沉淀；在公益与关爱下，她实现着价值与梦想。在她看来，文艺是技能，创业是手段，而公益则是她真正的兴趣点。相比于在一条道路上全身心投入，彭畅更愿意多去看一看这个世界。她希望自己的人生能够多一份笃定与好奇，在好奇中去寻找到自己真正想要去做什么，永远对生活保持着一份热爱。

"人生会有很多惊喜，给予我很多礼物，所以我要永远热爱它。"彭畅在自己的很多选择中找到自己当下能够做好的事情，能够给自己和身边的人带来意义。而在这个不断挖掘自我的过程中，她会把自己塑造得更为立体，展现出优点与缺点，但主线始终是确定的，就是永远对生活保持热爱。通过尝试不同的事物，去发现一个更加立体、更加真实的自我，彭畅坚持着，带着真诚，带着热爱。

在访谈的最后，当彭畅谈起竞选"十佳大学生"的经历，她表示当初自己参加评选的目的很简单，就是希望能对自己在大学三年的生活做一下总结，并且向优秀的同学们学习。而在网上投票过程中，来自亲情和友情的温暖让彭畅深深感动，也更加积极、阳光地去面对生活中的困难。这一评选结果不仅证明了她的优秀，于她而言，更是一种督促，促使她变得更好，更加努力实现梦想。

心若存意，潜味相知。如阿甘所言："人生就像一盒巧克力，你永远不知道下一块是什么味道。"但如果心中有热爱与梦想，你所真正感兴趣的东西终于出现，这是一种神奇的共鸣与磁场，亦是努力与坚持的最好回报。

（文／郭成程、张佳敏）

学长有话说

享受折腾的过程吧，迎接生命为你准备的各种各样意想不到的惊喜。

附录　浙江大学六届"十佳大学生"名单

第一届（2010年）			
序　号	姓　名	单　　位	身　份
1	毛亚琪	教育学院	本科生
2	冯履冰	公共管理学院	本科生
3	吴　迪	生物系统工程与食品科学学院	博士研究生
4	陈　旭	数学系	博士研究生
5	陈　烨	动物科学学院	本科生
6	李一帅	外国语言文化与国际交流学院	本科生
7	胡　悦	管理学院	本科生
8	姚明明	管理学院	硕士研究生
9	郑园娜	医学院	博士研究生
10	徐　奂	生命科学学院	博士研究生

第二届（2011年）			
序　号	姓　名	单　　位	身　份
1	万　纬	控制科学与工程学系	本科生
2	刘筱宁	竺可桢学院	本科生
3	李　凯	电气工程学院	硕士研究生
4	陈鑫磊	计算机科学与技术学院	本科生
5	沈俊杰	材料科学与工程学系	博士研究生
6	周蓓娜	人文学院	硕士研究生
7	赵　阳	生物医学工程与仪器科学学院	本科生
8	陶蓓佩	生物系统工程与食品科学学院	本科生
9	崔　杨	心理与行为科学系	硕士研究生
10	褚涵文	医学院	硕士研究生

第三届（2012年）			
序　号	姓　名	单　位	身　份
1	王舒月	公共管理学院	本科生
2	吕丹旎	医学院	本科生
3	羊　洋	竺可桢学院	本科生
4	张　璐	控制科学与工程学系	本科生
5	陆智辉	农业与生物技术学院	硕士研究生
6	庞雨潇	外国语言文化与国际交流学院	本科生
7	钱锦远	化学工程与生物工程学系	博士研究生
8	徐莎莎	外国语言文化与国际交流学院	博士研究生
9	徐雅兰	传媒与国际文化学院	本科生
10	蒋　威	求是学院蓝田学园	本科生
第四届（2013年）			
序　号	姓　名	单　位	身　份
1	王轶伦	竺可桢学院	本科生
2	纪盈如	传媒与国际文化学院	硕士研究生
3	李　颖	医学院（生研院）	博士研究生
4	邹楚杭	计算机科学与技术学院	本科生
5	陈敏洵	管理学院	本科生
6	周继红	农业与生物技术学院	本科生
7	孟祥飞	数学系	本科生
8	钱力言	信息与电子工程学系	硕士研究生
9	徐海亮	电气工程学院	博士研究生
10	徐碧莹	电气工程学院	本科生

第五届（2014年）			
序　号	姓　名	单　位	身　份
1	王钊文	求是学院蓝田学园	本科生
2	毛　能	经济学院	硕士研究生
3	邓惠婷	经济学院	本科生
4	余　超	医学院（生研院）	博士研究生
5	张　蕾	农业与生物技术学院	本科生
6	张雨尘	计算机科学与技术学院	本科生
7	陈鹏飞	医学院	本科生
8	卓步猛	数学系	本科生
9	赵　浩	控制科学与工程学系	博士研究生
10	曹鸿泰	竺可桢学院	本科生

第六届（2015年）			
序　号	姓　名	单　位	身　份
1	王　地	教育学院	本科生
2	王冠云	计算机科学与技术学院	博士研究生
3	刘丽雅	环境与资源学院	硕士研究生
4	范丽凤	数学科学学院	本科生
5	金　京	控制科学与工程学院	本科生
6	赵　鼎	光电科学与工程学院	博士研究生
7	秦晓砺	法学院	本科生
8	徐　建	法学院	博士研究生
9	彭　畅	外国语言文化与国际交流学院	本科生
10	彭紫嫣	经济学院	本科生

后 记

如果说学校每年举行的"十佳大学生"公开评选活动是树立先进的过程，那么这本访谈录就是宣传先进的成果。

浙江大学"十佳大学生"评选活动举办了六载，六年来由在校学生通过网络投票等方式公开评选出来的60位"十佳大学生"，都是浙江大学培养的"知识宽厚，能力卓越，素质全面，人格健全"的"时代高才"。当我们去回首每一位"十佳"的成长足迹时，会发现成长得最快的总是那些拥有梦想、渴望实现梦想并将梦想付诸行动的人。我们衷心地希望这本书能够成为大学生朋友的一面镜子，希望每一位大学生都能够通过这面镜子，执着于自己心中的梦想，以自强不息、奋发图强、不懈拼搏和永不言弃的精神，去努力实现自己的梦想！

本书的成功出版，要感谢浙江大学求是潮工作团队新闻资讯中心和浙江大学本科生院现代写作中心的记者们，他们利用休息时间对这些"十佳大学生"进行了采访，并撰写了属于他们的大学故事、奋斗历程、思想情感以及人生感悟。在文集的编撰中，浙江大学出版社的相关老师对文章筛选和审读做了大量的工作，因为你们的鼎立支持，本书才能顺利出版。

此书之出版，还承蒙浙江大学校长吴朝晖教授在百忙之中作序，特此感谢。辅导员陶安娜、陈泽星等同志对本书编写给予了许多帮助，在此一并表示衷心感谢。

六届"十佳大学生"共60位同学，由于毕业原因，未能与其中的刘筱宁同学取得联系并进行采访，在此表示深深的歉意。

同时，由于编者水平有限，时间仓促，书中难免存在不妥之处，希望读者批评指正。

编　者

2016 年 10 月

图书在版编目（CIP）数据

从"浙"里走向卓越 ：浙江大学"十佳大学生"的成长故事 / 邬小撑主编. —2版.— 杭州 ：浙江大学出版社，2017.6
ISBN 978-7-308-16478-8

Ⅰ．①从… Ⅱ．①邬… Ⅲ．①浙江大学－大学生－生平事迹 Ⅳ．①K828.4

中国版本图书馆CIP数据核字(2016)第293465号

从"浙"里走向卓越
——浙江大学"十佳大学生"的成长故事

邬小撑　主编

责任编辑	胡　畔（llpp_lp@163.com）
责任校对	宋旭华
封面设计	续设计
出版发行	浙江大学出版社
	（杭州市天目山路148号　邮政编码310007）
	（网址：http://www.zjupress.com）
排　　版	杭州林智广告有限公司
印　　刷	浙江海虹彩色印务有限公司
开　　本	710mm×1000mm　1/16
印　　张	21.5
字　　数	345千
版 印 次	2017年6月第2版　2017年6月第1次印刷
书　　号	ISBN 978-7-308-16478-8
定　　价	56.00元